档案管理及其信息化建设研究

赵承波 著

吉林文史出版社

图书在版编目（CIP）数据

档案管理及其信息化建设研究 / 赵承波著 . — 长春：
吉林文史出版社 , 2024.5

ISBN 978-7-5752-0254-1

Ⅰ . ①档… Ⅱ . ①赵… Ⅲ . ①档案管理－信息化建设
－研究 Ⅳ . ① G270.7

中国国家版本馆 CIP 数据核字 (2024) 第 109636 号

档案管理及其信息化建设研究
DANG'AN GUANLI JI QI XINXIHUA JIANSHE YANJIU

著　　者：赵承波
责任编辑：戚　晔
出版发行：吉林文史出版社
电　　话：0431-81629359
地　　址：长春市福祉大路 5788 号
邮　　编：130117
网　　址：www.jlws.com.cn
印　　刷：河北万卷印刷有限公司
开　　本：710mm×1000mm　1/16
印　　张：17
字　　数：226 千字
版　　次：2024 年 5 月第 1 版
印　　次：2024 年 5 月第 1 次印刷
书　　号：ISBN 978-7-5752-0254-1
定　　价：98.00 元

前　言

　　档案管理作为现代社会信息管理体系的重要组成部分，承载着记录历史、传承文化、服务社会发展的重要使命。本书旨在深入探讨档案管理及其信息化建设的重要性、方法和前沿技术，以期为档案管理的现代化发展提供理论支持和实践指导。

　　第一章对档案及档案工作进行全面概述，从档案的起源与内涵入手，深入探讨档案工作的内容与性质、档案工作的重要性与要求，特别是对档案管理的基本理论进行详细阐述，为后续的深入研究奠定理论基础。

　　第二章从多视角对档案管理进行深入分析，重点分析档案管理的管理维度、管理资源和管理方式，探讨如何有效整合档案资源，提高档案管理的效率和效果。

　　第三章聚焦档案的收集与整理，在详细解析档案收集与管理工作的内涵的基础上，探讨档案室与档案馆的收集工作的实务操作，以及文件整理与归档的具体方法和技巧。

　　第四章探讨档案的保管、检索与利用，不仅关注档案的物理保管方法和环境，而且探讨档案检索的技术和策略，以及如何有效利用档案资源，为社会发展提供信息支持。

　　第五章重点讨论档案管理工作中科学方法的应用，通过剖析价值管理、目标管理、ABC 分类管理等现代管理理念在档案管理中的应用，提出提升档案管理效率和质量的有效途径。

第六章深入分析档案管理信息化技术基础，从计算机档案管理技术、多媒体档案管理技术、档案管理网络化技术、档案信息存储技术到档案的数字化处理技术等方面进行综合论述，探索档案管理在信息化时代的新趋势和新方法。

第七章针对档案管理信息化建设提出创新对策，旨在探索统筹管理多载体档案的策略、文件档案一体化管理、档案资源的多元化保存与利用、数字档案的安全保障措施，以及档案资源利用社会化，旨在为档案管理的信息化建设提供创新的思路和方案。

本书不仅理论性强，而且具有很强的实践指导意义。在信息化、数字化快速发展的今天，档案管理面临着前所未有的挑战和机遇，传统的档案管理方式正逐步被更加高效、智能的数字化管理方式所取代，这不仅带来了更广泛的信息存储和快速检索的便利，也带来了许多新挑战。本书紧跟时代发展的步伐，深入探讨了档案管理在数字化转型中的新模式、新技术及其在实际工作中的应用。通过对档案管理信息化建设的全面研究，旨在为档案管理领域的从业者提供更加全面、深入的理论指导和实践建议，帮助他们在新的技术环境下更好地适应和发展，为档案工作的创新和进步做出贡献。

目 录

第一章　档案及档案工作概述

第一节　档案的起源与内涵

档案可以追溯到人类文明的早期发展阶段，标志着人类社会实践活动的原始记录。在远古时代，人类尚未发明用于记录和传达思想的文化工具，主要依靠语言和肢体动作来交流信息。这种传递方式受到时间和空间的限制，且容易遗忘和失真，难以为后代所用，为了解决这些问题，人类逐渐创造了用于记录信息的文化工具，从而产生了历史记录和档案。

一、档案的起源

关于档案的起源，目前有三种主要观点：结绳、刻契说，文字说，国家说①。

（一）结绳、刻契说

档案起源于文字出现之前的结绳刻契时代。当人们开始在绳子上打结、在木头等物体上刻画痕迹来记录信息时，这些物品便成了最初的历史记录和档案。尽管结绳和刻契并非一般意义上的历史记录和档案，但它们仍被视为史前时期档案的起源。

（二）文字说

档案与文字的产生是同步的。人们首次使用文字记录和传递信息时，档案也随之产生，这一观点与当今对档案定义的理解相符，因而人们认为档案起源于文字的产生。而考古学的发现也为这一观点提供了有力证据。

（三）国家说

档案的形成与国家的建立密切相关，这是因为随着国家结构和阶级

---

① 赵前进. 现代档案管理理论与实务 [M]. 长春：吉林人民出版社，2018：1.

体系的确立，对有组织的文书记录和管理的需求日益增长。斯大林在其著作《马克思主义与语言学问题》中指出，随着生产力的发展，社会结构逐渐复杂化，这导致文字的产生和国家管理体系的形成。在这一过程中，为了有效管理和记录国家活动，出现了系统性的文书记录，这些文书不仅被用于日常管理，还被有意识地保存下来，形成了早期的档案系统。中国商王朝时期的甲骨文是对这一观点的一个实证。这些甲骨文被发现于河南安阳小屯村的殷墟，它们记录了商王朝的众多事项，如王权令、臣属行为、巡游仪式、军事征战、农业活动、狩猎活动、天文观测以及医药知识等。这些甲骨文的保存方式显示出明显的有意识的组织和保存行为，如按照朝代顺序排列，将龟甲与牛骨分别储存，甚至有的甲骨被穿孔并编排成册，这些都是早期档案保存的明显证据。

二、档案起源的基本过程

（一）物件指事的起源

在原始社会晚期，人类开始探索不同的方式来记录信息，以便在不同的时间和地点共享这些信息。他们采用了各种原始的记事方法，如结绳、结珠、编贝、积石、掘地穴等，这些方法本质上是一种辅助记忆的符号，虽然它们本身并不直接记录信息，却明确表达了人类记录信息的意愿和意识。这种意识及其发展的记事符号标志着人类档案意识的萌芽和符号记事的起源。

（二）图画记事——特定个性档案的产生

图画记事是人类利用壁画、雕刻等手段来记录对外部世界的认知和理解，这些图画既反映了实际活动，也记录了人类的物质生活和精神世界。随着时间的推移，这些具有记事功能的图画越来越趋向简化，逐步演变成具有固定意义的约定性图形，在某种程度上具备了交流工具的性质。这些图画主要服务生产和日常生活，是对现实世界的一种符号化记录和模仿，通过象征性图形来表达抽象概念，使图形与意义之间建立了稳固的联系。

然而，这种表达方式具有明显的局限性，它是一种非系统的、简单的表达方法，因此，虽然这种方式无法产生具有普遍意义的、内容丰富的记事档案，但它促成了特定个案性记事档案的产生，例如地图档案。许多未使用文字的原始民族都拥有自己的地图档案，这些档案通常由社群中地位较高的专人负责保管，虽然这些地图档案较为简单，但在当时是重要的信息记录和传递工具。

（三）书写的起源——刻契

档案的形成与书写技术的进步密切相关。书写技术的发展为大量档案的产生奠定了基础。刻契，即在木材、竹简、石片或泥板等物质上使用石制或骨制工具雕刻符号和标记，以表达特定含义。此方法既标志着书写的起源，也极大地推动了符号记录的发展。随着信息传递和记录需求的日益复杂，刻契符号逐渐演进成文字。

以上三个阶段总体上代表着档案的早期发展阶段。尽管那时人类已经能使用简单的工具进行记录，但由于缺乏便于书写的材料载体和明确的符号系统，真正意义上的档案尚未出现。

（四）文字的产生——具有普遍意义的档案的起源

关于文字与档案起源的一致性关系，指的是文字的出现让档案作为社会实体变得完整且普遍。文字的诞生标志着具有普遍意义和完整性的档案的起源，也代表着人类进入了文明时代。文字作为一套成熟的书写符号体系，本质在于作为一种书面符号系统来记录和传递信息。实际上，任何文字的创造过程都是为了满足语言记录需求的努力，文字的历史进化本质上是记录语言方式不断演变的过程。

（五）管理要素的完备

档案作为原始书面记录的集合，当其真正具备社会意义时，已具备了管理的基本元素。以中国的甲骨档案为例，它们拥有专门的存储空间、排序规则，以及专职的管理人员，这些甲骨档案既是信息记录的载体，也是档案工作的早期形式，代表着初步形成的、具有社会意义的原始档案系统。至于"档案"这一概念的统一命名，标志着人们对"档案"这一社会现象的明确认识。在长时间的发展过程中，档案作为一种广泛存在的社会实体，并没有得到全面的理解，直至统一的档案术语的确立，档案才在整体上成为一个清晰定义的存在。

在中国的历史中，档案术语的发展经历了一系列演变：从最初的零星个体名词（例如"治中"）到具有一定普遍意义的名称（例如"案卷"），再到普遍接受的"档案"术语的形成，最后对这一名词进行理性解析[①]。这一发展过程反映出人们对"档案"这一概念认识的逐步深化和明确化。

三、档案的定义

关于档案的定义，可以从四个维度进行理解，见表1-1。

表1-1 档案定义的四个维度

维　度	描　述
社会活动与职能实践的反映	档案与特定的社会单位紧密相关，由独立进行活动的政府机关、团体、企业、事业单位和个人产生 档案内容丰富，记录了处理工作、案件、会议、科技活动等的原始记录材料
历史记录材料的存档	文件处理完成后才能转化为档案 只有对日后实际工作和科研活动有查考价值的文件才需保存为档案 必须按一定规律集中保存的文件最终才能成为档案

---

① 赵旭. 档案管理现状的研究与分析 [M]. 天津：天津科学技术出版社，2018：3.

维　度	描　述
形式的多样性	档案的物理载体包括甲骨、金石、竹木、纸张、缣帛、胶片、磁带等 记录方式多样，如刀刻、手写、印刷、摄影、录像等 表达形式包括文字、图像、声音等
历史的直接记录	档案是特定机构或个人的直接活动记录，展现原始性和记录性 最初档案作为处理事务的工具而产生，事后被有意识地保存保证了档案的真实性和原始性，成为研究历史的重要资源

第一，档案的本质根植特定的社会活动和职能实践，反映了历史记录材料的独特起源和累积方式。这些记录材料是随着时间的积累而形成的，而且是在执行各种职能任务过程中逐渐生成的，具有明确的历史连续性和相关性。下面对此进行深入探讨：①档案的生成与积累通常与特定的基本单位紧密相关，无论是政府机关、团体组织、军队、企业、事业单位，还是个人，都在其独立的活动中形成档案。具体来说，档案的形成常常与机构的内部结构密切相关，按照各自的机构功能有序地产生和积累，从法律角度而言，档案既可视为法人单位的产物，也可视为自然人在其社会活动中的产物，因此，档案的来源呈现出极为广泛的特点。②档案的来源与形成者的特定社会实践活动密切相关，在处理工作、办理案件、召开会议或进行科学技术活动等过程中，机关或个人不可避免地产生大量原始记录材料。随着时间的推移，这些材料有条理地积累，形成了历史性的档案集合。档案所记录的事项不仅内容丰富，而且各个内容之间存在着密切的历史联系，共同构成了一段连续的历史记录。

第二，档案作为存档的历史记录，深刻反映了机构和个人在社会交往和事务记录中的活动轨迹。这些历史记录材料，即文件，在满足特定条件下，转变为备查的档案，但并非所有历史记录均符合成为档案的标准。档案的形成依赖文件的有条件转换，具体包括三个关键条件：①只有在文件处理程序完成后，文件才能转化为档案，正在处理中的文件不属于档案范畴。文件在其生命周期中承担着传达和记述的即时任务，而档案则代表着这些任务的历史记录和备查功能，所以，文件的本质可视为档案的起点，而档案则是文件生命周期的终点。文件的"处理完成"是一个相对概念，主要指的是文件处理流程的结束，并非意味着文件中所述事项的彻底完成。处理完成的文件分为两类：一类是失去即时效力但仍具有档案保存价值的文件；另一类则保留着当前的文件时效，例如已签署但有效期未满的合同、协议书或公证书。即使这一部分文件已存入档案，也未失去其行政和法律效力，例如，某些法规性和指导性文件虽然已成为档案的一部分，但其行政和法律效力依然存在，使其同时具备文件和档案的双重功能与属性。②档案的形成与保留依赖其在实际工作和科学研究中的查考价值，在日常的社会实践活动中产生大量文件，并非全部需要被保存为档案。文件在完成其即时职能后，根据其剩余价值被区分处理：部分由于失去现行功能而被淘汰，部分则由于保持持续的参考价值而被精选保留，这一过程体现了文件向档案的转化，其中档案代表着文件中的精华部分，因此，存在一种必要的筛选过程，即对文件进行鉴别和选留，以确保仅将具有持续价值的文件转化为档案。③文件的集中保存和整理也是其转化为档案的关键步骤，由于文件在日常工作中逐日逐件产生，往往处于一种分散和杂乱的状态，只有通过系统的整理和积累，这些文件才能真正成为档案，而从技术上看，虽然未经整理的历史文件属于档案范畴，但不符合科学意义上档案的标准。因此，文件向档案的转化不仅是一种自然过程，也涉及一系列的管理程序和条件，这些程序和条件定义了文件和档案之间的界限，确保了档案的系统性和组织性。简而言之，文件是档案的基础组成元素，而档案则是文件经过精心筛选和组织后的综合体。

第三，档案的形式呈现出丰富多样的特点，其多样性体现在信息载体和记录方式上。在社会发展的各个阶段，不同的组织和时代基于特定的需求，创造了多种形式的档案材料。首先，从档案的物理载体角度来看，历史遗留下来的档案种类繁多，包括甲骨、金石、竹木、纸张、缣帛、胶片、磁带、磁盘、光盘等，这些载体不仅承载着丰富的历史信息，也反映了人类文明在记录技术上的进步。其次，档案信息的记录方式同样多种多样，从技术角度来看，档案信息的记录方式包括刀刻、手写、印刷、晒制、摄影、录像、激光扫描等，这些不同的技术方法不仅影响了档案信息的保存和传递，也决定了信息的可读性和长久性。再次，档案信息的表达形式也是多元的，包括文字、图像、声音等，每种表达形式都有其独特的作用和价值。最后，档案信息的传达文体亦各有特色，从古代的制、诏、奏折、题本到近代的令、布告、咨呈，再到现代的指示、通知、报告、总结等，不同的文体形式反映了不同历史时期的信息交流方式和社会运作模式。

第四，档案作为历史的直接记录，与一般的历史遗物和信息资料有所区别，其核心在于直接记录了特定机构或个人的具体活动，展现了鲜明的原始性和记录性。作为历史的原始记录，档案保存了事件发生时的真实情况和细节，其价值在于提供了一手的历史资料，使得研究者能够深入了解过去的社会活动和历史进程。档案的形成过程揭示了其独特性质，最初，档案作为处理具体事务的工具而产生，事务完成后，由于这些记录材料对于未来仍具有参考价值，因此便被有意识地保留下来，转变成档案。在这一过程中，档案的形成既是自然的结果，又是有意识的选择，这使得档案既是社会活动的副产品，也是人们在处理事务中有意识留存的重要资料。档案的保存过程进一步凸显了其原始性，与事后编写或随意收集的资料不同，档案包含了特定时期、特定场合下直接使用的原始文件，这些文件的归档经过精心选择，目的在于为未来的研究和查考提供依据。这种有目的的保存策略保证了档案的真实性和原始性，使其成为研究历史不可或缺的宝贵资源。可以认为，档案在记录历史的同时，也体现了人类社会对自身活动的自觉记录和保存。

三、档案的作用

（一）档案的基本作用

1. 档案的确凿证据功能

作为历史的原始记录，档案的存在价值在于提供了不可争议的证据。档案可以被视为历史见证的有力凭据，因为它们切实反映了过去发生的事件和情况。在商业、管理活动，甚至在维护法律权益的过程中，档案都扮演着重要角色。档案的凭证作用源于其独特的形成和维护过程：①档案由原始文件演化而来，这些文件在产生时就是当事人活动的直接记录，而不是事后的回顾或构造，因此它们提供了可信的历史证据；②考虑到档案的物理特性，在形成和处理过程中，档案通常会带有明确的身份标识，比如官方的印章、领导的亲笔批注、相关人员的签名，以及现场的录音、照片或视频资料，这些特点使得文件转化为档案后，重要标记保留在档案材料中，为历史的真实性提供了直接见证。

2. 档案的参考与信息价值

档案记录了历史的发展进程，不局限于事实和事件，还包括人们在各类活动中的思想、意图、数据和成果。档案提供了一个广阔的信息库，为回顾历史、总结经验教训、研究发展规律、创新发明、进行教育宣传等多方面提供了丰富的、可靠的参考资料。相较于图书、报刊和其他资料来源，档案的参考价值体现在以下几个关键方面：①档案的原始性和可信度使其成为历史研究中的宝贵资料。②档案内容的广泛性是其另一大优势，档案来源广泛，涵盖了历史上各个时期和社会活动的各个层面，是一座包罗万象的知识宝库。③档案的价值在于其对于工作和研究的实用性，有效地利用档案既可以节省时间和资源，又可以提高工作和研究的效率和质量。

（二）档案发挥作用的规律

1.档案作用从形成单位到社会扩展

档案的价值和作用在其生命周期中展现出明显的演变过程。最初，档案主要为其创造者（特定机构或个人）服务，这种初级阶段的作用被称作档案的初级价值。随着时间的推移，当档案的直接使用频率降低时，它们开始为更广泛的社会利益服务，进入次级价值阶段。

（1）初级价值阶段。在刚形成之后的一段时期内，档案的主要作用集中在原始形成单位，即档案的创建者。在这个阶段，档案频繁地被用于回顾、参考和决策，起到辅助当前工作的重要作用。这种档案的直接利用主要在单位的档案部门进行，在这一阶段，档案的效用是激励单位继续积累和维护档案的动力源泉。档案在为其形成者提供价值的同时，也积累了大量历史信息。

（2）次级价值阶段。随着时间的推移，档案中的许多记录开始失去对原创单位的直接现实意义，它们的利用频率降低，甚至在某些情况下完全停止。此时，档案开始转向次级价值阶段，即开始服务更广泛的社会需求。档案的这一社会化转变通常伴随着其保管地点的转移，从原始形成者的档案室转移到专门的档案馆或类似机构。在这个阶段，档案不再局限于辅助原始创造者的工作，而是成为研究历史、社会科学、法律和其他领域的重要资源，提供了宝贵的信息和见证，为社会的各个领域带来了全新的洞见和价值。

2.多元化的作用方向

随着档案从原始文件转变为历史记录，其作用范围和方向发生显著变化。初始，文件通常为单一目的或需求所形成，如员工管理或工程设计，但成为档案后，其价值和用途超越原始目的，延伸至多个领域，例如，员工名册、账簿、不动产契约等不仅记录了特定时期的管理细节，还成为研究社会、经济变迁的重要资料。工程设计图纸可以作为国家领土谈判的关键证据，而政府文件和领导讲话则成为宣传教育的重要素材。档案作用的这种扩展要求在文件鉴定时全面评估其长期价值，以便精准地为机构和国家筛选和保留重要记录。

3. 档案机密性的递减规律

档案的机密性是一个随时间变化的动态过程。在档案初始阶段，由于涉及当前的政治、经济利益，某些文件具有较高的机密性。但随着时间的推移，档案的机密性逐渐降低，使得其可供公众查阅和研究的范围不断扩大。档案的机密程度与其保管时间呈反比关系，随着时间的推移，原本机密的文件逐渐对外开放，增强了其社会价值和可利用性。档案管理者应当充分认识到这一规律，合理调整档案的开放策略，依法逐步扩大档案的可访问范围，从而充分发挥档案在社会发展和研究中的作用。

4. 档案作用的发挥依赖特定条件

（1）社会环境的影响。社会环境对档案作用的发挥具有决定性影响，包括社会制度、法律法规、政策导向以及经济发展水平在内的社会环境因素都直接影响着信息公开的程度和档案作用的深度。在一个开放、法制健全的社会环境中，档案的价值和作用能得到更充分的认可和利用。

（2）公众档案意识的重要性。公众对档案的认知程度，即档案意识，对档案的利用产生着直接影响。强烈的档案意识能激发人们对档案的需求，进而推动档案作用的实现；相反，若缺乏对档案重要性的认识，即便存在利用档案的需求，也难以将其转化为实际的利用行动。

（3）档案管理的水平。档案的有效管理是确保其作用发挥的基础，一个完善、科学的档案管理系统配合现代化的管理手段和高质量的工作执行，能够为用户提供便捷、准确的档案访问。因此，提升档案管理水平，实现管理现代化，并提供高效的档案服务是实现档案最大作用的关键条件。

四、档案分类

（一）档案分类的含义

档案分类是一种对档案材料或信息进行有系统的组织和分类的方法，它基于档案内容和形式的不同特点进行合理安排。这种分类方法能够将具有相似属性的档案材料或信息集中起来，同时区分开彼此不同的部分，形成一个有序的系统，以满足特定的管理或使用需求。

可以从广义和狭义两个层面来理解档案分类的概念：从广义上看，档案分类涵盖三个主要方面：第一，国家全部档案的分类。这是对我国领土范围内历史上至今所有形成的档案材料进行的高层次分类，涉及各种载体形式和制作方法。这种分类既包括国家管理的档案材料，也包括集体和个人管理的档案材料。第二是档案实体的分类。这涉及档案材料的具体内容和形式的分类。第三是档案信息的分类。这主要关注档案内容所承载的信息及其组织方式。而狭义的档案分类则特指上述中的某一特定种类的分类。国家全部档案的分类是最高层次的划分，不仅能够帮助人们深入理解国家档案的全貌和特点，还对全国各级各类档案馆的设置、档案馆网络的组织以及档案实体和信息的分类提供了重要指导，对国家档案及其工作的宏观管理起到了关键作用。

档案实体分类是基于档案的原始特征和形式来进行的系统化排序和组织，它考虑到档案的来源、时间、内容和形式等特点。这种分类方法按照档案的原始状态进行，将档案内容视为一个整体，以体现档案的形成规律和特性。通过档案实体分类，能够最大限度地维持档案之间的历史联系，将单个文件、案卷或盒子置于适当的类别中，明确它们的物理位置。随后，基于这种顺序编制的文件或案卷目录将档案从分散状态转化为集中和有序的体系。这使得档案在存储架上整齐排列，也为档案实体的科学管理提供了坚实基础。另外，档案信息分类关注的是档案所记录的信息内容，而非其物理载体，这种分类方法将信息内容从其物理载体中分离出来，使得档案的物质形态转变为纯粹的信息内容分类。在档案管理实践中，档案信息分类通常通过对每份文件或案卷进行分类标记和索引来实现，以此组织分类目录或索引，并建立目录中心。

（二）档案种类的划分

档案的种类多样，根据不同的属性和管理需要，可以采用多种标准进行分类。以下是一些常见的档案分类方法：

（1）基于历史时期的分类。根据历史发展的不同阶段，档案可以被分为古代档案、近代档案和现代档案。在中国的框架下，档案可进一步细分为唐朝档案、宋朝档案、元朝档案、明朝档案、清朝档案、民国档案以及中华人民共和国档案。此外，还可将档案划分为中华人民共和国成立之前的档案和中华人民共和国成立之后的档案。

（2）根据档案形成者的属性分类。这一分类方法将档案分为国家机关档案、党派团体档案、企业档案、事业单位档案和个人或名人档案等。

（3）根据档案的内容分类。根据档案的主要内容，可以将其划分为党务档案、行政档案、军事档案、外交档案、科学技术档案、会计档案等。从更宏观的角度来看，档案可以分为普通档案（如政务档案）和专门档案（如科技档案、人事档案等）。

（4）根据档案的所有权，可将档案分为国家所有的档案、集体所有的档案和个人所有的档案。

（5）根据档案的载体形式分类。根据档案的载体形式，可以将其分为甲骨档案、金石档案、简牍档案、缣帛档案、纸质档案、胶片档案、磁带档案等多种形式。

（6）根据常见的档案种类分类。档案常见的划分方式包括文书档案和技术档案（或科技档案），或者将其分为文书档案、科技档案和影片照片录音档案（声像档案），有时还包括专门档案作为一个独立分类。

　　档案分类的方法多种多样，反映了档案界对于档案本质和特征理解的深度和广度。这些分类是一个动态、灵活的过程，基于形式逻辑和实用性原则，由专业人士根据实际管理需要而定。档案分类的目的在于全面、多角度地揭示档案的性质，增进对档案概念的理解。需要注意的是，档案种类的划分并非固定不变，随着时间的推移和管理实践的变化，某些分类方法可能变得不再适用，需进行相应的调整。因此，档案的分类具有一定的临时性和不稳定性，可以根据档案的任何属性或特征进行分类，重点是这种分类应促进对档案的科学管理，增强管理效率和实用性。在档案分类上，不必过分地强调统一性，而是应根据实际需求灵活调整，只要分类方法有利于档案的有效管理和利用，就应被视为合理。

第二节　档案工作的内容与性质

一、档案工作的内容

　　档案工作涉及很多方面的内容，主要包括以下八项，如图 1-1 所示。

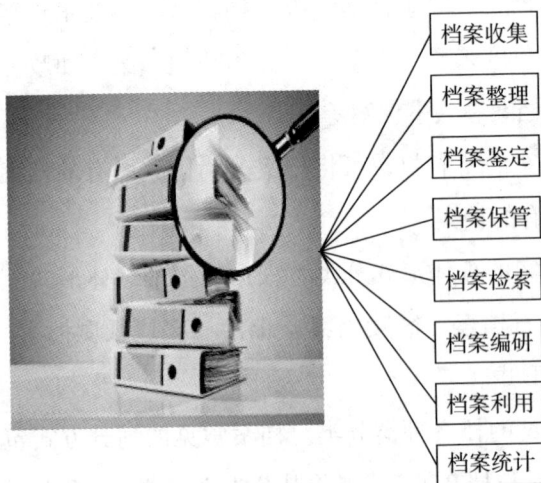

图 1-1　档案工作的内容

（一）档案收集

档案收集是档案工作的首要步骤，任务是从各种来源汇集档案材料，这一过程涉及识别、评估和选择具有保存价值的文件和记录。档案收集不仅限于传统的纸质文件，也包括电子文件、照片、录音、录像以及其他多媒体格式。有效的档案收集工作要求对潜在的档案材料进行准确评估，以确定其历史价值、法律价值或研究价值，并确保所收集的档案反映了社会、文化、政治和经济活动的多样性。另外，档案收集还应遵循相关法律和伦理准则，确保信息的完整性、保密性和可访问性得到妥善管理。档案收集是一个综合性的过程，要求档案工作者具备严谨的专业知识和敏锐的判断力，以保证档案资源的丰富性和有效性。

（二）档案整理

档案整理是指按照一定原则对档案实体进行系统分类、组合、排列、编目，使之有序化的过程[①]。档案工作人员需要对每份档案进行详细的记录和描述，包括档案的来源、内容、格式、日期等信息，并将其分类编入档案库。高质量的档案整理不仅可以提高档案管理的效率，还能够为研究者和公众提供方便快捷的访问途径，最大限度地发挥档案的价值。

（三）档案鉴定

档案鉴定是指对档案材料进行系统评估，以确定其保存价值和期限。这一过程的关键在于识别哪些档案具有长期保留的历史、法律、科研或行政价值，哪些则因过时或重复而可以淘汰。档案鉴定工作需要档案管理人员具备专业知识和客观判断力，他们会综合考虑档案的内容、来源、独特性以及在社会历史和文化研究中的重要性。鉴定过程中，档案管理人员通常会参考相关法律法规、政策指导和行业标准，以确保评估结果

---

① 杨学锋.现代化档案管理与服务研究[M].北京：中国商务出版社，2018：10.

的科学性和准确性。

（四）档案保管

档案保管旨在确保档案的安全、完整和可访问性。这项任务涉及对档案的物理和电子形式进行适当的存储和维护。在物理形式上，档案需要被安置在恒温恒湿、防尘防潮的环境中，以避免由于环境因素而造成的损坏。同时，防火防盗等安全措施也必须得到充分的考虑和实施。对于电子档案，应确保数据的备份、恢复和防病毒措施得到有效执行，以防止数据丢失或损坏。

（五）档案检索

档案检索的目的是满足用户对特定档案资料的查找需求。在检索档案时，管理者首先需要对档案资料进行归类和索引编制，包括档案的时间、主题、来源等多种分类方法。然后，通过建立高效的档案检索系统，包括传统的卡片索引系统和现代的电子检索系统，来提高查找效率。随着信息技术的发展，数字化档案检索已成为趋势，它通过电子化的方式使档案检索更加便捷和高效，满足了现代化档案管理的需求。

（六）档案编研

档案编研是指对已经收集、整理、鉴定、保管的档案资料进行深入的研究和加工，以便更好地服务历史研究、政策制定、教育宣传等多种用途。通过编研工作，可以将分散在不同档案中的信息进行汇总和重组，形成具有特定主题或目的的档案资料集，使档案服务的对象能够更加直接、高效地获取相关信息。另外，编研工作还有助于揭示档案资料背后的历史背景、社会联系和文化内涵，提供更为全面和深入的历史见解，丰富档案的文化和教育价值。

（七）利用档案

档案不仅可以服务历史研究和政策制定，也可以为教育、文化传播、法律参考等方面提供支持。利用档案包括对档案进行查询、借阅、复制、参考等活动，旨在最大限度地发挥档案资料的信息价值和历史价值。有效的档案利用需遵循档案管理的相关法规与原则，确保档案的安全性和保密性。同时，随着技术的进步，数字档案和在线档案数据库的出现极大地扩展了档案利用的范围和便捷性，使得公众和专业研究人员能够更加方便地接触和利用档案资源，从而更好地了解历史，服务现实。

（八）档案统计

档案统计主要聚焦对档案的数量、类型、质量和使用情况等方面的数据收集和分析。这一过程涉及对档案库存的精确计数、分类统计以及对档案流动和利用情况的跟踪。通过系统的档案统计，可以获得关于档案资源现状和动态变化的详细信息，帮助档案管理部门更好地规划资源配置，提高档案管理的效率和效益。

二、档案工作的性质

（一）管理性

档案及其相关业务工作依赖一系列科学的理论和技术实践，以便对庞大且复杂的档案资源进行有效的研究、验证和系统化管理。档案管理是一项独立的职能，是所有管理活动不可或缺的一部分，无论是哪种管理工作，都需要依托档案管理的支持和辅助。因此，档案工作的重要性一方面体现在其对历史资料的保存上；另一方面在于它对当前和未来管理决策的影响，为管理提供了必要的信息支持和参考依据，确保了决策的连贯性和有效性。

（二）服务性

档案管理的根本宗旨在于通过提供档案信息来服务社会的各个领域，这种服务是档案工作的存在基础，也是其发展的关键[①]。档案工作者需积极培养服务意识，精通各项服务技能，不断完善服务环境，以提升服务质量。他们的工作不只是简单地管理信息，更是通过高效、精准的信息服务，为社会的全面建设贡献力量。这意味着档案工作不再局限于传统的存档和保管职能，而是转变为一个动态、互动的过程，旨在促进信息的流通和利用，为社会发展提供强大的信息支撑和智力支持，成为推动社会进步的重要力量。

（三）政治性

档案工作具有一定的政治性，特别是在其服务方向的选择上。这种政治性既体现在服务的对象和内容上，又体现在档案工作的机要性上。作为历史的守护者，档案工作者有责任保护历史的真实性，坚持实事求是的原则。他们的工作不仅限于档案的保管和管理，更包括利用档案进行历史编纂和修正，以档案为依据来验证和校对历史记录。

---

① 杨红本．档案管理理论与实务 [M]．上海：上海教育出版社，2016：25.

第三节 档案工作的重要性与要求

一、档案工作的重要性

（一）档案收集工作的重要性

1. 档案收集工作是档案工作的前提条件

一个有效的档案收集系统可以确保历史和现实数据的完整性，为档案的分类、保管、研究和应用提供必要的物质基础，没有全面而系统的档案收集，档案工作就会失去根基，无法有效保存历史记忆和提供决策支持。档案收集不仅关乎文献的物理保存，也涵盖了对信息价值的评估、选择和整理，这要求档案工作者具备辨识和筛选重要档案的能力。

2. 档案收集工作为开展档案室各项工作奠定了物质基础

高效的档案收集工作能够确保档案室拥有丰富和广泛的资料，从而支持其进行有效的档案保管、整理、研究和展示等工作。随着数字化时代的到来，档案收集扩展到了电子档案和其他数字媒介，这对档案工作者的技能和档案室的技术设备提出了更高要求。一个完备的档案收集体系是确保档案工作高效运转的前提，它既保存了过去的记忆，还为现今的管理决策和未来的研究提供了宝贵的资料和依据。

（二）档案整理工作的重要性

1. 档案整理能够有效保持文件之间的有机联系

档案整理工作在维持和揭示文件之间的有机联系方面发挥着关键作用。通过专业的整理过程，档案被系统地分类和编目，而且其内在的逻辑关系和历史脉络得以明确展现。这种有序的整理能够确保档案资料的易于检索和使用，使得研究人员和公众能够根据档案之间的联系，更加深入地理解历史事件和社会发展的连贯性。例如，通过恰当的整理，一份政策文件可以与相关的实施报告、影响评估和后续修订案联系起来，为用户提供一个全面的视角。随着数字化技术的应用，档案整理工作也在不断进步，例如采用元数据标准和电子管理系统，这使得档案的组织和检索更加高效和精准。由此可见，档案整理是连接过去与现在、档案与用户之间的重要桥梁，对于档案的保护、传承和利用具有不可估量的价值。

2. 档案整理是实现档案管理现代化的要求

随着信息技术的迅速发展和档案工作需求的日益复杂化，传统的档案管理方法已难以满足现代社会的需求，采用现代化的档案整理方法变得尤为关键，包括利用先进的技术手段进行电子化记录、索引制作和数据库建设，以及应用智能化工具优化档案的分类、存储和检索过程。档案整理的现代化也有助于档案的长期保存和保护，特别是在数字档案管理方面，可以有效防止信息的丢失和退化，通过将传统档案工作与现代信息技术相结合，档案整理工作能够更好地服务社会的历史研究、文化传承以及公共决策等多个领域。

（三）档案鉴定工作的重要性

第一，档案鉴定能够帮助机构有效地管理其档案资源，确保有限的存储空间被最重要和最有用的材料所占用，这对于提高档案管理的效率和质量至关重要，特别是在数字化时代，数据的爆炸式增长使得有效管理成为一个挑战。

第二，档案鉴定对于保护历史真相和促进学术研究具有重要意义。通过专业的鉴定过程，可以确保具有历史价值的档案得到妥善保存，而无关紧要或重复的材料得以剔除。这不仅减少了无效或冗余信息的积累，也为历史研究者提供了更为准确和丰富的资料源。

第三，档案鉴定还涉及法律和伦理问题。对于含有敏感信息或涉及隐私的档案，专业的鉴定可以保护个人和机构的权益，同时确保遵守相关的法律法规。在当今社会，尤其信息泄露和隐私侵犯日益严重的背景下，这种平衡异常重要。

（四）档案保管工作的重要性

档案保管工作的重要性在于它是确保档案完整性和可用性的基础环节，有效的档案保管既涉及物理和技术层面的安全防护，又包括对档案的适当维护和管理，确保这些宝贵资源能够经受时间的考验而保持其原貌。在物理层面，档案的保管需要适宜的环境条件，例如温度、湿度的控制，以及防止虫害、霉菌或其他可能导致损坏的因素。安全措施，如防盗、防火等也是保障档案安全的关键。这些措施共同构成了一个全面的保护系统，不仅保护档案免受自然因素的破坏，也防止了人为的错误操作或破坏。

在技术层面，随着数字化技术的广泛应用，数字档案的保管已成为档案保管工作的重要组成部分，这要求档案管理人员不仅掌握传统的档案保管知识，还了解和运用现代信息技术。例如，数据备份、加密、防病毒软件的使用等都是保护数字档案不受技术故障或网络攻击影响的重要措施。随着云存储等技术的发展，如何有效地管理和保护存储在云端的档案已成为档案保管工作的新挑战。

（五）档案检索工作的重要性

档案检索工作的重要性在于其作为连接档案资源与用户需求的关键环节，提高了档案资料的可访问性和利用率，极大地促进了信息的流通和知识的共享。有效的档案检索系统能够帮助用户快速准确地找到所需信息，这对于研究人员、历史学家、决策者乃至普通公众而言至关重要。在实现档案检索工作的重要性方面，技术的进步起到了关键作用，随着数字化和计算机技术的发展，传统的手工检索逐渐被电子化检索系统所取代，这些现代化的检索系统通过高级搜索算法和人工智能技术，提供了更为高效、精确的检索服务。例如，关键词搜索、主题分类、全文检索等功能，使得用户能够在庞大的档案库中迅速定位到所需文档。

（六）档案编研工作的重要性

档案编研工作能够将零散、原始的档案资料转化为系统化、易于理解和使用的信息资源。通过专业的整理、编纂和研究，档案不再是仅供少数专家学者研究的对象，而是转化为可以广泛服务公共教育、历史研究和文化传承的重要资料。这种转化极大地提升了档案资料的可访问性和应用价值，使得更广泛的群体能够了解和利用这些宝贵的历史资源。

档案编研工作在促进历史认知和文化传播方面具有不可替代的作用。通过对历史事件、人物或时期的深入研究和整理，编研工作能够提供更为丰富和立体的历史视角，帮助公众更全面地理解历史发展的脉络和深层含义。这种对历史的深度挖掘和普及不仅增强了社会的历史意识和文化自觉，还为社会科学研究提供了宝贵的参考和启示。在这个过程中，档案编研是对过去的回顾，更是对现在的启迪和对未来的引领。

（七）档案利用工作的重要性

档案利用是实现档案价值的直接途径，作为记录历史、保存文化和反映社会变迁的重要载体，档案真正的价值在于被广泛使用和研究。通过档案利用，历史研究者能够直接接触原始资料，进行深入的历史解析和学术探讨。而政策制定者和公共决策者可以利用档案中的历史数据和经验教训来指导当前的决策和规划。

档案利用的另一个重要性在于它促进了信息的开放和共享。在当今这个信息化社会，档案不再是封闭的信息库，而是成为公共资源的一部分，其开放性和可获取性对于社会的透明度和公众参与意识的提升至关重要。档案利用可以提供多元化的信息视角和丰富的知识资源，为社会各界提供学习、研究和交流的平台，这种开放的信息环境有利于促进学术自由和思想多样性，为社会进步提供智力支持。

（八）档案统计工作的重要性

档案统计工作是对档案资源和档案工作状态的量化管理和分析。一方面，档案统计工作为管理者提供了一个客观的视角来评估和分析档案资源的规模、结构和利用情况。通过对档案数量、种类、流通频率等数据的收集和分析，管理者可以更好地了解档案资源的分布和使用状况，进而做出更加科学合理的决策，如统计分析可以揭示哪些类型的档案被频繁查询、哪些则鲜有人问津，这有助于优化资源配置和服务方向。另一方面，档案统计工作不仅能够帮助管理者监控档案工作的运行状态，还能够揭示潜在的问题和挑战，如统计数据可以显示某些档案的保管条件可能不理想，或者某些档案的处理流程可能过于烦琐。通过这些数据，管理者可以及时调整策略，提高工作效率和服务质量。

二、档案工作的要求

档案工作的要求同样从上述八个角度进行介绍，其要点见表1-2。

表1-2　档案工作的要求

档案工作板块	具体要求
档案收集工作的要求	1. 质量优化； 2. 门类齐全； 3. 加强外部调查与指导
档案整理工作的要求	1. 保持历史联系； 2. 尊重原有基础
档案鉴定工作的要求	1. 公正性； 2. 系统性； 3. 合规性

续　表

档案工作板块	具体要求
档案保管工作的要求	1. 环境控制； 2. 物理安全； 3. 组织管理； 4. 数字档案保管
档案检索工作的要求	1. 高效准确； 2. 用户友好可访问
档案编研工作的要求	1. 研究深广； 2. 创新实用
档案利用工作的要求	1. 易访问可读； 2. 合规安全
档案统计工作的要求	1. 数据准确全面； 2. 有效管理分析

（一）档案收集工作的要求

1. 质量优化

在档案收集过程中，必须严格把控档案质量，要关注档案数量，更要注重其内容的真实性、完整性和代表性。高质量的档案收集工作应当确保所收集的资料能够全面准确地反映历史事实和社会状况，避免片面或误导性的信息收录。此外，档案的格式和保存状态也是质量控制的重要方面，应确保档案在长期保存过程中的稳定性和可读性。

2. 门类齐全

在档案收集过程中，应广泛覆盖不同领域、行业和社会活动，以收集多元化的档案资料。这种多元化既体现在档案内容上，如政治、经济、文化、科技等不同领域，也体现在档案形式上，包括文字、图片、音视频资料及电子档案等多种类型。

3.加强档案室外的调查与指导

为确保档案收集的质量与价值，档案室需深入了解所属机构文件的生成规律与特征，并建立有效的归档机制，包括确定接收档案的具体范围、时机、数量和质量标准。同样，档案馆在档案收集工作中，应基于其性质和职责，对国家机关、社会团体和个人的功能、地位和任务进行深入研究，识别出应当移交的档案类型、内容、保存价值以及数量和质量等方面的要求。在正式接收档案之前，档案室应对相关部门的档案管理实施指导，以提升所收集档案的品质和实际价值，确保档案收集工作的高效性和系统性。

（二）档案整理工作的要求

1.保持文件之间的历史联系

（1）文件在来源上的联系。文件的来源关系主要是指它们所属的社会机构或个体[①]。属于同一创建者或类似类型创建者的文件之间存在紧密的来源联系；反之，来自不同创建者的文件揭示了各自独特的历史活动特点。在档案整理过程中，重要的是保留这些文件的原始来源关系，并避免将不同来源的档案混淆。

（2）文件在时间上的联系。关于文件的时间关系，通常指的是文件的生成时间。不同时间段的活动产生的文件呈现出一定的顺序性；而相同时期的活动所生成的文件则自然地形成时间上的联系。在整理档案时，维持文件之间的时间联系有助于展现其形成的活动的阶段性、连续性和完整性。

（3）文件在内容上的联系。文件的内容联系通常与其所覆盖的特定事件或议题相关。相同事件、活动或问题的文件间存在着不可分割的内在联系。在档案整理中，维持这种内容上的联系对于全面展现文件创建

---

① 杨学锋.现代化档案管理与服务研究[M].北京：中国商务出版社，2018：16.

者的活动轨迹和基本情况至关重要，同时简化了档案的检索和使用过程。

（4）文件在形式上的联系。文件的形式联系涉及它们的物理载体、文体类型、表达方式和特殊标识等方面。不同形式的文件具有各自的功能、特性和管理需求，能够承担不同角色，并反映特定的工作关系。通过这种方式，档案整理工作既维护了档案的完整性和连贯性，也为后续的档案管理和利用提供了方便。

2. 尊重和利用原有基础

尊重和利用原有基础强调在整理过程中应充分认识到现有档案组织结构和分类体系的价值。在进行档案整理时，应维持原始档案的存放顺序和分类方法，以保留文件间的自然联系和历史背景。如保留原始文件夹标签和存档日期等，可以提供关于文件产生和使用背景的重要线索。此外，利用已有的档案基础还意味着在可能的情况下，应运用现有的索引和目录系统，以及其他档案管理工具，以减少重复工作并提高整理效率。

（三）档案鉴定工作的要求

1. 保证鉴定工作的公正性

鉴定过程应避免主观偏见，确保评估结果的客观性和公正性。这通常需要建立一支由多个专家组成的鉴定团队，并采用标准化的评估流程和标准，以减少个人偏好对鉴定结果的影响。

2. 保证鉴定工作的系统性

鉴定过程应全面考虑档案的各个方面，包括其物理状态、历史背景、内容的重要性以及潜在的研究价值。系统性的鉴定过程还应包括对档案的长期保存潜力和管理成本的评估，以及考虑档案对当前社会和未来研究的潜在影响。

3. 保证鉴定工作的合规性

要确保鉴定活动遵循相关法律法规和行业标准，包括对档案的隐私权和知识产权等方面的考量，确保鉴定过程在法律框架内进行。

（四）档案保管工作的要求

1. 环境控制

适宜的存储环境是保护档案材料免受损害的基础。不同类型的档案材料，如纸质档案、胶片、电子记录等，对温度、湿度、光照和空气质量有特定要求。例如，纸质档案需要存放在恒温恒湿的环境中，以防止纸张脆化或霉变；胶片类档案需要避免长时间暴露于强光下，以防止褪色和材料劣化；电子档案则需要良好的防尘措施和稳定的电力供应，以保证数据的完整性。在档案保管工作中，必须针对不同材料的特性，制定并实施相应的环境控制措施。

2. 物理安全

物理安全包括防火、防水、防虫害以及防盗等。档案保管区域必须配备有效的安全系统，以防范各种意外和潜在的损害风险。例如，安装监控摄像头可以实时监控档案保管区域内的活动，避免未经授权的进入或不当操作；设置访问控制系统能够确保只有授权人员才能进入档案保管区域，进而保护档案免受外部干扰。另外，还需要定期对保管区域进行检查和维护，以确保所有防护设施处于良好状态，及时发现并解决潜在的安全隐患。

3. 组织管理

在组织管理方面，要求对档案进行有序的分类和编目，按照一定体系进行整理。有效的组织管理涉及档案的物理排序，以及对档案的电子记录和数字化索引。每个档案项目都应有清晰的标识，例如日期、来源、内容摘要和唯一的记录编号等，以便于快速定位和检索。组织管理还应定期更新和维护，以反映档案的最新状态和任何新加入的项目。

4.数字档案的保管

数字档案的保管工作要求重点关注数据的安全性和可持续性，包括制订有效的数据备份和恢复计划，以应对意外情况导致的数据丢失或损坏。关键措施包括定期对重要数据进行多重备份，存储在不同的地理位置和存储介质上，从而降低因自然灾害或技术故障导致的数据丢失风险。随着技术的发展和存储介质的老化，定期进行数据迁移至更新的存储系统也是保证电子档案长期可用性的关键，这涉及物理存储介质的更换，以及确保数据格式和访问方式与当前技术标准保持一致，避免因为过时的技术而导致档案无法访问或读取。

（五）档案检索工作的要求

1.确保检索系统的高效性与准确性

档案检索系统需要建立全面、详细的索引和目录，包括档案的标题、日期、来源、类型等关键信息，这些索引和目录应当定期更新，以反映新收集或整理的档案资料。在构建索引时，应采用统一的分类体系和术语，以减少歧义并提高检索的准确率。为了提高检索效率，应采用先进的信息技术，如数据库管理系统和搜索算法，以实现快速、精确的检索。针对电子档案，特别是数字化的文本和图像，还可以运用光学字符识别技术（OCR）和图像识别技术来提高检索能力。

2.确保用户友好性与可访问性

为了保证用户的友好性与可访问性，档案检索系统的界面设计应简洁明了，易于理解和操作，这意味着检索系统应提供直观的搜索引擎，带有清晰的指示和用户指南，帮助用户快速找到所需信息。特别是对于公共档案馆而言，考虑到用户背景的多样性，系统应提供多语言支持，同时考虑不同技能水平的用户，提供多种搜索和浏览选项。例如，对于那些不熟悉复杂查询技巧的用户，提供基于关键词的简单搜索；对于专业的研究人员，则提供更高级的搜索功能，如布尔逻辑和高级过滤选项。

随着信息技术的快速发展，线上检索服务成为档案管理的重要组成部分，这种服务扩大了档案资源的可用范围，也提高了档案检索的灵活性和便利性。线上检索服务允许用户从任何地点访问档案信息，这对于那些无法亲自前往档案馆的人来说尤其重要。这种服务可以包括在线数据库查询、数字档案浏览以及通过电子邮件或网站功能提交的档案提取请求。要想提高线上服务的效率，档案馆应投入资源，持续更新和维护其数字平台，确保数据的准确性和系统的稳定性。

（六）档案编研工作的要求

1. 保证研究的深度与广度

编研人员需要具备扎实的档案学和相关领域的专业知识，能够对档案资料进行深入的分析和综合。编研工作不仅涉及对单一文件的解读，更重要的是在宏观层面上理解和阐释档案资料集合所反映的历史、社会和文化现象，因此，编研人员应具有良好的历史敏感性和批判性思维能力，能够在档案资料中发现重要趋势和模式，以及将个别事件放置于更广泛的历史背景中进行分析。此外，档案编研工作还要求对资料进行严谨的校对和验证，确保编纂成果的准确性和可靠性。

2. 保证研究成果的创新性与实用性

研究成果应既具有学术价值，又具有实际应用价值，能够为公众教育、政策制定或其他专业领域提供参考和启示，为此，编研人员需要不断探索新的研究方法和视角，将传统档案研究与现代技术手段结合起来，例如运用数据分析和可视化技术来呈现复杂的历史数据。对于编研成果的呈现形式则应当多样化，如学术论文、图书出版、在线展览等，以适应不同读者群体的需求。

（七）档案利用工作的要求

1. 确保档案的易访问性与可读性

档案机构需要建立高效的索引系统，包括详尽的目录和关键词标签，以便于用户进行快速检索。同时，档案应该按照一定的逻辑顺序进行排列，如按时间、主题或来源进行分类，以便用户能够直观地理解档案的组织结构。

2. 确保档案利用的合规性与安全性

档案利用要符合相关的法律和伦理标准，特别是在处理包含敏感信息或个人数据的档案时，更需严格遵守隐私保护和知识产权的规定。档案机构需要制定明确的使用准则和权限管理体系，以确保档案资源的合理和安全使用。另外，还应当对档案利用进行监控与记录，防止档案的误用或滥用，并为档案利用提供宝贵的反馈，以改进服务和管理。

（八）档案统计工作的要求

1. 确保数据的准确性与全面性

统计数据应源于可靠的记录，避免任何估算或主观判断，确保每一项数据的真实性和可信度。此外，档案统计还应覆盖所有相关的档案维度，包括但不限于物理档案和电子档案，以及它们的存储位置和访问条件。

2. 确保数据的有效管理与分析

档案管理人员应定期进行数据分析，以识别档案资源的使用趋势、潜在的问题区域以及资源分配的不均等情况，例如，数据分析可以揭示哪些档案被频繁查询、哪些则很少被使用，从而指导档案的整理和数字化优先顺序。档案统计还应包括对档案的保管状况和保护需求的评估，以确保长期的档案安全和可持续性。

第四节　档案管理的基本理论

一、文件生命周期理论

（一）文件生命周期理论的内涵

文件生命周期理论认为文件从产生到最终被销毁或永久保存经历了一个连贯的生命历程。在这个过程中，文件的价值形态不断变化，可以被细分为多个阶段。在每个阶段，文件的价值形态决定了它的存储位置、管理方法和服务对象。文件的这些属性之间存在一种深刻的内在联系，具体如下：

（1）文件的整个生命周期是从其产生开始，经过流转和办理，再到归档、保存或销毁，最后可能转入档案馆进行永久保存。这个过程是连续且统一的，每个阶段紧密相连，形成一个完整的周期。

（2）在文件的生命运动中，由于价值形态的转变，可以将其分成几个不同阶段，国内外档案领域通常将文件的生命周期分为现行阶段、半现行阶段和非现行阶段三个阶段。

（3）每个阶段的文件具有特定的价值形态，服务对象、保存地点和管理方式都因此而异。

现行阶段的文件处于活跃状态，正在机关内部流转并被处理，一旦处理完毕，根据文件的价值决定是归档保存还是销毁。进入归档后，文件就步入了半现行阶段，在这一阶段，文件通常保存在本机关的档案室或文件中心，主要为本机关提供参考，具有过渡性质。文件在机关档案室或文件中心存放一段时间后，通过鉴定，那些具有永久保存价值的文件会被转移到档案馆。一旦文件被存放在档案馆，就进入了非现行阶段，在这个阶段，文件对于其原始形成机关的直接价值不再显著，而其主要价值体现在对整个社会的贡献上。

在文件的生命周期中，其对于形成机关的初始价值（如行政、财务和法律方面的价值）以及对外部用户的档案价值（证据和情报价值）呈现出一种动态变化。在文件处于现行阶段时，它们主要向机关的即时需求服务，活跃于不同部门间的日常流转，直至任务完成，这一阶段，文件主要反映其原始价值。随后，文件进入半现行阶段，在这个阶段的开始，某些文件仍保持较高的原始价值，但随着时间的推移，这种价值逐渐减弱，而其作为档案的价值开始渐渐显现。

到了非现行阶段，文件的原始价值基本消失，而档案价值则变得尤为重要，在这个阶段，文件主要服务社会广泛领域。伴随着文件价值形态的这种转换，其存放地点也相应地发生变化，由最初的机关内部转移到文件中心或档案室，最终被移交到档案馆。同时，文件的服务对象也从机关内部逐步扩展到社会各界，服务方式也经历了从较为封闭到日益开放的转变，这一过程既体现了文件在其生命周期各阶段的功能和作用变化，也反映了档案管理在适应不断变化的需求中的动态调整。

（二）文件生命周期理论的意义

1.揭示了文件从产生到归档或销毁的整理流程，为文件管理提供了理论架构

文件生命周期理论阐明，虽然文件的整个生命过程由于其价值形态的转变而展现出不同阶段，但这些阶段之间紧密相连，形成一条连续的发展链。这种连续性主要体现在以下三个方面：第一，文件的内容在整个生命周期中保持一致，无论是作为活跃文件还是存档档案，其所记录的信息不会发生变化；第二，文件的物理形态在各个阶段中保持不变，不论是在日常使用还是在最终的存档中，文件的载体和记录方式都是相同的；第三，文件在不同阶段保持其基本属性的一致性，始终作为一种

原始的信息记录存在[①]。

文件生命周期理论将文件的各个阶段比作人生的不同阶段，如同人从幼年到老年经历不同的生命阶段一样，虽然文件的各个阶段有着各自的价值形态和社会功能，但它们共同构成了文件生命的连续统一。这一理论强调了对文件生命周期整体性和内在联系的重视，指出必须对文件的完整生命周期进行全面和系统的管理。通过这种方式可以确保文件在其生命的每个阶段受到适当而有效的控制。

2. 文件生命周期理论为文件的阶段式管理奠定了基础

该理论揭示，随着文件价值形态的演变，文件在服务对象、保管场所和管理方式等方面呈现出显著差异。这一理论强调，在管理文件的整个生命周期中，重要的是识别并尊重文件在不同阶段的特殊需求，根据文件在各个阶段的特定价值形态，实施有针对性的阶段式管理至关重要，以确保为文件在每个阶段找到合适的保管场所和管理策略。全球范围内的文件管理实践已经充分验证了文件生命周期理论的有效性和科学性。

文件生命周期理论的应用在国际范围内尤为突出，尤其在近几十年里，文件中心的建立和运作成为这一理论实践的杰出例证。在文件的生命周期中，即现行、半现行和非现行阶段，可以看到不同的管理和存储方式。现行阶段的文件通常由组织内部负责保存和管理，而那些达到非现行阶段且具有第二价值的文件则被转移到档案馆，以便永久保存，这种做法在国际上已经成为普遍实践，但是在半现行文件的管理方面，中外存在一些差异。在中国，这类文件多由各组织的档案室负责管理；而在其他国家，特别是效仿美国的国家，则普遍建立了文件中心或类似机构来处理这些文件。

组织档案室和文件中心在形式上有所不同，前者通常作为组织的内部部门，而后者则往往独立于组织之外，但从本质上看，两者在性质和

---

① 李扬. 高校档案管理与信息安全研究 [M]. 北京：北京工业大学出版社，2020：4.

基本功能上并无根本差异。根据文件生命周期理论，由于半现行文件第一价值的逐渐减弱而导致组织对其使用的减少，但第二价值尚未被充分评估，因此不适宜过早销毁或移交给档案馆。在这种情况下，需要一个具有双重功能的过渡性保管机构：一方面继续利用半现行文件的第一价值为组织服务；另一方面评估文件是否具备第二价值，为最终转交档案馆做好准备。无论是组织档案室还是文件中心，都能够履行这两项基本功能，充当着组织与档案馆之间的桥梁。这两种机构的性质和功能并不会因为位置的不同而发生变化。例如美国文件中心之所以独立于组织之外运作，主要是由于美国组织通常没有设立内部文档管理机构的传统，在那里，投入大量资源保管和使用利用率较低的半现行文件被认为是资源浪费，因此文件中心才能在美国普及并在全球推广。

3. 文件生命周期理论为档案部门对文件进行前端控制提供了理论依据

这一理论强调，管理者应将从现行文件到档案的过渡视为一项整体的系统工程，运用一致的工作制度、程序和方法来处理这一连续统一、环环相扣的过程。换言之，不应将现行文件管理和档案管理视为两个孤立的系统，而是应努力实现这两个系统在组织制度、管理方式和工作流程上的深度融合与统一。这种方法的核心在于既要关注现行和半现行阶段的一体化管理，还要对整个文件从组织到档案室或文件中心，再到档案馆的流转过程进行全面控制和统一管理，以真正实现一体化管理的科学意义。

文件生命周期理论还指出，虽然不同国家在管理同一阶段的文件时所采用的机构名称、组织形式和隶属关系等可能大相径庭，但其本质和基本功能保持着一致性。这种一致性表明，尽管管理方式和系统可能有所不同，但文件的阶段性特点和管理需求始终相同，因此，该理论为文件的分阶段管理提供了理论基础，并强调了对文件不同特点的尊重和适应。可以认为，文件生命周期理论阐释了文件运动过程的整体性和阶段性特征，并且为文件从现行阶段到档案阶段的一体化管理提供了重要的理论依据，指导档案部门或人员实施有效的前端控制。

二、文件连续体理论

文件连续体理论作为 20 世纪 80 年代电子文件特性出现后对文件生命周期理论的扩展和深化，提出了以下核心观点：①它主张采用一个统一且整体的体系来管理文件和档案，这种管理应适用于文件的所有存在形态和生命期限；②文件连续体理论强调文件可以在多种不同的环境和用途下同时存在和累积，不必局限于生命周期理论提出的阶段性顺序；③文件的管理和保管体系建设应在文件生成之前就启动，以确保更高效的管理；④这一理论特别强调文件管理人员和档案管理人员之间在管理文件及建立保管体系方面的合作与共同责任。在服务概念上，该理论包含了文件整个生命周期中的服务，强调服务的连续性和全面性，通过这些原则，文件连续体理论为电子时代的文件管理提供了新的视角和方法。

三、前端控制理念

前端控制理念强调在电子文件和电子档案管理中的先期介入，这是在认识到电子文件与电子档案构成连续体的情况下提出的。该理念主张在文件和档案形成之前进行管理和控制，即从电子文件生成系统的设计阶段就开始介入，提前将管理所需的各项功能纳入管理系统。这种思维方式是文档一体化理论的重要组成部分。

法国档案学专家 C.诺加雷在其著作《信息技术对档案和档案工作的影响》中指出，档案工作者需要重新思考他们在文件生命周期中的干预时机，甚至对生命周期概念本身进行反思。国际档案理事会的电子文件委员会在《电子文件管理指南》草案中，将这种"干预的时机"定位于电子文件管理系统的设计阶段，这意味着将传统纸质文件管理系统中的后期控制手段提前至最初阶段，主张"在文件形成前采取行动"。

该指南将电子文件的生命周期分为设计、形成和维护三个基本阶段，关注点不是文件内在价值的变化，而是文件从孕育、生成到存在的整个过程。这一过程的关键在于控制电子文件，它要求人们用一体化的视角来看待电子文件的实际存在，强调文件的"协同管理"，而不是像过去那样，按阶段分别控制。要实现这种"协同"，关键在于"提前介入"，即在系统设计阶段尽可能全面地考虑文件管理各阶段的功能需求，使功能完备的文件管理系统成为管理电子文件的前提。

前端控制理念强调在电子文件系统设计初期即对整个文件处理过程进行全面控制。由于电子文件在系统中的处理具有高度的连续性和实时性，前端与后端在时间上几乎同步，因此必须从系统设计开始，基于计算机系统的工作原理，预设电子文件处理程序，以满足特定的管理需求。这种方法使得文件和档案管理的要求能够被转化为系统的功能。通过在设计阶段进行控制，可以及时收集对文件真实性和可靠性至关重要的背景信息和元数据。从电子文件的鉴定、归档、利用，以及使用权限的设定和控制来看，这种前端控制思想强调了依照特定标准进行电子文件的即时归档，收集必要的检索、文件恢复和解释数据，以及实现电子文件使用范围的自动控制，这些过程都需要在系统设计阶段就设定明确的技术参数，以便确保管理工作的效率和效果。相比之下，事后的补救措施往往会导致工作量加倍，效果减半，因此，前端控制理念的实施对电子文件的有效管理至关重要。

四、新来源观

自 1898 年《档案的整理与编目手册》系统阐述来源原则以来，这一原则历经了一个多世纪的发展。在电子时代，随着大量电子文件的出现，来源原则曾面临挑战，但后来以"新来源观"的形式得到重生和重新诠释，这种新的理解将档案的来源扩展为"概念来源"[①]，这不只是文件形成机构的简单标识，而是一种更为广泛的概念，涵盖文件的职能、目的、活

---

① 冯强. 档案管理 [M]. 北京：中国农业出版社，2006：30.

动和形成过程。新来源观强调重新定义档案来源的概念，关注文件的形成背景，即文件是由哪个组织或个人在特定条件下，基于何种数据，出于特定目的，采用特定结构和格式而形成的。这种理解方式既适用于传统档案，也适用于电子档案，为档案管理提供了更加深入和全面的视角。

在电子文件时代，来源原则的概念化主要是针对计算机环境下的虚拟整理。由于电子文件的相互关联性（例如，与某一事件或整个档案全宗相关的文件集合）在计算机程序中通过逻辑链接得以展现，虽然这种关联在概念上清晰，但在物理实体上并不存在，因此，在电子环境下的文件"来源"也转变为一种概念化的形态。

"概念来源"强调档案工作者需要收集与电子文件的生成、保管、利用相关的各种数据，这些数据构成了文件的来源或背景信息，标志着电子时代来源原则的发展。新来源观对来源原则的内涵进行了深化，重新确立了其在档案专业理论和核心原则中的地位，并加强了其理论指导作用。新来源观将来源原则在电子时代赋予了更广泛的含义，从原本主要应用于档案整理的"全宗原则＋尊重顺序"的具体操作性原则转变为关注、理解、利用和保持文件形成过程及背景的概念性原则，其应用范围扩展到档案的鉴定、著录、检索和利用。

在传统档案管理中，档案工作者通常按照来源原则将文件实体聚集成不同的档案体系，如全宗、档案组合、文件组合等，成为档案馆管理档案实体的基本单位。然而，在电子文档时代，来源原则拥有更广泛的实践意义，来源信息对电子文档的检索、鉴定、整理以及确认其证据价值至关重要，更新并扩展了档案管理实践中的实现方式。即使在电子文档管理环境中，来源原则仍然保持其价值，继续与电子文档的管理一同发展。

第二章　档案管理的多视角分析

第一节 档案管理的管理维度分析

一、管理维度的概念

在多个学科中，维度的这一概念具有不同的含义。在数学领域中，它代表独立变量的数量；在物理领域中，指的是时空坐标的数目；而在哲学等领域，则更多地被理解为一种观点或视角，而非具体的数值，它涉及对事物多方面、多角度和多层次的理解和分析。

将此概念应用于管理领域，管理维度是对管理活动的各个要素进行分析，从而对管理活动的空间范围和视角进行描述、判断和评估。这种描述包括管理活动的内在和外在条件，以及管理活动的基本框架和评价标准。在对管理维度进行描述和构建时，通常需要考虑两个或多个相互排斥的视角，以实现对管理活动的全面理解。管理维度通常囊括了管理内容、管理资源和管理方式三个关键方面，为深入理解管理活动提供了一个多维度的分析框架。

二、管理维度分析的背景与意义

自人类社会初现，为了生存和发展，人们在集体合作中自然形成了管理活动，伴随而来的是管理思想的初步萌芽。19世纪末至20世纪初，随着工业化进程的加速和社会经济的蓬勃发展，管理的重要性日渐凸显，研究管理的系统化思维和方法逐渐成熟并迅速发展。至今，这一发展仍在持续，对管理学的深入研究为本书对管理维度进行分析和讨论提供了丰富的理论基础。

尽管对管理活动的系统化研究始于20世纪早期，但是管理思想的出现可以追溯到数千年前。在世界各地古代文明中，如古埃及、古巴比伦、古希腊和古罗马，管理思想的萌芽已见诸历史记载和宗教文献。迄今为止，发现的关于管理思想最古老的书面记录源自五千年前的西亚美索不达米亚地区，由苏美尔人所作。在苏美尔文明中，庙宇中的祭司通过一个庞大的赋税体系来管理大量世俗资产，比如畜群、财物和房地产。随着庙宇经济的扩张，出现了早期"公司"概念的雏形，即通过一个统一的管理机构来管理多个庙宇的经济活动，这种庙宇公司采用了一种双重领导制度，即一位高级祭司负责宗教和礼仪事务，另一位高级祭司负责世俗事务，他们使用泥板进行记账和记录，这成为世界上最早的管理控制系统和库存记录的原型。在古巴比伦王国，《汉穆拉比法典》涵盖了工资、交易、奖励、责任和会计等多方面的管理问题。雅典的城邦制度，包括其议会和民众法院，显示了对管理职能的认识，而古希腊人更是提出了管理的普遍原则。此外，古罗马的戴克里克皇帝采用了一种结合集中和分散权力的连续授权制度，成功地管理了庞大的罗马帝国多年。虽然这些管理思想在当时尚属初步阶段，相对粗糙，但它们为后世管理思想的发展提供了重要源泉。

在《西方管理思想发展史》一书中，张文昌等深入探讨了西方古代的管理思想，指出这些思想不仅历史悠久、内容丰富，而且展现了西方文化的精神与智慧。书中特别提到，古希腊和古罗马在经济管理和社会管理方面的思想尤为杰出，这些思想被细致地分类和分析。与此同时，中国作为一个有着五千年文明历史的古国，在管理实践和理论方面有着丰富的成就。叶萍在其著作《管理学基础》中强调，中国的管理思想起源于先秦时期，早期的管理思想体现在《尚书》和《周易》中，而在战国时期，系统的管理思想开始形成并发展。这些思想涵盖了人类管理的根本和必然因素，特点包括包容性、人本性、系统性、创新性、柔和性和服务性，至今，这些思想仍具有强大的生命力和持久价值。叶萍在该书中进一步将中国古代管理思想细分为系统管理、信息管理、决策管理、人才管理、行为管理和艺术管理等领域，并进行了深入分析。

另外，现代管理学的系统研究受到了自然科学的影响和启发，泰勒的科学管理理论被普遍认为是现代管理学科的起点。泰勒致力于提升劳动生产率，通过工时和动作研究，提出了基于科学的合理工作量和操作方法，优化了劳动与休息的安排、工具使用和作业环境。与泰勒同时代的梅奥在美国西屋电气公司霍桑工厂开展的实验探究了工作条件、社会因素与生产效率的关系，发现社会和心理因素对劳动生产率有重大影响，为行为科学研究奠定了基础。从此，管理研究逐渐形成了自己的学科范畴，步入了系统化、规范化的发展轨道，成为科学研究领域的一部分，与哲学、历史等古老学科比肩齐眉。

三、管理维度分析对档案管理理论研究的作用

维度分析在管理学领域内的应用既促进了对研究视角、方法学和理论构架的深入理解与讨论，又增强了管理学理论的多样性和开放性，特别是在档案管理理论研究中，维度分析的作用尤为显著，不仅有助于确认并阐明档案学作为一门管理学科的本质属性，还有利于提高档案管理理论在整个管理学科领域中的地位和影响力。此外，维度分析还为探索具有中国特色的档案管理理论研究提供了一个创新性的突破点，其功能可以具体归纳为以下三个方面：

（一）以管理多维度论证档案管理学的属性和定位

作为一门学科，档案学的定位在历史上并非始终明确。在中国，曾有时期档案学被视作历史学的一个辅助分支。20 世纪 30 年代，随着行政效率运动的兴起和明清档案整理的热潮，近代中国档案学开始形成，产生了从《公牍通论》到《中国档案管理新论》等一系列档案学著作。这些早期著作反映了近代中国档案学的起源和发展，并展示了其成就和特点。通过这些书籍中普遍出现的"管理"二字，可以清楚地看出档案学的学科属性。

许多学者从信息管理的视角出发，认为档案学是信息管理学科的一部分。在这方面研究较早的是《行政学·行政信息管理·档案学》一文，

该文作者强调，档案文书部门在长期的行政信息处理中形成了成熟的工作制度、程序和方法，这些不仅是行政学的重要组成部分，也是提高行政效率的关键。因此，信息管理视角为档案管理理论研究带来了新的内容和活力。管理学科的实践性、有效性和知识管理趋势是其基本特征，并且这些特征与中国档案学紧密相关，由此，档案学作为一门管理学科，在学术界获得普遍认可。中国档案学不仅具有通常管理学科的特征，还具有独特的价值取向、社会功能和发展规律。

当人们通过管理维度的角度来分析档案管理理论，将其放在管理活动的三维结构中考量，就能更深入地理解档案管理理论在每个管理维度上的重要贡献。这样的分析还揭示了档案管理理论在管理资源和管理方式两个维度上的潜力和优势，这是其他管理学科所不具备的。通过这种多维度分析，能够全面认识档案学的管理学科特性，并明确其在管理学领域中的独特地位和作用。

（二）档案管理理论研究对管理实践的作用与意义

作为既具有管理性质，又是应用性强的学科，档案学深植实践并服务实践。通过管理维度的分析来审视中国档案管理理论，可以促进对档案管理活动的理解和掌握，这种分析既有助于深入挖掘档案信息资源的潜能，又能突出档案管理在整个管理过程中的支撑作用。它还有助于避免管理资源的重复投入和浪费，推动管理资源的高效利用，通过管理维度的分析，档案管理理论在社会和机构管理的各个层面的重要性和功能得以凸显，如全面分析和整理管理活动中的文件方式有助于规范化和创新管理方法，为解决现代社会管理挑战提供新的视角和策略，具有重要的实践意义和现实应用价值。

（三）档案管理学的研究空间和方法要拓展与创新

在过去七十多年的发展中，虽然档案管理理论研究取得了显著成就，但仍有许多领域需要改进和深化。通过管理维度的分析对档案管理理论进行新的审视和整理，不仅能丰富档案学的研究内容，刷新其研究方法，还能加深对档案管理在管理内容维度中的根本作用的理解。并且这种分析方式能够揭示档案管理在构建和维护管理资源方面的独特优势，并将文件方式作为一种基础性的管理手段加以定位，从而有效提升档案学在整个管理科学领域的地位和影响力。

第二节　档案管理的管理资源分析

一、管理资源的内涵

通常将管理资源简化为人力、物力、财力、信息资源等这样的基础元素，虽然这种理解较为直观，但稍显浅薄，缺乏对管理资源更深层次的洞察。这种观念仅关注显而易见的资源，忽视了如规则、权力、人际关系、企业文化等更为微妙和深层的"特有资源"。

管理资源实际上包括显性资源、半显性资源和隐性资源三大类。其中，显性资源包括人力、物力、财力等；半显性资源则涵盖技术、规则、信息等方面；而隐性资源则指权力、人际关系、文化等要素。显性和半显性资源构成了管理活动的基础条件，而隐性资源则是推动管理活动的核心动力，这些关键的管理资源共同构成了管理工作的生命线，对管理活动的成功起着至关重要的作用。

管理资源可以分为两个主要层面：基础性资源和"特有资源"。基础性资源，如人力、物力、财力以及信息资源，主要为管理活动提供外部支持；而"特有资源"，如规则、权力、人脉、文化等，则提供内部保障。在管理过程中，这两类资源至关重要，以权力为例，它代表了一种单向的影响力，突出了权力的"非对称性"，这种非对称性资源往往是稀缺的或具有潜在稀缺性。规则则分为明文规定和潜在规则，具体形式包括制度、法律道德、习俗以及社会结构等，规则的存在和实施基于特定的权力需求，承担着将权力需求转化为实际行动的重要角色，没有规则，管理活动将无法开展，管理目标也难以达成。

对于档案管理理论研究而言，它涵盖了两个方面：第一，研究档案内容信息的开发与利用，作为管理活动中重要的基础性资源之一，信息活动在各个管理环节发挥着关键作用，档案信息具有确定性和凭证性，能够直接服务管理决策和组织，其在管理中的角色不可替代；第二，研究档案如何保障其他管理资源，尤其在维护权力和文化等隐性资源方面的功能和作用。通过这种方式，档案管理理论既强化了对管理资源的理解，还为管理实践提供了有力支撑。

二、以管理资源为前提的档案管理理论研究

（一）资源管理与管理资源之间的区别与联系

随着生产力水平和认知条件的变化，资源的定义和范围也在动态发展，但其核心特征，即对人类需求的相关性和可利用性始终不变。在管理学领域中，管理资源被理解为满足管理活动需求的各类资源，不仅包括人力、物力、财力等显性资源，还涵盖技术、规则、信息等半显性资源，以及权力、人脉、文化等隐性资源。这些资源中，显性资源和半显性资源构成了管理活动的基础条件，而隐性资源则作为推动管理活动的关键动力。在此基础上，资源管理则是指对满足特定需求的资源进行有效控制、加工、配置和利用的过程，如人力资源管理、物资管理、能源管理、信息资源管理等。

管理资源与资源管理两个概念有所联系，均强调对资源的重视和应用，不同的是对资源的关注和重视，管理资源的研究通常涉及多种资源的状态和效用比较，而资源管理更倾向于深入探讨某一特定资源的管理。同时，任何资源管理活动都需要依赖管理资源的支持，而管理资源本身

也可作为资源管理的对象，显示了两者互为条件、相互依存的关系。

管理资源与资源管理明显的区别在于对资源内涵的不同理解，导致管理资源的范围相对较窄，在广义上，所有资源都可以成为管理的对象，但管理资源特指那些对管理活动有利的资源部分。这两个概念的研究出发点也存在差异：管理资源的提出旨在探索资源在管理活动中的作用和效益，其研究基点在于管理活动本身；而资源管理更关注特定资源的管理，即如何通过适当的管理方法和手段有效组织、加工和配置特定资源。

（二）以管理资源为前提的档案管理理论研究的本质与特点

档案管理理论研究在管理资源维度上呈现出独特的双重性质。一方面，它涉及对档案自身属性和规律的深入研究，即探讨作为信息资源的普遍特性和专有特点，包括文件内容信息的采集、描述、组织、检索、存储、传播、开发、构建等方面的规则；另一方面，它涉及档案在资源保障方面的功能，这既包括对人力、物力、财力等显性管理资源的真实性和完整性保护，又涵盖对技术、规则等半显性资源以及权力、人脉等隐性资源的挖掘和管理。

这种双重特性使得档案管理理论研究在资源维度上具有以下几个显著特点，如图 2-1 所示。

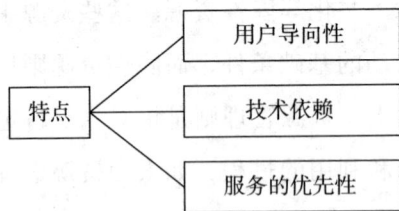

图 2-1　档案管理理论研究在资源维度上的特点

1. 用户导向性

用户需求和偏好是资源维度下档案管理理论研究的核心，因为资源的价值在于其对使用者的用处和效益。用户在此处的定义不限于资源的直接使用者，而是扩展到所有管理活动的主导者和参与者，包括作为单位的机构和团体。

2. 技术依赖

在资源视角下进行档案管理活动必须依赖信息技术来处理大量的文件内容，传统方式处理海量信息的局限性使得信息技术的应用变得尤为重要。为了满足不同用户层次和类型的需求，对文件内容进行深层次加工处理成为必要，技术的进步为此提供了可能性和便利。

3. 服务的优先性

与过分强调资源安全性的内容维度不同，资源维度下的档案管理理论研究更加注重用户优先和服务导向。这种研究倡导资源的开放利用，并特别关注资源的可用性和易用性，把用户满意度、效率和效益放在首位。因此，这一维度下的档案管理理论及其指导的实践活动通常更具有开放性和扩展性，能够拓展到更广阔的领域，开发出更多样化的功能。

（三）以管理资源为前提的档案管理理论研究的意义与作用

管理资源的确立和有效运用是管理活动成功的关键因素。档案管理理论研究在管理资源维度上的重要性和影响力表现在以下几个方面：

1. 刺激档案管理的创新和进步

资源维度下的档案管理理论研究注重用户需求和服务质量，对传统的封闭式档案管理模式构成挑战。这种研究鼓励档案工作者在服务理念和管理方法上进行创新，进而促使档案管理实践不断发展和完善，推动机构信息资源的结构性优化。以资源为导向的研究成果能直接应用于档案管理实践，从而提高档案工作者的信息处理和服务能力，增强档案工作的社会影响力。

2. 促进管理资源的有效配置和价值提升

深入探讨档案内容信息的开发与利用有助于管理者全面理解并灵活调配人力、财力、物力等资源，合理利用权力、人脉等隐性资源，确保资源配置的高效性和及时性。档案的检测评价功能的发挥事实上提升了"档案"这一资源的价值和作用。

3.提高档案学在管理学科领域的地位

档案作为重要的管理信息资源，在管理活动中对自身具有保障作用，并且能优化其他资源配置。档案管理理论研究致力于深入理解和发挥这些功能和优势，使得档案学在学科领域中的地位得到提升。从资源维度分析档案学既增强了研究者对该学科的认识和自信，也有助于吸引其他管理学科乃至整个学术界对档案管理理论的关注和重视，从而有效提升档案学的学科地位和认可度。因此，资源维度的探索和成果是档案管理理论研究的重要增值点。

三、档案管理中档案信息资源的管理

（一）档案信息资源的开发

1.档案信息资源开发的概念

在当今这个信息化时代，人们普遍认同信息作为一种关键资源的地位，特别是在档案领域，将档案作为社会记忆的工具开发成为信息资源，是档案部门的核心任务。档案信息资源的开发涉及以下几个关键方面：

（1）主体角色的界定。在档案信息资源的开发过程中，档案管理部门及其工作人员扮演了核心角色。他们负责实施和监督整个开发过程，确保档案信息的有效提取和利用。

（2）开发对象的明确。开发对象是经过整理和系统化管理的档案。这些档案经过精心组织和科学管理，为档案信息资源的开发提供了坚实基础。

（3）方法与技术的结合。开发档案信息资源的过程需要融合专业方法和现代技术。这意味着既要采用最新的技术手段进行档案信息的采集、加工、存储和传输，又要保留和弘扬传统的档案信息开发方法，实现两者的有机结合。

（4）加工程度的不同。档案信息加工分为浅加工和深加工两个阶段。浅加工包括对档案的著录、标引以及检索系统的建立，目的是使档案信息能够被存储和检索；深加工则是根据社会需求，对庞大的档案信息进行系统化、有序化处理，包括编制档案产品、编写参考资料、参与编史修志和撰写文章等活动。

（5）信息的传递与共享。档案馆收藏的档案信息具有静态特征，需要经过档案工作人员的努力，通过采集、加工、存储，最终将这些信息有效地传递给社会各界利用者，以满足多样化的社会需求。这个传递过程是档案信息资源开发的重要组成部分，能够确保档案信息的有效流通和利用。

从上述分析可知，档案的收集、整理、保管、鉴定、统计等环节构成了档案实体的科学管理基础，为档案信息资源的进一步开发奠定了基础，虽然这些环节为档案信息资源的开发提供了必要的支撑，但它们本身并不直接构成"开发"活动。档案检索与编研工作则被视为档案信息资源开发的核心，涉及对档案信息的初步处理（浅加工）和深入挖掘（深加工），直接关系档案信息的有效提取和利用。但是，档案信息资源的开发不应仅限于此，还应包括信息的传输环节，其是档案信息从潜在状态转化为活跃状态的关键一环，实现了档案信息服务社会、指导实践的目的，在某种程度上，信息传输与利用服务之间存在重叠。

档案信息资源的开发与档案实体管理和利用服务之间的关系既是并行的，又是交错的，这可能是档案信息资源开发概念长期未能达成一致理解的原因。档案管理的整体过程包括三个步骤：首先收集档案，对其进行有序整理；然后进行科学保管，在此基础上挖掘档案信息，进行分析研究，根据社会需求加工处理，形成档案信息产品；最后向社会提供信息服务。将档案管理过程按顺序划分为实体管理（或称为收藏、整理、鉴定、保管、统计），资源开发（包括编目与检索、编辑与研究），以及利用服务（包括各种形式的利用工作）三个阶段，或者将其简化为实体管理和资源开发与利用服务两个阶段，不仅有助于更清晰地理解档案信息资源开发的概念，而且有助于档案开发工作的具体实施。

2. 档案信息资源开发的原则

（1）资源为主原则。在整个档案管理和开发过程中，资源的价值和潜力被置于首要位置。档案信息资源的开发应侧重最大限度地挖掘和利用档案中蕴含的信息价值，以实现其在社会、文化、教育和科研等多个领域的广泛应用。这一原则强调档案不仅是存储过去记录的容器，更是充满潜在价值的资源宝库。因此，档案工作人员需要通过专业的知识和技术，不断探索和创新档案资源的开发方式，旨在提升档案信息的可获取性和可用性，包括对档案内容进行有效的分类、整理、描述和数字化，以及建立易于访问和使用的检索系统。资源为主原则要求档案部门不断更新观念，将档案信息资源视为一个动态的、可持续开发的资产，推动档案管理朝着更加开放、高效和创新的方向发展。

（2）信息组织原则。信息组织原则着重系统地整理和组织档案信息，以确保信息的有效检索和使用。这一原则认识到了档案信息的组织工作不只是简单地归档和存储，而是一个涉及分类、索引、摘要以及元数据创建等多个步骤的综合过程。信息组织原则强调通过精确和科学的方式对档案信息进行组织，可以显著提高档案信息的可发现性和可访问性，包括对档案进行有效分类，确保每一项档案都能准确反映其内容和性质，并建立一个全面而直观的索引系统，使利用者能够迅速找到他们所需的信息。

（3）信息激活原则。档案信息资源开发的信息激活原则着眼最大化激发档案信息的潜在价值，以更好地服务社会和用户需求。这一原则的核心在于将档案中固有的、静态的信息转化为活跃的、动态的知识资源，进而推动信息的流通和利用。实践中，这涉及对档案信息进行全面的识别、分类、分析和解读，以及通过技术手段如数字化处理、在线访问平台的建设，使得档案信息更容易被公众发现和使用。此外，信息激活原则还强调将档案信息融入更广泛的知识管理和信息系统中，通过与其他信息资源的联动，丰富信息的内涵和应用场景。

（4）有效利用原则。档案资源不仅应被保存和保护，而且要被活跃地利用于社会发展、决策支持知识传播等多个方面。有效利用原则要求档案管理部门既关注档案的保存和维护，还积极探索和实施各种策略和方法，使档案资源易于获取和使用，包括对档案进行数字化处理、提高档案的可访问性，以及开发各种平台和工具，使档案资源更容易被社会各界人士所利用。

（5）整体效益原则。在市场经济体系中，档案信息资源的开发必须考虑成本和效益，这种开发旨在利用档案信息创造经济和社会价值，因此，必须关注投入与产出的平衡。有效的投入基于产出大于成本的前提，这要求采取务实的态度，根据现有的经济基础合理安排档案信息资源开发的投入，避免过度追求高端硬件设备而导致的不良后果，要遵循投入产出规律，科学合理地配置人力、财力、物力资源，以实现最优效益。

整体效益原则包括多个方面：按范围分为局部效益和整体效益；按时间分为现实效益和长远效益；按价值分为社会效益和经济效益。在开发档案信息资源时，要合理安排优先顺序，优先考虑急需的领域和能产生更大效益的项目，同时既要注重现实效益的实现，又要采取措施保护档案原件，以便未来的利用，实现长远效益。

档案信息资源的开发应该平衡社会效益和经济效益，其中社会效益中蕴含着经济价值，而经济效益也应与社会效益相结合，开发工作应当追求现实效益与长远效益的统一，以及局部效益与整体效益的协调，并且同等重视社会效益与经济效益。通过这种综合的视角和策略，档案信息资源的开发能够更加符合市场经济要求，也能更好地服务社会和经济发展。

（二）档案信息服务

档案信息服务的模式随着时代的变迁而发展变化。在传统档案实体管理阶段，档案服务方式相对被动且封闭，主要体现为等待利用者主动前来查阅档案。这一阶段的服务模式大致可分为以下三类：

一是原件查阅服务，包括在档案馆内设置阅览室供利用者查看档案原件，或在特定情况下允许档案原件外借。

二是复制件服务，此类服务涉及珍贵档案的复制，以及档案资料的编辑、出版和公开展示，如档案展览。

三是编纂资料服务，是指基于档案内容编写的书面资料，如档案证明、专门文章和著作的撰写，以及向社会提供加工后的档案信息等。

这种服务模式在计划经济体系下形成，由于重视保密和保管，轻视开放和利用，因此档案利用率相对较低，缺乏主动性。

进入档案信息管理阶段，档案服务方式实现了显著的转变和发展，主要可分为以下几种：

1. 传统型服务方式

传统型服务方式依然包括档案外借、档案阅览、档案宣传报道、档案展览等。

2. 机械型服务模式

这一模式着重档案的复制和数字化处理，以及通过网络平台提供服务。

3. 智力型服务模式

智力型服务模式涵盖编研服务、情报服务、检索服务、定题服务、咨询（证明）服务等。

随着互联网的普及和发展，网络服务在档案信息服务中逐渐占据主导地位。互联网的全球性、开放性、交互性、即时性和综合性为档案信息服务带来了革命性的变化。网络服务不仅提供了传统档案服务的新渠道，还极大地拓展了档案服务的范围和效率。例如，传统的档案展览、档案检索、咨询服务在网络空间转变为网络展览、网络检索、网络咨询等。为了提高网络服务的效能，大量档案被转化为数字格式，使得档案信息更加易于访问和利用。

第三节　档案管理的管理方式分析

一、以管理方式为前提的档案管理理论学研究

（一）以管理方式为前提的档案管理理论研究阶段与内容

文件方式作为一种跨越时代的管理手段，其发展历程与文明的进步紧密相连。在我国历史中，韩英将文件方式的发展分为几个关键时期，包括早期阶段（从殷商到春秋战国）、封建社会时期、民国时期，以及中国共产党领导时期等。文件方式在管理活动中的基本职能可追溯至文字的产生和国家的形成。

在档案管理理论研究中，文件方式的研究历来是其显著特点和优势，最初的研究重点主要聚焦其分支学科——文书学。

本书对中国文件方式的研究历程进行了三个阶段的划分。首先是萌芽阶段，这一阶段从文件方式的产生一直延续到20世纪初，在这个时期，文件方式基本上沿袭传统、封闭单一，其主要成果包括文书资料的汇集、文书撰制方法的研究及文书工作规则的制定等。其次是研究起步阶段，标志着系统的文件方式研究的开端，在这一阶段出现了如仝宝廉编著的《公文式》等一系列系统的研究著作，这些成果是文件方式研究的重要基石。最后是蓬勃发展阶段，这一阶段的主要特征是成立了专门的研究机构，出版了大量学术专著，形成了系统的理论体系，并开始探讨和研究新型载体文件（如电子文件）的运转方式。

　　文件方式的研究在媒介形态上可分为两个阶段：传统文件方式和电子文件方式。传统文件方式主要涉及纸质文件，其研究在中国始于民国时期，相比之下，电子文件关注以数字格式存储的文件。在中国，这一研究领域的早期工作包括对美国学者罗伯特·威廉斯《电子文件管理——即将来临的文件管理革命》一文的译介。此后，中国人民大学的冯惠玲教授在这一领域取得了重要进展。她的博士论文《拥有新记忆——电子文件管理研究》对电子文件管理进行了系统阐述，并持续地对这一领域进行深入研究。特别值得一提的是，她的论文《电子文件管理国家战略刍议》聚焦电子文件在国家和社会管理中的应用及其所面临的挑战。她主持的"电子文件管理机制研究"课题成果受到了温家宝同志的高度关注，并被建议作为重要参考资料供相关部门研究。这些工作标志着中国在电子文件管理领域的显著进展。

　　在管理理念的维度上，文件方式的研究可被划分为管制型和服务型两个发展阶段。这种分类的出现一方面源于中国行政管理和社会发展的演变，历史上，中国长期的封建专制统治和集中式的计划经济体系培育了管制型文件方式，此类方式在管理中表现为自上而下的权威主导，重视政府控制而较少关注公众需求，其文件管理方式呈现出封闭和机械化的特点。另一方面，随着政治民主化和市场经济的推进，政府角色逐渐从统治者转变为服务者，带动了服务型文件方式的兴起，这种类型的文件管理强调上下互动，通过合作、协商来推动管理活动，因而其文件方式较为开放和灵活，特别是过程的公开透明成为服务型管理的核心，确保权责界定的清晰。

　　另外，公共管理理论的变革也对文件方式的研究产生了显著影响。例如，20世纪70—80年代西方流行的新公共管理思潮主张有限政府，以及美国学者戴维·奥斯本的管理十条思路[①]，这些都对中国公共管理和文

---

① 潘潇璇. 档案管理理论研究 [M]. 延吉：延边大学出版社，2018：61.

件方式的研究带来了重要启示。20世纪末，随着对政府文件信息公开的探讨，服务型文件方式的研究开始兴起。起初，这类研究集中于政府文件信息的公开性，逐渐发展至探讨信息公开制度。自《政府信息公开条例》起草开始，相关研究迅速增多，例如周毅关于政务信息公开的论文，标志着这一研究方向的兴盛。

无论是哪一历史发展时期、哪种媒介形态，抑或哪种管理理念下，档案管理理论的研究内容都应涵盖文件方式的含义与特点、功用与意义，文件的生成、流转、督办，办结处理的发展历程与趋势，以及文件方式的构成要素与环境分析等多方面内容，以全面理解和掌握文件方式在管理活动中的核心地位和作用。

（二）以管理方式为前提的档案管理理论研究倾向与特点

本书中，管理方式被解读为依据管理内容的特性和需求，对管理资源进行整合、配置和保障的方法及途径。管理方式在管理维度空间中起到了连接内容和资源维度的关键角色，使得资源得以有效服务管理内容。管理方式也受到管理资源和内容的双重制约，并受管理目标的指引和控制，以及管理主体的左右和支配。

档案管理理论研究在管理方式维度上的倾向和特点表现如图2-2所示。

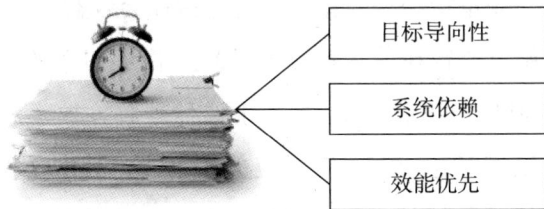

图2-2 档案管理理论研究在管理方式维度上的倾向和特点

1. 目标导向性

管理方式的选择和运用总是以实现管理目标为依归。在档案管理理论研究中，这种倾向尤为明显，研究重点放在如何通过管理方式实现资源的最优化配置和效用最大化。与聚焦具体任务和细节的内容维度研究不同，目标导向性研究更注重长期和整体视角，强调通用性和兼容性。这种目标导向与资源维度的用户导向有所不同，虽然后者重视需求方的诉求，但可能忽视提供方和其他利益相关者的权益。相比之下，管理方式的研究更注重在实现管理内容和目标的同时，保持权益的平衡，关注权益补偿和救济机制的建立。

2. 系统依赖

系统依赖涉及对特定系统的依赖，即文件运作系统，包括生成、流转、监控机制的整合。没有这个系统的支持，文件方式便无法稳固其存在或发挥作用。系统依赖还涵盖对宏观管理系统的依赖，这种依赖性解释了为何不同的管理主体会采用不同的管理方式和策略，以及同一管理方式在不同管理者手中可能产生不同的结果和绩效。虽然资源是管理的内在要素，可被预测并受到管理者的控制，但管理环境则是外在的、不可预知的，因此，探讨文件方式的研究必须考虑文件运作系统及其与外部环境的相互作用。

3. 效能优先

这里的效能并非单指经济效益，而是包括社会效益在内的综合效益。管理大师彼得·德鲁克曾在《有效的主管》中指出："效率是以正确的方式做事，而效能则是做正确的事。"基于这种理解，效率和效能都很重要，但当二者无法同时达成时，首先应关注效能，其次是提高效率。在这种观点下，效能既包括效率，又包括能力，它强调在目标引导下的效率才是管理方式研究的追求。所以，在研究管理的手段和方式时，需要重视激发管理主体的积极性、主动性和创造力，既要注重管理的效率，还要确保质量和方向的正确性。

（三）以管理方式为前提的档案管理理论研究的意义

1. 能直接应用于社会与机构管理实践

管理方式的档案管理理论研究在当代社会与机构管理实践中具有独特的重要性和应用价值，这种研究不局限于档案管理的具体实践，而是服务更广泛的管理活动，旨在为各类管理活动提供有效的工具和方法，基于管理活动的固有规律，实现资源的高效配置和利用，进而提升管理活动的整体效能和水平。

2. 能促进管理方式的优化与集成

优化不仅意味着对文件方式本身的革新和提升，也包含对其他管理方式（例如会议等）的关注和改进，进而推动这些方式的发展。而集成则是指在深入探究各种管理方式的优缺点后，基于清晰的管理要素分析，实现多种方式的有效组合和利用。

3. 能凸显档案管理理论研究的地位与作用

在档案管理理论研究领域，管理方式维度的研究已转向更为广泛的管理活动领域，这种研究视野的拓展必然导致学科地位的提升。当管理方式成为研究焦点，文件方式受到广泛关注时，档案管理理论研究的重要性和价值自然突显出来。与此同时，其他管理学科在通用管理方式研究方面的不足与局限性恰好凸显了档案管理理论研究的优势和实力。

二、管理活动中文件方式的优势

管理活动中的文件方式属于正式的、言语型、媒介类管理方式，其具有很大优势，具体表现在以下几个方面：

（一）在作用的广度与深度上的优势

文件方式允许管理主体在不直接参与现场的情况下，通过书面文件进行有效的信息传达和反馈，该方式特别适合大规模的组织或复杂的管理结构，其中管理主体可能无法亲自处理每一个细节。文件方式的运用使得信息能够迅速、准确地传递至相关方，确保了管理决策和指令的及时性和准确性。在拓宽管理范围和层次方面，文件方式使得管理活动能够跨越地理和时间的限制，实现对远程和异地业务的有效监控和管理。这对于跨国公司或有多个分支机构的组织尤其重要，因为文件方式提供了一种标准化、系统化的管理工具，确保了信息在组织内部的一致性和连续性。这种方式的应用同样适用于对外沟通和合作，通过书面文件可以清晰地记录协议和约定，降低了误解和沟通失误的风险。

（二）在单位成本上的优势

与其他管理方式如会议或直接现场管理相比，文件方式在经济效率上具有明显优势，此方式依赖文档的复制和传播，这些操作在成本上远低于需要物理场所、设备和人力资源投入的管理方式。在现代环境中，尤其随着电子文件的普及，这种优势更加显著。电子文件的复制和传播成本几乎可以忽略不计，并且电子文件的存储和维护费用相对较低，这使得文件方式成为一种高效且经济的管理手段。考虑到文件方式是机构日常工作的核心组成部分，其运作体系的维护成本在单次使用中的边际成本非常低，即便维护整个文件管理系统需要一定的投入，但从长期来看，这种投入是合理且必要的，尤其考虑到文件方式带来的广泛应用和效率提升。

（三）在传承和凭证上的优势

文件方式在管理实践中的独特优势还显著地表现在其传承和凭证功能，以及表达和理解方面的优越性上。由于文件方式主要采用书面语言，具有明确的外部存储特性，它通过各种载体如纸张、电子媒介等，将管理内容和目标准确地语言化和视觉化。这一特性使得文件方式不依赖特定管理者的记忆，而是将信息客观地记录下来，保证了管理活动的持续性和传承性。同时，书面文档作为视觉化的信息载体，具有明确的凭证功能，这有助于防止管理沟通和资源调配过程中的随意性，确保管理内容和程序的一致性、可预测性和可验证性。

（四）在表达与理解上的优势

书面语言的使用本质上要求更为谨慎和精确的表达方式，在管理活动中，这意味着管理主体的指令、意图和信息能够以明确无误的形式传达，减少了口头交流中可能出现的误解和歧义。尤其在制定规章、政策和执行决策时，这种精确性显得非常重要，因为这些领域容不得任何模糊性。此外，书面文件通常遵循一定的格式和规范，如法规和公文的章节结构，这增强了信息的层次性和逻辑性，也使得文件的接收者更容易理解和遵循其内容。

文件方式作为一种正式的管理工具，继承了正式管理的所有优点，包括稳定性、权威性和可控性。在复杂和多变的管理环境中，这些特点尤为重要，其中稳定性保证了管理决策和流程的连续性，权威性确保了管理指令的执行力，而可控性则允许对管理过程进行精确的监控和调整。

第三章　档案的收集与整理

第一节　档案收集与管理工作的内涵

关于档案收集工作，在第一章的第二节中有粗略论述，本节对此进行详细介绍。

一、档案收集工作

（一）档案收集工作的内容

档案收集活动是一个涉及国家规定、系统性流程和制度的复杂过程，目的是将分散在不同机关、组织和个人手中的重要档案集中到指定的档案室或档案馆中，以实现对这些档案的有效和科学管理。这一过程涵盖多个层面的活动，包括但不限于政府机关、事业单位、企业单位以及已撤销单位的档案室对其自身需要归档资料的接收，档案馆对区域内具有长期保存价值的档案的归集，以及对中华人民共和国成立前各个历史时期档案的收集和征集。

档案收集不只是一项行政性或事务性工作，而是一项深受国家政策和档案特性影响的专业活动。这种专业性主要体现在以下两个方面：第一，档案收集的过程需要遵循国家的相关政策和规定，同时考虑到档案本身的性质和价值，进行有选择性的收集；第二，档案收集工作受到诸多因素的影响，如档案形成者的档案意识、价值观念，以及档案馆或档案室的保管条件等。因此，这项工作要求档案管理者进行全面的研究和统筹规划，以提升档案收集的整体质量和效率，这种复杂性和专业性使档案收集成为一项关键且不可或缺的档案管理活动。

（二）档案收集工作的地位

作为档案馆（室）积累档案的基本途径，档案收集构成了开展档案工作的基础和起点，这意味着档案收集的效果直接决定了档案馆（室）

未来工作的方向和质量。档案收集是一种有序的管理行为，体现了对档案进行组织、目标导向、纪律性和规划性管理的具体实践，通过这一过程，档案管理机构能够更有效地控制和指导整个档案的生命周期。

档案收集的质量直接影响档案馆（室）其他环节的工作效率和成效，高质量的档案收集既可以确保档案资源的丰富性和多样性，也能为后续的档案整理、保管、利用等工作打下坚实基础。此外，档案收集是档案机构与外部世界沟通和交流的关键环节，不仅需要遵循国家的档案政策和规定，还要求档案工作人员具备良好的业务能力和社会交往技巧，以便更好地连接社会和档案世界。

（三）档案收集工作的特性

1. 预见性与计划性

档案收集工作需基于对社会活动和档案形成规律的深入分析和预测。档案的形成分散于各个社会领域，因此档案馆（室）需要进行周密的调查，科学地识别和预测档案的生成、利用和管理趋势。另外，档案机构还应深入了解其主要用户群的需求和使用习惯，结合这些长期需求来收集具有实际应用价值的档案，这要求档案机构提前规划，积极主动地开展档案收集工作。

2. 完整性与系统性

档案收集工作的完整性与系统性主要体现在收集过程中对档案种类和内容的全面涵盖。为了达到这一目标，档案工作人员必须综合考虑和分析档案在不同领域的作用和价值，确保收集到的档案能够全面准确地反映历史事实和社会情况，这既包括对传统纸质文献的收集，也涉及电子档案、视听材料等多种形式的档案。工作人员应注意同类档案之间的关联性，确保它们能够形成有机的整体，以便于未来的整理、研究和利用。

3.针对性与及时性

档案馆（室）在进行档案收集时，必须遵循国家的规定和自身的收集范围，确保收集的档案符合机构的性质和职责，档案工作人员必须了解和识别其所在机构应收集的档案类型，包括文献的历史时期、形式、内容等方面，从而有效地进行具有针对性的收集。例如，一个专注地方历史的档案馆应重点收集反映该地区特色和历史变迁的档案资料，这样的针对性收集不仅可以提高工作效率，也可以确保收集到的档案能够更好地满足研究和展示的需求。

档案的及时收集对于保护和保存档案中包含的信息至关重要，在收集过程中，档案工作人员需要迅速响应，及时将符合条件的档案纳入保管，尤其对于那些易于损坏或丢失的档案更是如此。档案的及时收集有助于减少档案流失的风险，保证档案的完整性和真实性。及时收集还涉及对时效性较强的档案材料的处理，如新闻报道、时事评论等，这些材料对于记录当下社会变迁具有重要价值。

二、档案管理工作

（一）档案管理工作的内容

在中国的档案管理实践中，处理和管理档案的工作主要围绕着以下几个核心方面展开：

一是在标准化的工作环境中，档案部门通常接收由文书和业务部门依据档案归档要求准备好的案卷，档案馆则接收已经按照其规定整理好的档案，这种情形下，档案室和档案馆的主要任务是对接收到的档案进行更广泛的系统化整理，包括对全宗和案卷的排列，以及案卷目录的加工等。

二是面对已存档的文件，有时档案管理人员会发现有些文件不符合档案室或档案馆的标准，在这种情况下，需要对这些档案进行重新加工和整理，以提升整体的档案质量。随着时间的推移，一些档案及其整理方式可能已经变得过时，这就需要档案工作者对这些档案进行相应的更新和调整。

三是有时档案室和档案馆会接收到零散的档案文件，这些档案需要进行全面的整理和加工，包括区分全宗、在全宗内建立档案分类、立卷并进行案卷编号、编制案卷目录等工作。这些步骤与一般档案整理工作的内容相似。

总的来看，中国的档案室和档案馆在档案管理上主要采用第一种模式，但后两种情况也经常发生，对此，档案管理工作者需要精通整个档案管理流程，并掌握必要的业务技能，以便有效地应对各种档案管理任务。

（二）档案管理工作的程序

档案管理工作主要有三大程序，如图 3-1 所示。

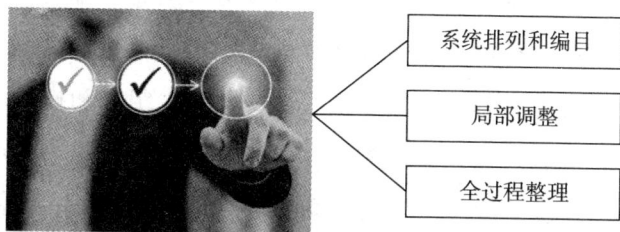

图 3-1　档案管理工作的程序

1. 系统排列和编目

①档案需要按照一定的系统或者标准进行分类，这可能基于档案的来源、性质、时间或者内容。例如，政府档案可能按照部门或年份进行分类，而企业档案则可能根据业务类型或项目进行排序。②每份档案都需要编制详细的目录信息，通常包括档案的标题、日期、来源以及一些关键描述性信息。编目过程有助于快速检索档案，并且对于保持档案的

完整性和安全性也至关重要。③这一过程还包括对档案进行数字化，以便于电子存储和检索，提高档案管理的效率和便捷性。

2. 局部调整

档案馆（室）进行局部调整是为了确保档案集的完整性和实用性，定期检查档案是一个关键步骤，可以发现并纠正那些不符合存储和管理标准的档案。这种检查可能揭示某些档案的分类、标记或物理存储条件不符合最佳实践，例如，一些档案可能因为分类错误而难以查找，或者由于不恰当的保管条件而有损坏的风险。局部调整的过程包括重新分类、重新标记，甚至更改存储方法或环境。局部调整是对档案馆（室）管理实践的持续改进，不仅确保档案管理与当前的最佳实践保持一致，也为将来可能的更大规模整理工作奠定基础。

3. 全过程管理

档案馆（室）在处理未经整理的档案时面临着全过程整理的挑战，这种情况通常发生在档案在收集过程中由于时间、资源或其他原因未能得到适当的处理。全过程整理包括全宗划分、组合、排列和编目，是一项复杂且细致的任务。全宗划分涉及对档案进行分类，以识别其来源和性质，确保每份档案都能被恰当地归类。随后，组合和排列过程旨在有逻辑地组织档案，使之按一定的顺序排列，以便于检索和使用。编目是此过程的最后一步，涉及详细记录每项档案的相关信息，如标题、日期、内容摘要等，这对于档案的长期管理和利用至关重要。

（三）档案管理工作的原则

1. 充分利用原有的整理基础

档案作为历史的见证，其本身就是一个历史过程的记录。在进入档案馆之前，这些档案可能已经被文件的作者或相关人员进行了初步的保管和使用，甚至可能经历了历代档案管理人员的初步整理，这些痕迹和成果本身就是档案价值的一部分，因此，在进行档案整理时，需要细心地识别并充分利用这些现有的基础，这是科学组织档案分类工作的一个重要原则。对于那些已经经过一定程度整理的档案，如果原有的整理基础良好，就没有必要进行彻底的重整。按照当前的标准，尽管这些档案在保持内在联系方面可能存在某些不足，但整理档案的核心目标是使档案按照一定的规则或规律排列，确定其存放位置，以便于检索和利用。只要这些档案能够按照一定的规律进行检索，就应该尽可能地保留其原有的整理体系。

但也存在一些档案的原始基础较差，未经整理或需要重新整理。在这种情况下，仍然应该仔细研究档案中的每一个线索，尊重并保护文件处理过程中形成的自然顺序和前人的整理成果，即使是最简单的保存和清理工作的痕迹，也可能包含有价值的信息。理解和分析这些原有基础是制订实际可行的整理计划的关键，只有在充分掌握原有基础的情况之后，才能做出是否需要进行整理或仅仅局部调整的决定。

档案整理不仅是一种物理上的排列和分类，更是一种对历史信息的尊重和利用，对于那些已经被处理过的档案，它们往往反映了当时人们的处理逻辑和需求。例如，同一事件的请示和批复可能被放置在一起，这种自然的排列顺序反映了文书处理人员为了便于承办和利用而形成的习惯，历代档案人员在整理文件时，可能根据文件的特点（如问题、作者、时间或形式等）将它们组合在一起，虽然这些做法可能出于当时的特定需求或考虑，但也反映了一种合理的组织方式。

2. 便于保管和利用

在进行档案整理时，应充分利用并尊重档案本身的原有基础，并保持档案之间的有机联系。然而，在实际操作中，有时这一原则会与档案的保管便利性发生冲突，举个例子，一个会议产生的多种格式的文件，包括纸质文档、视频、音频，以及不同保密级别的文件，如果简单地依据它们之间的有机联系来整理，可能会妨碍保管的便利性。所以，在整理档案时，既要考虑文件之间的关联性，也要考虑保管与使用的便利性。

档案的整理并不是一个孤立的任务，而是整个档案管理过程中的一个环节。档案整理的主要目的是依照一定规则有序地排列档案，为其更好地保管和后续利用打下基础，在此过程中，需要平衡文件之间的关系和档案的使用便捷性。例如，对于那些不同种类、不同载体、不同保密等级的档案，应根据其特性和用途进行合理组合，在保持档案联系的同时，确保其保管和使用的便利。重要的是要认识到档案整理的目的并不是要满足所有的检索需求，档案的便于保管和利用是档案整理的初衷，也是档案管理工作的核心。在实体控制阶段，不应期望解决所有档案管理所面临的问题。档案整理的任务限于按照规则排列实体档案，使之形成有序结构，为档案的更好保管和进一步利用提供基础。至于从多角度检索档案信息，满足各种查询需求，则是智能控制阶段的任务，不应强求通过实体档案整理来完成，否则可能导致档案的物理状态受损，使用不便。

第二节　档案室与档案馆的收集工作

一、档案室的收集工作

（一）文件归档

在我国的档案管理体系中，归档制度要求单位内部在完成文件材料的处理之后，不能由各承办部门或个人私自保管，而是必须交由专门的文书部门或业务部门进行系统性整理，并定期转交给单位的档案室进行集中管理，这种做法即为归档。归档制度是党和国家明确规定的一项法定制度，也是档案室收集工作的核心内容和基础工作，目的在于确保档案室档案来源的连续性，为国家的档案财富积累提供坚实保障。

1.归档范围

决定哪些文件应当归档的主要标准在于文件本身的保存价值。依据《机关文件材料归档范围和文书档案保管期限规定》（国家档案局第 8 号令），归档范围涵盖了多种类型的档案文件，具体如下：

（1）关于揭示本机关历史和主要活动的文件，这些文件既记录了机关的发展历程，又对当前和未来的工作具有参考意义，应对这些文件进行归档。

（2）所有反映国家稳定和公民权利保护等重要方面的凭证性文件，应纳入归档范畴。

（3）上级、同级、下级机关的重要文件，以及对本机关工作有参考价值的其他文件，应被纳入归档范围。

反之，一些文件不适宜归档。例如，若有备份的文件材料，仅由主管单位负责归档，其他单位则无须归档。日常事务性的文件、未经讨论或领导审阅签发的文件、未成文的草稿、多次修改的稿件，以及与本机关业务无关的文件均不应归档。领导在兼职期间形成的文件、普通的公民来信，以及法律明确规定不得归档的文件也应排除在归档范围之外。

归档的总原则是所有被归档的文件必须具备一定的保存价值，并且与各机关的实际工作状况相符。各机关和单位在确定归档范围时，应遵循国家的统一规定和要求，这种规定旨在确保归档文件的重要性和相关性，避免无关紧要或无用的文件占据宝贵的存储空间。通过这样的过程，可以有效地保护和管理那些对机关历史和功能具有重要意义的文件材料，为未来的回顾和研究提供坚实基础。

2.归档时间

在档案管理领域，归档时间是指文书部门或业务部门将完成处理的文件材料转交给档案室的具体时间点。根据《机关档案工作条例》，通常情况下，机关的文书部门或业务部门应在文件处理结束后次年的上半年，也就是次年 6 月底前，完成档案的移交工作。对于企业而言，《企业档案工作规范》明确规定，企业在各项经营管理、生产技术管理、行政管理和党群工作中形成的文件，应在办理完毕后的第二年第一季度进行归档。这些规定旨在确保文件在处理完毕后能及时、有序地被整理和存档。

不同种类的文件可能需要不同的归档时间。例如，会计档案可以在会计年度结束后，由会计机构暂时保管一年，期满后，再由会计机构编制清单并移交给本单位的档案机构；学校档案则应在下一个学年的6月底之前归档。对于特殊载体的文件，如磁带、照片、底片、胶片或实物等，应在工作结束后立即归档，或与相应内容的纸质载体同步归档。

科技文件的归档时机则更为特殊，因为它没有一个固定的归档时间，其归档时间主要根据科技文件材料的类型、特点、形成规律和利用需求来确定，一般分为定期归档和实时归档两种模式，其中定期归档可细分为按项目结束、子项目结束、工作阶段结束或年度结束四种方式；而实时归档则主要用于机密性较高的科技文件和外来材料，如外购设备的图纸和文字说明，或委托外单位设计的文件材料等。

归档时间的规定反映了档案管理的需要与特点，通过设定合理的归档时间，不仅可以确保文件及时被妥善保存，还能有效管理档案资源，为未来的查询和利用提供便利。每种文件类型的特定归档时间规定都是为了最大限度保护文件的完整性和有效性，并确保档案管理的效率和安全性。

（二）平时文件的收集

1. 账外文件的收集

账外文件并未通过正规的文书部门登记和入账流程，因此，在收发文登记簿中查找不到它们的记录。账外文件的类型多种多样，包括单位内部举办的各类会议所产生的文件材料，如会议记录、讨论资料等。单位的领导或业务人员参与外出会议、考察、学习等活动时所获得的文件材料也属于这一类别。

还有一些特殊情况下的账外文件，例如直接寄送给领导并注明"亲启"的文件，或者直接发给部门和相关人员的文件材料，这些通常未经文书部门的标准处理程序。此外，账外文件还包括单位内部制定的各种规章制度、统计数据和其他内部文件材料。

2. 专业文件的收集

所谓专业文件，主要是指那些在各类专业活动中产生的文件，以及使用特殊载体记录的文件材料。这些文件不仅包括了标准的文书文件，也包括了科技档案和其他形式的记录。对于档案室而言，这些专业文件的收集同样重要，它们是完整记录和理解单位各项活动的关键。

档案室在执行自身职责时，不应只重视传统的纸质文书档案的收集，还需要扩展视野，关注并收集音像资料等其他载体的文件，这些不同载体的文件材料为档案室提供了更加丰富和多元的信息资源，有助于构建更为全面的档案体系。为此，档案室需要建立和完善归档制度，确保这些多样化的文件得到妥善的收集、管理和保存，保证档案室保存的文件种类全面、信息完整，满足不同用户的需求。通过这种综合性的收集策略，档案室可以有效地保持其档案资料的多样性和全面性，为未来的研究和应用提供宝贵资源。

3. 零散文件的收集

零散文件的收集在档案管理中占有一席之地，其形成原因多样。这类文件往往出现在那些未建立健全归档制度或归档制度执行不到位的单位中，在这些情况下，文件材料可能散落在不同的内部机构、领导或业务人员手中，尤其那些未经收发室登记的文件和一些内部文件，这样的分散保存方式不仅增加了档案管理的难度，也使得这些重要文件面临遗失或损坏的风险。

另一个造成零散文件的主要原因是机构的调整、人员的变动，以及搬迁、灾害等特殊情况的发生，这些变化往往会导致原本归档的文件丢失或不完整，进而影响档案的完整性和可用性，所以，对零散文件的有效收集和整理是确保档案完整性的关键环节。档案管理部门需要采取措施，识别和回收这些零散的文件，防止它们在组织变化过程中的流失。

二、档案馆的收集工作

（一）档案馆档案收集的要求

为了确保档案接收工作的有效性和顺利进行，档案馆在接收档案时通常需要遵循一系列明确要求，具体如下：

（1）档案的整理和编目必须规范。这意味着相关单位需收集完整的档案，并依照既定规则进行系统化整理，这一步骤的目的是确保档案的可检索性和整体性，以便于档案馆的管理和使用。

（2）档案的收集要完整。这类档案包括文书档案、科技档案、音像档案以及实物等不同种类和载体的档案，这些档案应当作为一个整体进行全宗整理，并统一移交给档案馆，以保持全宗的完整性。这样做有助于保持档案的连贯性和完整性，使档案馆能够更有效地管理和利用档案。

（3）档案检索工具的完备性。档案馆在接收档案时，除了档案本身外，还应包括组织沿革、全宗介绍、案卷目录等相关检索工具和与全宗相关的各类资料。这些工具和资料对于档案的检索和研究至关重要，有助于用户更有效地利用档案资源。

（4）档案的利用限制要事先说明。对于档案的利用限制，相关单位在移交档案时应提出明确的限制利用意见，尤其对于那些自形成之日起满30年依然能够对外开放的档案。同时，政府信息公开部门应针对涉及政府信息的移交档案，书面告知其原有的公开属性。

（5）档案应进行彻底的清点核对。在移交档案时，交接双方必须根据移交目录进行仔细核对，确保无误，并在交接文据上签字盖章。为了保证交接的正式性和法律效力，交接文档应制作两份，由双方各自保存一份。

（二）档案馆档案收集的任务

1. 对现行相关档案的收集

根据《档案馆工作通则》等相关规定，那些被认为具有长期保存价值的现行机关档案应定期移交给档案馆。这些档案的接收是各级档案馆日常工作的一部分，对于保持历史记录的完整性至关重要。

在现行机关档案的接收方面，档案馆通常采取两种方法：逐年接收和分段接收。逐年接收意味着每年都会接收那些保管期满的档案，而分段接收则是在一定时期（如每隔 3 年或 5 年）接收一次。通常情况下，出于效率和实用性的考虑，更倾向采用后一种方法。

在收集这些档案时，档案馆需遵循以下几个基本原则：

（1）移交给档案馆的档案应该是齐全的。不仅包括档案文件本身，还包括与档案相关的资料、立档单位的组织沿革、全宗指南及相关的目录和索引等检索工具。这些资料的全面性对于档案的完整性和可用性至关重要。

（2）进入档案馆的档案必须真实可靠。对于任何存有疑点的档案都应尽可能地进行考证，在无法立即辨别真伪的情况下，应当保留疑虑并记录下来，以便未来的验证和研究。

（3）接收档案的过程中，除了办理必要的交接手续之外，还应在档案进馆前进行案卷的详细检查和验收，这一过程可以通过自检、互检、检查小组检查等多种步骤来确保档案的完整性和准确性。

（4）馆藏档案的内容不仅应具有普遍性特点，还要体现出本地区的特色。每个省（自治区、直辖市）档案馆的馆藏内容应具有与其他省（自治区、直辖市）档案不同的鲜明地方色彩，这意味着档案馆应将那些具有地方特点的档案作为接收重点，以避免档案内容的大量重复。

（5）现行机关移交档案时，必须与接收档案的档案馆工作人员一起根据移交目录进行清点和核对，并在交接文据上签字盖章。这一步骤明确了交接双方的责任，确保了进馆档案的完整性和一致性。

2. 对撤销机关档案的收集

在档案馆的日常工作中，接收由于政权更迭、体制改革、行政区划调整等原因被撤销或合并的机关、团体、企业、事业单位及其他社会组织形成的档案，构成了一项关键任务。由于这些被称为撤销机关的档案易分散、整理不规范，以及可能包含未完成的文件等特点，需要特别进行处理和管理，具体应注意以下几个要点：

（1）当一个机关被撤销或合并时，其在历史活动中形成的所有文档不应被随意分散、损毁或丢弃，相反，这些档案应被彻底清理和鉴定，然后妥善保管。在此基础上，这些档案应按国家相关规定移交给档案馆进行专业管理。

（2）当一个机关被撤销，并且其业务被分配给多个不同机关时，这个被撤销机关的档案也不应被分散。这些档案应被视为一个有机的整体，并进行妥善保管。接下来，相关单位可以通过协商决定如何处理这些档案，包括将其交给一个接管机关代为管理或直接移交给档案馆。

（3）当一个机关并入另一个机关，或几个机关合并成一个新的机关时，这些机关的档案应分别整理成独立的整体，然后分别移交给相关档案馆。重要的是，这些合并前的机关档案不应与合并后新机关形成的档案混合。继承撤销机关职能的机关出于工作需要，可以在得到档案管理机关的同意后，暂时代管这些档案，在这期间，应注意保持撤销机关档案与本机关档案的区分，以确保将来能够清晰地将其移交给档案馆。

（4）对于在机关撤销或合并过程中尚未完全处理完毕的档案文件，应将它们转交给接管原机关职能的相关机关，以完成剩余的档案处理工作。

3. 对二级和三级单位档案的收集

在遵循《各级档案馆收集档案范围的规定》时，档案馆在接收来自各级人民政府直属工作部门、独立行政管理机关、企事业单位，以及二级和三级单位的档案时，必须采取一种更加有策略和选择性的方法。以下是档案馆在处理这类档案时需注意的几个关键方面：

（1）档案馆在收集二级和三级单位的档案时，应专注那些具有代表性和典型性的档案，而不是单纯追求数量。为此，档案馆需要先进行彻底的调查，列出所有潜在的二级和三级单位，然后根据特定标准进行筛选，以确定最终的档案源。

（2）档案馆应避免不加选择地接收大量档案，以免影响馆藏档案的整体质量。盲目地大规模接收档案可能导致档案分类混乱、珍贵档案与普通档案混合，以及重复材料的增加，如统计报表和劳动组织人事文件。这种做法不仅会对档案馆的人员、仓储和设备造成额外压力，也会给标准化的档案管理工作带来沉重负担。

（三）档案馆档案收集的方式

1.相关单位主送制

在档案馆的收集策略中，对于普通文书档案与科技档案的处理方式有所区别。对于那些被认为具有永久或长期保存价值的普通文书档案，档案馆通常要求相关单位将这些档案完整地移交。这种做法确保了这类档案的完整性和系统性，有助于保存重要的历史和行政记录。但是，对于科技档案，档案馆采取了更为精细和有选择性的接收策略，即所谓的"相关单位主送制"。根据这种制度，不同类型和项目的科技档案由指定的主送单位负责报送，这些单位根据国家相关规定被选定，在这个过程中，如果主送单位的档案存在不足，其他相关单位则需补充这部分缺失的档案。

2.科技档案补送制

为了确保档案馆收藏的科技档案能够全面而准确地反映相关科技和生产项目的最新进展与变化，建立了科技档案的补送制度。这一制度的核心在于当原先移交给档案馆的科技档案所涵盖的项目发生重要变动，如基础设施项目的重大改建或扩建、产品的改型或换代等，原移交单位有责任及时向档案馆补充提供相关的更新资料。这样的补送制度强化了档案馆科技档案的时效性和完整性，提高了档案的实用价值。通过这种动态更新的方式，档案馆能够持续追踪和记录科技发展的各个阶段，确保收藏的档案能够准确反映科技项目的最新状况，这对于后续的研究和参考，乃至科技发展史的记载，都是极为重要的。

第三节　文件的整理与归档

一、纸质归档文件的整理

纸质归档文件的整理主要分为六个步骤进行，如图 3-2 所示。

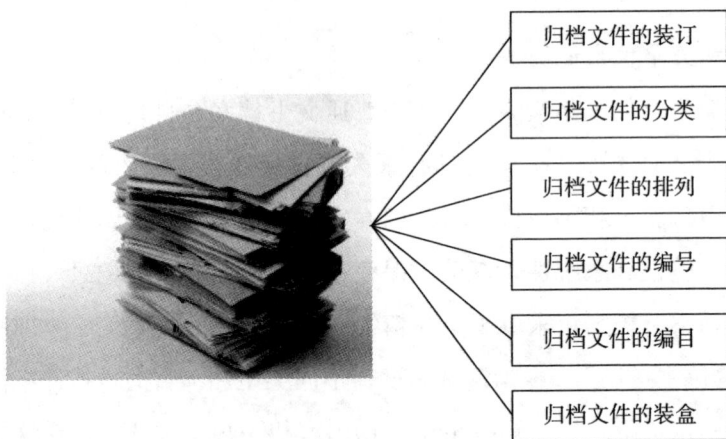

图 3-2　纸质归档文件的整理步骤

（一）归档文件的装订

1.装订的方法

在档案管理中，归档文件的装订工作是保证文件整洁、有序且易于使用的关键环节。归档文件通常以"件"为基本装订单位，装订时遵循一定的顺序规则：首先放置正本，其次是定稿；正文应排在附件之前；原件应在复印件之前；转发文件应放在被转发文件之前；当来文和复文合并为一件时，复文排在来文之前；汉文文本优先于少数民族文字文本；若文件包含不同语言的文本，一般中文文本应排在外文文本之前，除非有特殊规定。

归档文件的装订方式需根据文件的具体情况进行选择，对于页数较少的文件，可采用缝纫机在文件左侧边缘缝合，但应注意针脚不宜过密；对于较厚的文件，不适宜使用缝纫机装订时，可以采用"三孔一线"装订法；对于需要永久或长期保存的归档文件，推荐使用无酸纸封套进行封装，以防酸化。

装订过程中还可以使用诸如钢夹、塑料夹等非传统装订材料，这些方法简便易行，但对材料的质量有更高要求。例如，钢夹应选择优质不锈钢制品，并考虑气候和存储环境的影响；塑料制品则需具备足够的强度和耐用性。

在装订时，还需考虑到方便存储和保护的需求，例如，应将文件各页按照一定的方式对齐，便于将来查阅和使用。若采用左上角装订法，则应将文件的左侧和上侧对齐；若采用左侧装订法，则应将文件的左侧和下侧对齐。装订过程中需去除可能损害文件的物质，如金属物等。这些细节处理既保证了档案的安全，又便于档案的长期保存和有效利用。

2. 装订的步骤

对于那些破损的文件，进行修裱是一个必不可少的过程。修裱涉及使用专门的黏合剂和特定类型的纸张来修补损坏部分，或者通过"托裱"来增强文件的结构，这不仅有助于恢复文件的外观，还能增加其耐用性，延长文件的使用寿命。这种修复工作通常针对那些具有重大保存价值的档案，而那些不需要移交给档案馆的档案则可以保留其原始状态。

对于那些字迹模糊或容易褪色的文件，采取复印措施是常见做法。

例如，传真件由于字迹耐久性较差，通常需要先进行复印，再进行归档。在复印这些文件时，最好采用单面复印方式，以确保文件信息的清晰可读。

对于尺寸较大的文件，如报表或图纸等，通常需要将其折叠至更小的尺寸（例如 A4 大小），以便于存储。在进行折叠时，应尽量减少折叠次数，并确保折痕不会覆盖重要的文字或图表信息。如果文件页数较多，建议逐页单独折叠，以便于未来的查阅和使用。

去除金属物质也是档案保存中的一个重要步骤，由于金属如铁、铝等容易与空气中的气体反应导致腐蚀，这些金属物质（如订书钉、曲别针、大头针）可能损害文件纸张，因此，在整理档案时，应移除这些容易生锈的金属物，以避免对档案造成进一步损害。

（二）归档文件的分类

1. 基本分类方法

（1）年度分类法。在档案管理中，年度分类法是一种按照文件生成或处理的年份来组织归档文件的有效方法，这种分类方法的优势在于它能够清晰地展示和保持归档文件之间的时间序列关系。通过这种方法，档案既可以展现某一机关或单位每年的工作特征，又能够揭示其逐年的发展和变化趋势，这与许多机关按年度整理和归档文件的做法一致，使得类目设置既标准，又明确。在实施年度分类时，同一归档年度的文件被集中在一个类目下，不同年份的则分开归类，并依照年份自然顺序排列。在实施该方法时的重点问题是要正确确定文件所属的归档年度。常用的方法包括以下几种：

第一，文件的签发日期（文档上的落款日期）通常是确定文件所属年度的主要依据，对于那些内容跨越多个年度的文件，如计划、规划、总结报告、预决算、统计报表及法规性文件等，都应该归入文件落款日期的所在年度。

第二，对于跨年度的会议文件、处理问题的文件、请示与批复、来文与复文以及转文与被转文，归档年度的确定有特殊规定。例如，跨年度会议文件归在闭幕年，处理跨年度问题的文件归在处理结束的年度，跨年度的请示与批复、来文与复文则归在批复与复文的年度，跨年度的转文与被转文则归在转发文件的年度。

第三，对于多份文件作为一件时的时间确定，规则是以装订时排在前面的文件的日期为准。例如，正本与定稿合并为一件时，以正本的日期为准；正文与附件合并为一件时，以正文的日期为准。这样的规定确保了对文件的时间判断更为准确和统一。

第四，对于没有日期的文件，如内部文件（白头文件），需通过分析文件的内容、制作材料、格式、字体及其他标识来考证和推断文件的准确或近似日期。一旦确定了日期，就可以按照年度进行合理归类。

第五，对于一些特殊年度，如学校以学年为工作单位，形成的文件应按教学年度分类，而其他文件仍按常规年度分类。在综合管理时，可以将这两种年度的文件有序地组织起来，划分为不同的年度类别，例如将 2019 年和 2019—2020 学年度的文件归入同一类。

（2）机构分类法。机构分类法的主要优点是能够维持文件在来源机构方面的固有联系，客观反映出立档单位的组织结构和功能。另外，机构分类法还便于根据特定主题或需求来查找和利用档案，特别是对于那些文件由不同机构分工整理的现行机关来说，这种方法使档案全宗内的分类体系设计变得更加简洁明了。

在实施机构分类法时，通常每个机构的文件都被设置为一个单独的类别，且该机构的名称即成为该类别的名称，各类别的排列顺序通常遵循机关内部的组织结构序列或习惯顺序，一般将领导机构和综合性机构置于最前，随后按照各个业务部门的顺序排列。在采用机构分类法时需注意以下几点：①这种分类方法更适用于那些内部组织结构相对稳定且职责分明的单位；②分类通常只涉及一级机构，原则上不包括二级机构；

③对于涉及多个机构的文件，需要按照统一标准正确地确定其类别归属。

（3）问题分类法。问题分类法作为一种档案分类的方法，侧重根据文件内容所涵盖的主题或问题进行分类。该方法的核心在于将文件的内容视为最关键的分类依据，这反映了档案文件的基本属性，也是用户检索和利用档案时最为关注的方面。通过实施问题分类法，可以有效保持文件内容之间的联系，更加准确地反映机关或单位的主要职能和活动特点，有助于减少同一问题相关文件的分散情况，使得按专题或特定问题检索和利用档案变得更加方便。

在实践中，采用问题分类法的机构一般会根据其内部各组织机构的职能特点来设置类别。例如，与党委、工会、共青团等相关的归档文件可以被划分到"党群类"，业务部门形成的文件则被归类为"业务类"，而行政后勤部门的文件则被分类为"行政类"。这种分类方法的主观性较强，在设置类别时需要特别注意，应确保其与机关或单位的基本职能相一致。同时，文件的归类应根据其主要内容进行，并保持一定的连贯性。

在使用问题分类法时，应特别注意两个方面的问题：一是正确地归纳和界定问题。由于文件内容的复杂性，以及问题的广泛性和具体性，再加上人们认识水平的差异，很容易出现类目设定、含义理解和文件归类上的分歧，因此，对每个类目的具体内涵和内容范围进行精确和明确的界定至关重要，这样才能保证文件归类的正确性和一致性，避免因主观判断不同而产生的混乱。二是合理使用"综合类"这一类目。在实际操作中，既有涉及全局性工作的计划、总结等文件，也有涉及多个职能领域且不适合归入任何一个具体业务类别的文件，还有一些虽然不可或缺但数量较少的文件，这些都可以被归入"综合类"，通过这种方式，问题分类法能够更全面、更系统地管理和使用档案，为档案的研究和应用提供更广泛的支持。

（4）保管期限分类法。保管期限分类法是档案管理中的一种重要方法，它根据档案文件规定的保管期限对档案进行分类。这种分类方法的优势在于能够根据档案文件的不同价值，实体地将它们区分开来，便于档案部门根据各类档案的特性采取相应的整理和保护措施。另外，保管期限分类法还为档案的仓储管理、档案的移交以及到期档案的鉴定等工作提供了便利。

在实施保管期限分类法时，一个需要特别注意的问题是对那些具有明显成套性特征的档案文件的处理，为了保持这些成套性文件的完整性，应将它们集中归类到相同的保管期限类别中，这意味着在进行档案文件价值鉴定和确定保管期限时，应以"套"为单位进行综合考量和判断，而不是过分依赖"以'件'为单位整理"的原则，以防止破坏成套性文件的连贯性和完整性。此方法既确保了档案的系统性和完整性，也简化了档案管理和利用过程。

2. 复式分类方法

在档案管理实践中，通常不单独采用一种分类方法，而是结合几种方法来形成复合的分类体系，即复式分类方法。在这种方法中，年度和保管期限通常是基础分类标准，而机构和问题分类则根据具体情况作为可选项来使用。

（1）保管期限—年度分类法。这种方法首先按照文件的保管期限进行初步分类，然后在每个保管期限类别下进一步按照年度进行细分。这种分类方法特别适用于那些内部机构较为简单的基层单位或小型机关，或者那些每年生成的文件量相对较少的机关。例如，可以将永久保管的文件按 2000 年、2001 年、2002 年等不同年份进行分类，长期保管和短期保管的文件也以相同方式进行年度分类。这种复式分类法的优势在于既考虑到了文件的保存价值（通过保管期限得以体现），又考虑到了时间序列（通过年度得以体现），从而使档案的分类更加系统、清晰，便于管理和检索。

（2）保管期限—年度—机构分类法。保管期限—年度—机构分类法是一种复杂但有效的归档方法，特别适合那些内部机构虽有变化但结构不复杂的单位。此分类方法首先依据档案文件的保管期限进行划分，如永久、长期、短期等类别，然后在每个保管期限类别下根据文件的生成年份进行细分，最后按照机构进行进一步的分类。

例如，对于永久保管的档案，可以按照 2000 年、2001 年、2002 年等年份进行分类，然后在每个年份下根据办公室、业务一处、业务二处等不同机构进行分类，类似地，长期和短期保管的档案也按同样方式进行分类。这种方法的好处在便于档案的移交、存储和管理，不过，这种方法也需要在库房中预留足够的空架，以便未来的档案陆续加入，否则可能需要每年重新整理架位。

（3）保管期限—年度—问题分类法。该方法适用于那些不适合按照机构或部门进行分类的情况。其主要优势在于操作上的便捷性和高效性，文件排列顺序清晰，预留空间最小化，分类清楚，有助于快速编号和编目。

例如，我们可以将文件分为几个主要类别，如永久、长期和短期；在每个类别下，进一步按照文件创建的年份进行分类，如 2020 年、2021 年、2022 年等；在每个年份下，文件再根据其内容的性质分为不同子类别，例如党群相关、业务处理、行政管理等。举个具体的例子，在永久类别下，2020 年的文件可以分为党群类、业务类、行政类等；2001 年和 2002 年的文件也按照相同方式进行分类。同样，对于长期和短期类别的文件也采取相同的分类方法。这样，无论是存档还是检索，都能快速定位到具体文件，大大提高了工作效率，减少了空间浪费，减轻了管理负担。

（4）年度—保管期限分类法。该方法首先依据文件的创建年度进行一级分类，然后根据保管期限（如永久、长期、短期）进行二级分类。此方法适合内部机构较为简单，或每年文件数量较少的基层单位和小型机关。例如，2020 年的文件分为永久、长期、短期三个子类别，2021 年和 2022 年的文件也按同样方式进行分类。

（5）年度—机构—保管期限分类法。这个方法更加复杂，首先按照文件的归档年度进行分类，然后在每个年度内按来源机构分组，最后根据保管期限进一步细分。该方法适合内部机构稳定，且每年形成大量文件的中大型机关。例如，2021年的文件可以根据不同办公室或部门（如业务一处、业务二处）进行分类，每个部门内部的文件再根据保管期限（永久、长期、短期）进行细分。

（6）年度—问题—保管期限分类法。在这种分类方法中，文件首先按照归档年度分组，然后根据文件反映的问题或职能进行二级分类，最后依据保管期限进行三级分类。这种方式适用于机构结构相对不稳定，且每年形成大量文件的大中型单位，这样的分类方法有利于档案的系统化管理，减少查找时间。

在实践中，选择哪种分类方法取决于机构的具体情况，包括内部结构、文件数量、存储空间和管理需求等。重要的是，无论选择哪种方法，都应保证档案的安全、完整和可访问性，以便于长期保管和使用。

（三）归档文件的排列

1.时间顺序排列法

这是一种直观而高效的排列方式，特别适用于那些采用"随办随归"策略的机关。在该方法中，文件是根据不同事由的完成时间顺序来排列的，一旦某项事务处理完毕，相关文件立即整理并归档。此做法不仅保证了文件的及时存档，还使得它们按照时间线有序排列。对于那些年末集中整理文件的机关，此方法也同样适用，可以根据事由的办结时间来排列文件。

2.重要性排列法

该方法根据文件事由的重要程度进行排列，主要职能或重要活动产生的文件被优先排在前面，而其他一般性工作产生的文件则排在后面。具体来说，综合性文件排在专题性文件之前，法规性文件排在业务性文件之前，结论性文件优先于依据性文件，正件排在附件之前，草稿位于正式文件之后，机构性文件排在人员文件之前，涉及高级别领导的文件优先于普通工作人员的文件，高级别机关的文件排在低级别机关的文件之前。这种分类方法便于快速定位重要文件，并确保关键信息的优先访问。

3. 成套性文件的集中排列法

根据《归档文件整理规则》，如会议文件或统计报表这类成套性文件应当集中排列。所谓成套性文件是指那些单独看似松散但整体上具有紧密联系的文件，例如，一个会议可能涉及多个事项，虽然相关文件在时间上分散，但整体上形成了一个有机的系统。将这类文件集中排列有助于彼此间的相互参照和验证，进而提高检索效率。此方法特别适用于需要系统性考察或频繁互相对照的文件。

4. 特殊文件的排列处理法

在实际工作中，总会有一些文件由于各种原因未能及时按规定程序归档。对于这些散乱的文件，应根据具体情况采取不同的处理方法：一种方法是将这些零散文件排列在相应类别的最末端，另一种方法是将它们与相关的已归档文件绑定在一起，同时在档案目录的备注栏或备考表中进行详细说明。虽然这些措施是补救性的，但在实际操作中非常有用，有助于维护档案的完整性和可追溯性。

（四）归档文件的编号

在档案管理领域，每份文件都会被赋予一个独特的标识号，称为件号。这个件号既反映了文件在整个档案体系中的位置，也表明了文件在其分类组内的具体排列顺序。通常件号分为两种类型：室编件号和馆编件号（本讨论仅涉及室编件号）。

室编件号是由机关或单位的档案部门在文件分类和排列之后所指定的顺序编号，这种编号系统的核心在于确保每个文件在其所属类别中的位置清晰可辨。具体来说，室编件号在每个分类方案的最基本类目内部实施，按照文件在该类别内的排列顺序，从"1"开始逐一编号，例如，在采用"保管期限—年度—问题"这样的分类方法时，同一保管期限、同一年度内的每个问题类别中的文件都将从"1"开始进行连续编号。这意味着如果某单位有一批永久保管的 2022 年档案，那么在综合类、人事类等不同的问题分类中，每类的归档文件都将从"1"开始独立编号。

（五）归档文件的编目

归档文件的编目主要包括七大要素，见表 3-1。

表 3-1 归档文件的编目

件号	责任者	文号	题名	日期	页数	备注

1. 件号

件号是指室编件号。

2. 责任者

责任者指的是文件的制定和发出方，即文件的发文机构或个人签署者。正确填写"责任者"项对于确保文件的准确性和可追溯性至关重要。以下是几个在处理"责任者"时需遵循的基本原则和注意事项：①使用全称或规范化简称。在填写责任者时，应使用其正式全称或被普遍接受的标准简称。避免使用如"本部""本公司"这样含糊不清、难以辨认的简称，如果责任者的名称过长，可以选择合适的规范简称或通用简称。②责任者众多时的处理。如果文档的责任者数量较多，可以适当简化，但必须包含立档单位的名称，以突出"以我为主"的原则。③转发文件的责任者填写。对于转发性质的文件，责任者应标注为转发文件的机构。④上报审报表的责任者规则。如果是上报审批且被批准的审报表，责任者应为最终审批的机构，而填报单位则可以在备注栏中标注，如果审报表未获批准，责任者则为填写审批表的机构。⑤报刊文章的责任者。收集归档的报刊文章的责任者应为文章的署名者，报刊名称则标注于备注栏。⑥内部机构行文的特殊情况。如果是内部机构的内部文件，责任者为该内部机构的名称；如果文件虽由内部机构形成，但经过领导审批并加盖了机关印章，责任者则应为机关的名称。

3. 文号

文号即发文的字号。

4. 题名

题名直接揭示了文件的核心内容和主题，是理解和检索归档文件的关键入口。对于文件题名的填写，有一系列要求和准则，确保它能准确反映文件的实质内容。以下是文件题名填写的主要原则和建议：①真实抄录。题名应忠实文件原文，直接抄录原有标题，以保持内容的原真性。②适时更改。对于那些原标题不太符合归档单位具体情况但内容相关的文件，可以考虑修改原题名，例如，印制的标准表格标题可以根据具体情境重新拟写。③缩写与精练。如果原标题过长或者不够精练，应适当进行缩写或改写，以便于理解和检索。④补充具体内容。对于那些标题不能充分反映文件内容或过于笼统的情况，应根据文件的实际内容补充或改写标题，使其更具体、更准确。⑤报刊文章的特殊处理。在归档报刊文章时，如果原文章标题能够充分、准确地表达文章的主要内容，就直接抄录；否则，需要对标题进行增加或重新拟写，以便于未来的检索和利用。⑥无题名文件的处理。对于那些没有标题的文件，应根据其内容，合理拟定题名。⑦附件的考虑。某些文件的附件可能具有独立性或对正文内容有重要补充和说明作用，在这种情况下，应在正文题名后附加附件的题名，并用括号标注，避免内容的漏检，确保文件的完整性。

需要特别注意的是，所有重新拟写的题名都应用方括号"[ ]"标注，以区分原有标题，这种做法既保持了文件内容的真实性，又提高了其可读性和实用性。

5. 日期

文件的形成日期是其关键特征之一，对于查找档案来说非常重要，在填写时，日期应以八位阿拉伯数字表示年、月、日。例如，2021 年 2 月 19 日应记录为 20210219。对于那些未明确标注日期的文件，应基于内容进行考证，并据此填写正确日期。

6. 页数

在此项目中，应记录文件的总页数，包括所有含文字或图像的页面。空白页不在计数范围内。

7. 备注

备注栏用于记录文件的额外信息，如密级、缺损、修订、补充、移除、销毁等重要细节。这一部分的填写需要谨慎，以避免目录条目显得混乱无序。如果某个文件需要详细地说明，且备注栏空间不足，可以在备注栏中标注"*"号，并将详细内容填写在备考表中。

在填写档案目录时，使用的书写材料也非常重要，应使用耐久性强的书写材料，如碳素墨水等，以确保信息的长期保存。禁止使用圆珠笔、铅笔或纯蓝色墨水等不耐久的材料，以免信息随时间的推移而消失或模糊。对于已经实施档案计算机管理的机构，可以直接使用档案管理软件生成并打印目录，这样既提高了效率，也确保了信息的准确性和持久性。

（六）归档文件的装盒

在档案管理中，装盒涉及将归档文件有序地放入档案盒、填写备考表、标记档案盒封面和盒脊等一系列工作。装盒的主要目的是方便档案的存储、管理和检索。以下是装盒过程中的四个关键要求，以确保档案的有序性和可访问性：

1. 保持与整理排列顺序的一致性

装盒时必须严格遵循归档文件已有的分类和排列顺序，选择合适容量的档案盒，按照文件顺序逐一放入，确保每个档案盒中的文件顺序与归档目录中的条目顺序完全对应。这一点对于快速准确地定位文件至关重要。

2. 同一档案盒中的文件类别统一

为了维护档案分类的准确性和有效性，同一档案盒中不应混放不同类别的文件。具体来说，不同年度、不同保管期限或由不同机构（或针对不同问题）形成的归档文件应分别存放在不同的档案盒中。即使某一类别的文件数量不足以填满一个盒子，也不应将其与其他类别的文件混合存放。可以通过使用不同厚度的档案盒来解决容量问题。

3. 同一档案盒内尽可能不包含不同事由的文件

在档案管理中，对于同一事由的文件集，需特别注意其存放方式，特别是那些数量较多、具有明显成套性特征的文件，应当尽量在一个档案盒内存放，或者连续地分布在几个档案盒中，这样做的目的是维持文件集的完整性和连贯性，便于未来的检索和使用。在实际操作中，应避免因为节约档案盒而在同一套文件的开始或结束部分掺杂其他事由的文件，否则可能打乱文件的系统性，导致检索和利用时的混乱。

4. 档案盒索状文件的数量应适宜

在装盒时，应根据文件的具体数量和厚度选择合适的档案盒，过多挤压文件可能导致文件弯曲或损坏，而过少则可能导致文件在盒内移动，同样存在损坏的风险。对于那些无法完全填满一个标准档案盒的文件，可以选择使用较薄的档案盒或横置式档案盒，以确保文件的安全存放。

二、电子文件的整理与归档

（一）电子文件的整理

1. 分类和排序

与传统纸质文件相比，电子文件的分类和排序需要更多地依赖数字化管理系统和软件工具的支持。电子文件的分类应基于一套预先定义的标准和规则，这些标准可能涉及文件的来源、性质、内容类型、创建日期等多个维度，例如，可以将文件按照项目、部门、活动类型或其他相关属性分类。为了实现有效的分类，关键字和元数据的使用至关重要，它们为文件的自动分类和检索提供了支持。

排序则是对分类后的电子文件进行有序排列的过程，通常根据文件的创建或修改日期、重要性、使用频率等标准进行。在许多档案管理系统中，电子文件的排序可以通过自动化工具灵活设置，以满足不同用户的需求，例如，可以设置按时间顺序、按项目进度或按文件类型等方式排序。

2. 建立数据库

数据库的建立首先要求对电子文件的性质、用途和来源进行全面的分析和规划，包括确定哪些信息需要被记录，如文件的标题、作者、创建日期、格式、关键词、存储位置等。接着，设计一个符合档案管理需求的数据库结构，这个结构应该既能够体现文件的组织方式，又能够适应用户的检索习惯，例如，可以按照文件的类别、部门、项目或时间线来组织数据库。在技术实现方面，数据库应选择合适的软件平台，这可能是专业的档案管理系统或定制化的数据库管理软件，这个系统应具备强大的数据处理能力，支持大量数据的存储和高效的检索算法。数据库的用户界面应该直观易用，以便非专业人员也能轻松地进行文件上传、编辑和检索。另外，数据库的建立还需要考虑数据安全和备份问题，重要文件应有相应的备份机制，以防数据丢失或损坏。必要时还可以设置合理的权限和访问控制，以保障文件的安全性和保密性。

（二）电子文件的归档

1. 归档方式

在电子档案管理领域，归档方式主要分为物理归档和逻辑归档两种类型，各自有其独特的流程和特点。物理归档指的是将存储在计算机或网络系统中的电子档案转移到独立的存储介质上，如硬盘、光盘或其他可离线保存的设备。这一过程通常涉及大量数据的传输，并且在完成后，这些电子档案会被正式移交给档案管理部门以供保存和管理。物理归档的关键在于确保数据的物理安全和长期保存。

逻辑归档则侧重电子档案的网络传输和远程管理。在这种归档方式中，文件的原创建部门仅需将电子档案的逻辑地址（文件存储位置的网络路径）告知档案部门。随后，档案部门通过网络接入这些地址，从而远程接收、控制和管理这些电子档案。逻辑归档的优点在于其高效性和实时性，允许档案管理部门迅速访问和处理大量电子档案。

这两种归档方式各有优势和适用场景，物理归档侧重数据的长期安全保存，而逻辑归档则便于快速、灵活地处理和访问电子档案。在实际的档案管理工作中，根据不同的需求和条件，可以选择合适的归档方式，以确保电子档案的安全、完整和高效利用。

2. 归档时间

（1）实时归档。实时归档是指在电子档案一旦生成或达到可归档状态时立即进行归档操作，这种方式特别适用于采用逻辑归档的场景，因为它依赖网络和系统的即时性，能够及时捕捉和保存最新的电子信息，减少数据丢失或失控的风险。

（2）定期归档。定期归档则是根据一定的时间周期，如每周、每月或每季度等，集中进行电子档案的归档工作，这种模式较为适用于采用物理归档的单位，这些单位通常会根据纸质文件归档的经验和相关规定，定期执行归档任务。定期归档有助于规范化管理和减少日常操作的复杂度。

对于同时采用电子档案和纸质档案的双套归档系统，归档时间的统一性尤为重要，这意味着无论是电子档案还是纸质档案，都应遵循相同的归档时间安排，以保持归档流程的一致性和同步性。这种统一的归档时间安排既有助于保持档案管理的连贯性，又能提高整体的工作效率和档案的可用性。

3.归档要求

第一，确保电子文件归档的完整性。这一过程要求严格识别和收录所有应当归档的电子文件，确保没有任何重要文件被遗漏或错误地存放。归档工作应涵盖档案范围内的每一份文件，包括文档、表格、电子邮件、图形文件以及其他相关电子资料，这些文件的完整收录不仅包括最终版本，还应涉及所有相关的修订和更新记录。

第二，归档的电子档案必须保证其内容的真实性和有效性。对于文本文件而言，应确保归档的是最终定稿版本，而非草稿或早期版本。在处理图形文件时，如果有任何更改，应将最新版本连同相关的更改记录一并归档，以便于未来的查询和验证。至于各种文件的草稿版本，是否归档应根据实际需要和档案管理策略来决定。

第三，归档电子档案时，还需对这些档案进行仔细的整理。文件形成部门应对电子文件的载体（如硬盘、光盘等）进行整理，确保其标签清晰可见，上面应贴有说明性标签，详细注明文件的编号、名称、密级以及所需的软硬件环境等信息。同时，还应填写《归档电子文件登记表》，以记录每一份电子档案的详细信息，这有助于提高档案管理的效率，也是确保档案安全性和可追溯性的重要步骤。

第四章　档案的保管、检索与利用

第一节 档案的保管

一、档案保管工作的内涵

档案保管涵盖了档案经过归类、排序并入库之后的存放和维护工作。这一工作的核心是保证档案的完整性和安全性，确保档案能够长期保存并随时可用。档案保管不是简单的物理存储，而是涉及对档案的持续维护和管理。在具体操作中，档案工作人员需根据档案的物理和化学特性，选择合适的存储设备和保护装具，包括控制存储环境的温湿度、使用耐酸纸或特殊包装材料来包裹档案，以及采取防火、防水、防虫蛀等安全措施。此外，档案保管还包括定期对档案进行检查和维护，如清洁、除尘、排查潜在的损害源等，以延长档案的使用寿命。

档案保管工作的最终目的是保障档案信息能够长期、稳定地被利用，也是对历史和文化遗产的一种责任和尊重。因此，档案保管是一个综合性、系统性的工作，需要档案工作人员具备专业的知识和技能，以确保档案得到妥善的保存和管理。

二、档案保管工作的原则

在开展档案保管工作时，应当遵循一定的原则，如图 4-1 所示。

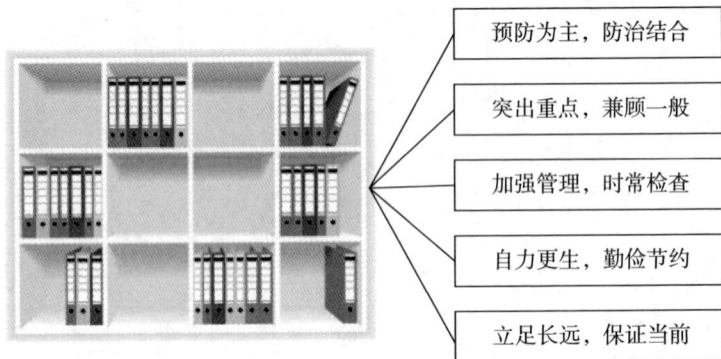

图 4-1　档案保管工作的原则

预防为主，防治结合

突出重点，兼顾一般

加强管理，时常检查

自力更生，勤俭节约

立足长远，保证当前

（一）预防为主，防治结合

这一原则强调的是在档案管理中，应着重防止档案任何形式的损坏，包括避免档案受到污染、物理损伤或丢失等风险。预防措施包括但不限于合理的存储环境控制、适当的物理保护、安全的信息备份以及有效的访问控制等。其中，"治"的部分涉及对已经发生损坏的档案进行恢复和修复工作，包括对破损档案的复制、修补或数字化等活动，以确保信息的持续可用性和完整性。尽管这是一个重要的补充措施，但在整个档案保管过程中，"防"才是核心和主导。

由于大多数档案在进入存储库时都是完好无损的，因此确保这些档案能够继续保持其良好状态是档案保管工作的首要任务。通过实施"预防为主，防治结合"的原则，可以最大化地保护档案免受各种潜在风险的影响，确保档案的长期保存和利用价值。

（二）突出重点，兼顾一般

档案工作人员在管理过程中需要识别并区分出哪些是核心或重点档案、哪些属于一般性档案。对于机构的核心档案或长期保管的重要档案，应采取额外的保护措施，如采用多套备份或在不同地点进行异地保存，以确保这些关键档案的安全性和可靠性。这些措施对于防止重要信息的丢失或损坏至关重要，特别是在灾难或紧急情况下。对于一般性档案或有限保管期限的档案，虽然它们可能不涉及核心信息，但同样需要提供适宜的保管条件，以保证这些档案在整个保管周期内的安全性和可用性，包括确保适当的存储环境、恰当的存储方法和便捷的访问方式，确保这些档案在需要时可被有效利用。

（三）加强管理，时常检查

执行"加强管理，时常检查"的原则是确保档案长期安全和完整的关键，这一原则强调对档案库房进行严格的日常管理，以及定期对档案进行检查和维护。有效的管理和定期检查对于延长档案的使用寿命和维持档案质量至关重要。日常管理工作涉及确保新归档的档案及时正确地存放入库，以及确保被调阅的档案在使用后能够迅速且准确地归还原位。定期的档案清点和检查是维护档案完整性的重要环节，在这个过程中，应及时发现并处理任何可能的问题，如档案的损坏、丢失或存放错误等。通过这些持续的管理和检查措施，可以有效预防和减少档案的损耗，确保档案的完整性和可用性。

（四）自力更生，勤俭节约

该原则对于那些由于规模较小或效益有限而难以满足理想档案保管条件的单位非常重要。面对这种情况，档案管理工作人员需要展现出创造性和自主性，通过创新和资源最大化利用来有效地开展档案保管工作，包括利用现有的资源和设施，或者采用成本效益较高的方法来管理和维护档案。例如，可以利用简单而有效的手段改善存储环境，或者通过数字化档案来减少物理存储空间的需求。注重节约和高效利用资源，在不影响档案安全性和完整性的前提下，尽可能地降低管理成本。

（五）立足长远，保证当前

在保管档案时，既要考虑到档案的长期安全和未来的利用价值，也要关注档案的当前实用性和可访问性。档案的最终目的在于其被有效利用，因此在保管过程中，必须确保档案既安全又方便地被当前和未来的用户访问。

一方面，档案保管工作需要重视档案的长远安全，这意味着采取措施来保护档案免受物理损坏、信息丢失或技术过时等风险，涉及采用恰当的存储技术、环境控制、信息备份、恢复策略等；另一方面，档案保管也必须考虑到档案的即时和现实价值，这要求档案既安全存放，又易于检索和使用。为了实现这一点，需要采用用户友好的档案管理系统，提供方便的检索工具，以及建立有效的档案借阅和使用规程。

三、档案保管工作的物质技术条件

（一）档案库房

一个合理规划的档案库房既需要满足基本的存储需求，又应考虑到档案的保护性和安全性。库房的结构设计要能够确保恰当的温湿度控制，这是防止档案由于环境因素而退化的关键，例如，湿度和温度的波动可能导致纸质档案发霉或墨迹褪色，因此需要通过空调和除湿设备来维持稳定的环境条件。档案库房应具备防火、防水和防盗等安全设施，以保护档案免受意外灾害的损害，例如，安装高效的消防系统和严密的安全监控系统是必要的。库房布局应考虑到档案的有效管理和方便使用，合理安排档案架位和工作区域，以便于档案工作人员和使用者快速找到所需档案。进一步来说，档案库房的设计应具备适应未来发展的灵活性，随着技术的进步和档案数量的增长，库房可能需要适应新的存储需求和管理方法，如随着数字化技术的发展，档案库房不仅可能需要增设专门的电子档案存储区域，并配备相应的硬件和软件设施，还应预留空间以适应未来的增长。通过前瞻性和灵活性的设计，档案库房能够更好地满足长期的保管需求，确保档案的安全、完整以及方便使用。

（二）档案柜架

（1）考虑材质和结构。理想的档案柜架应采用耐用且不易对档案造成化学损害的材料，如不锈钢或经过特殊处理的金属。

（2）档案柜架的设计应具备足够的承重能力，以安全地存放各类档案，同时要易于调整层架高度，以适应不同大小和形式的档案，对于特殊类型的档案，如地图或大型绘图，可能需要定制特殊尺寸和形式的柜架。

（3）档案柜架的布局应便于档案的分类存放和快速检索，考虑到档案的保护需要，避免直接暴露在强光或潮湿环境下。

（4）在档案室内，柜架的排列应允许足够的空间用于档案工作人员的通行和操作，确保档案的存取方便且不受干扰。

（5）针对不同类型的档案，如文书档案、照片、数字媒介等，应采用不同设计的柜架以提供最佳的保护和存取效率。

（三）档案包装材料与方法

合适的包装材料能够有效保护档案免受物理损伤、化学腐蚀、生物侵害以及环境因素的影响。包装材料的选择应基于档案材质的特性和存储环境的要求，例如，纸质档案应使用酸性低且不易释放有害气体的材料，如无酸纸或专用的档案保存箱。对于照片、胶片等敏感材料，需要使用能防止光照和化学变化的专门包装材料。另外，包装材料还应考虑到易于使用和存取，以及有利于档案的分类和识别。

在实际应用中，档案包装的方法也同样重要，包装应确保档案在存储和搬运过程中的安全，防止因摩擦、折叠或压迫导致的损害。包装设计应便于档案的检索和使用，如透明包装材料可方便内容查看，而具有标签区域的包装则有利于档案信息的标记和识别。在某些情况下，特别是对于珍贵或脆弱的档案，可能需要定制特殊的包装方案来提供额外的保护。

四、档案的安全保管

档案的安全保管应注意六个方面的内容，见表4-1。

表 4-1　档案的安全保管要素

安全保管要素	细节说明
控制库房温湿度	采取降温和除湿措施,如使用空调设备,适用于不同气候条件下的库房温湿度控制
保卫和保密	实施防盗措施,限制非授权人员进入,对机密档案采取额外保护,确保档案的安全性和机密性
防火	使用防火材料建造库房,合理布局内部结构,安装消防设施,进行定期检测和维护
防光与防尘	使用防紫外线玻璃,定期清洁,存放在封闭柜中,减少紫外线和灰尘对档案的损害
档案在搬动中的保护	使用推车或托板搬运档案,轻拿轻放,避免机械损害和污染,强化档案管理人员的责任心和细致性
档案的安全检查	定期和不定期检查档案,核查档案数量、损害情况、防护措施,撰写检查报告,必要时进行整改

（一）控制库房温湿度

　　温湿度的不当调控直接影响着档案材料的耐久性,并且可能加速档案的退化过程。高温会使纸张中的水分蒸发,导致文件干燥、脆弱甚至变色;而高湿度则可能使纸张受潮、生霉,或引发其他有害微生物的繁殖。所以,为了保护档案不受这些不良因素的影响,及时采取适当的降温和除湿措施至关重要。

　　降低库房温度的策略可从以下两个方面入手:一是室内降温措施,当前的常见方法是使用空调设备,大型档案馆多采用集中式空调系统,而中小型档案馆则多使用局部式空调。二是鉴于外界高温空气和太阳辐射可能通过各种方式影响库内温度,需采取措施减少外界热量的侵入,如悬挂窗帘、关闭朝阳方向的门窗以及通过通风等方式降温。

　　在中国南方地区,雨季时,外界相对湿度可能高达 95% 以上,这对档案库房构成严峻的挑战。降低湿度的方法主要有两种:第一种是通风降湿。在实施通风降湿时,需考虑库房外的温度和湿度条件,仅当库房外的温度和湿度均低于库房内，或者库房外的湿度低于库房内且温度相同，或者库房外的温度低于库房内且湿度相同时，才适宜通风。第二种方法是室内去湿，如安装去湿机、使用吸湿剂或硅胶进行局部减湿等。

（二）保卫和保密

档案的保卫与保密工作对于确保国家和党的宝贵财富安全至关重要，尤其对于那些包含机密信息的档案。档案管理工作人员需对档案的安全性和机密性保持高度警觉，并采取必要的措施来强化保卫和保密。

在管理制度方面，必须严格遵守相关规定和要求，确保档案库房具备坚固的管理体系，包括实施有效的防盗措施，消除任何可能导致档案失窃的安全隐患。对于未获授权的非库房管理人员，应严格限制其进入库房的权限，特别是对于存放机密档案的库房，必须严格执行出入制度。对于珍贵和绝密的档案，则应采取额外的保护措施，例如将其储存在保险柜内，并在特定的安全地点保存。对于出入库房的档案，应进行详细的清点和记录。

在日常的库房管理中，还需杜绝任何档案泄密的可能性。在非工作情况下，档案管理人员不应讨论档案内容，库房内档案的存放情况和管理制度的某些细节也应被视为档案馆（室）的保密信息。管理人员和值班人员必须忠于职责，防范任何盗窃或破坏行为的发生。

（三）防火

1. 档案保管场所的建筑设计和材料选择应符合防火标准

使用防火材料建造档案库房，确保结构稳固且具有良好的阻燃性能。库房内部的布局也需考虑防火安全，如合理规划电线走向，避免电气设备过载，以及定期检查电气线路和插座，防止电气火灾的发生。库房应装备足够的消防设施，包括灭火器、自动喷水灭火系统、烟雾探测器和火警报警系统，并且应定期对这些设施进行检测和维护，确保其在紧急情况下能够正常运作。

2. 档案馆的工作人员需要接受专业的防火培训

档案馆的工作人员应当掌握火灾预防知识和紧急情况下的应对措施，并且需要制订详细的火灾预防和应急疏散计划，包括清晰标识的安全出口、紧急疏散路线和集合点。定期组织消防演习，增强工作人员对火灾紧急情况的应对能力。同时，应制定严格的安全规程，比如禁止在库房内吸烟或使用明火、限制易燃物品的带入，以及确保文件和档案的安全存放，防止堆积过密而增加火灾风险。

（四）防光与防尘

1. 防光

光线，尤其紫外线，对档案材料的损害不限于表面的褪色或纸张脆化，它可能更深层次地导致化学反应，加速纸张的氧化和分解过程，降低档案的长期保存质量。为了有效控制光照对档案的影响，采取物理遮挡措施至关重要，一方面，限制库房窗户的数量以减少自然光直接照射，并通过安装窗帘或百叶窗来进一步阻隔阳光。这些遮阳设施不仅能减少阳光的直射，还能降低室内温度，从而间接保护档案。另一方面，窗户玻璃的选择也至关重要，使用能够有效阻挡紫外线的专用玻璃可以显著降低紫外线对档案的直接损害。至于库房内部的照明，之所以选用白炽灯而非荧光灯或其他高紫外线发射源的照明设备，是因为白炽灯发出的光中紫外线含量较低，对档案的潜在损害相对较小。

2. 防尘

灰尘不仅会造成档案材料的机械磨损，还可能影响信息的清晰度和可读性，更为严重的是，灰尘可以吸附有害化学物质，对档案造成化学损害，并成为霉菌孢子的传播媒介，为害虫提供栖息地。防尘的主要措施包括确保档案的密封保存，将档案置于封闭的卷盒和柜子中。在档案馆周围进行绿化，利用植物的过滤作用来降低空气中的灰尘和有害气体。档案材料在入库前应进行彻底的除尘处理，日常工作中，工作人员也应注意个人卫生，如更换工作服和鞋。应定期对库房进行清洁，使用吸尘器等设备清除积尘，这些都是维护档案清洁环境的重要措施。

（五）档案在搬动中的保护

在档案管理中，档案的搬运是一项关键的工作，需要特别注意避免档案在搬运过程中受到损害。档案的搬动可能出于各种原因，如优化存放空间或为用户提供服务，在这个过程中，确保档案的安全性和完整性至关重要。

为最小化搬运过程中的机械损害和污染风险，应采取适当的保护措施。在搬运大量案卷时，使用小型推车或案卷托板可以有效减轻负担，并且可以保护档案免受损害。如果没有搬运工具，每次搬运的档案数量应控制在安全范围内，避免因重量过大而造成档案的破损。在捆扎档案时，需要特别注意选择适宜的材料和方法，避免使用粗糙的绑带或不当的捆扎方式。在取放档案时也应轻手轻脚，避免粗鲁操作导致档案的折磨、挤压或撕裂。

除了物理和技术上的措施外，应加强管理与强化档案管理人员的态度和专业性，管理人员必须具备高度的政治责任心和细致认真的工作作风，任何不负责任或粗心大意的行为都可能成为档案在搬动过程中受损的根源。

（六）档案的安全检查

此项工作包含对存储的档案及借阅后归还的档案进行定期与不定期检查，以确保档案的安全保管。通过这些检查不仅能及时发现并纠正库房管理中的问题，还能对档案的保护措施进行必要的调整和优化。

档案的定期检查通常按照部门的具体情况安排，一般建议每年进行一次，而大型档案馆可以考虑每 2～3 年进行一次。对于设施简陋、安全条件较差的单位，建议缩短检查间隔，以便及时发现问题并进行处理。不定期检查则应在特定情况下进行，例如档案库房遭受水灾、火灾后，发现档案丢失或被盗，或出现档案受潮、霉变、虫蛀等情况时。当出现频繁利用的档案遗失的怀疑，或档案人员更换工作岗位时，也应进行不定期检查。

检查的内容应涵盖五个主要方面：一是比对现有档案数量与登记簿册记录是否一致；二是评估损毁、遗失档案的数量、情况和具体内容；三是检查档案的防护措施和库房设备的安全状况；四是核实案卷的全宗、类别和存放顺序是否准确；五是检查档案的收进、移出，以及案卷的借出、归还是否正确记录、注销和恢复。对于检查中发现的问题，应进行细致分析，做出妥善处理，并撰写详细的检查报告，在必要时，还需向上级主管部门报告情况，并采取相应的整改措施。

为有效开展检查工作，可组成专门的检查小组或委员会，由经验丰富的人员担任检查工作。基本的检查方法包括与登记簿册进行对照验证以及检查人员现场观察。所有检查工作应有详细记录，以全宗为单位进行。通过这些全面而细致的检查，档案库房的管理质量能够得以提升，档案的安全性和完整性能够得到有效保障。

第二节　档案的检索

一、档案检索的含义

档案检索是档案管理中一个复杂且多层次的过程，其目的是有效地存储和检索档案信息。具体可以从狭义和广义两个角度来理解这个过程。

从狭义上讲，档案检索专指从一个精心组织的档案集合中寻找并获得特定档案的活动，这里所说的档案集合并不直接指档案本身，而是指关于档案的各种信息或提示线索。为了真正访问和理解档案中的信息，需要依赖这些线索来找到原始文件。简而言之，狭义的档案检索侧重通过特定方法从已整理的档案中寻找特定信息的过程。

从广义上说，档案检索则包含了档案的存储和检索两个阶段。档案存储涉及将档案进行分类、整理、标引等处理，使它们成为一个有序且易于检索的集合，这一过程包括将档案的外在特征，如标题、作者、来源等，转化为特定的检索语言和标识，如关键词、分类号等，并将这些信息输入检索系统中。而检索阶段则是指使用这些系统来查找特定信息，以满足利用者的需求。

档案检索的基本原则在于通过收集、加工、组织和存储档案信息来建立各种检索系统，并通过特定方法确保存储和检索过程中使用的标识一致，从而有效地获取和利用档案。在这个过程中，存储的目的是更好地检索，而有效的检索则依赖系统的存储。存储过程主要涉及对档案的详细标引，将档案的外在和内容特征转化为可检索的标识，并将这些标识整理后输入检索系统，为检索提供明确的路径。

二、档案检索的意义

档案检索作为一种高效挖掘和利用档案资源的科学手段，在实现档案价值最大化方面发挥着关键作用。随着人类社会的发展，累积了大量档案资源，在这些庞大的档案信息海洋中，如何准确快速地定位到所需档案，并充分挖掘其价值是档案检索的主要任务。这一过程涵盖了制定检索策略、选择适当的检索工具和方法等多个方面。伴随着现代技术的进步，档案检索手段也在日益现代化，极大地加快了社会档案资源的开发和利用速度。

档案检索还是获取知识、促进再学习的有效工具。在知识经济时代，知识更新速度快、产品生命周期短，档案检索成为人们获取信息和知识、提升自身能力的重要途径之一。通过运用各种档案检索工具，人们可以获得所需的档案信息，实现知识的及时更新和补充，以适应社会的快速发展。

对于从事科学研究的工作者而言，档案检索的重要性不言而喻，无论是在科研项目的筹备阶段、研究过程中，还是在研究成果的评估阶段，科研人员都离不开对相关文献和档案资料的查询。科研人员掌握了有效的档案检索技巧不仅能够节约大量的时间和资源，还可以避免重复工作，提高科研工作的效率和质量。

三、档案检索语言

档案检索语言是档案管理领域的一个核心概念，它作为一种特殊的语言系统，专门用于档案信息的加工、存储和检索。这种语言通过一系列精确的概念和标识来概括和表达档案信息的内容，及其内在的逻辑关系。简而言之，检索语言为描述档案信息特征和进行有效检索提供了必要的工具，主要分为两大类：规范化语言和非规范化语言（自然语言）。

在档案检索的过程中，检索语言是连接档案信息存储与检索两个重要环节的桥梁。在存储档案信息时，检索语言被用来详细描述档案的内容和外在特征，进而生成档案的检索标识。当检索过程中的查询标识与存储的检索标识完全或部分匹配时，就能准确找到目标档案。

档案检索语言的类型多种多样，主要可分为分类语言和主题语言两大类。分类语言通常使用数字、字母或二者的组合作为基本符号，通过直接连接字符并以特定符号（如圆点）做分隔，来构建基于基本类目的词汇体系，这种语言通过类目的层级关系来表示更复杂的概念。主题语言则基于自然语言，以名词术语作为基本词汇，通过一组名词术语来构成检索的标识。这种语言的信息处理方法被称为主题法，并且可以进一步细分为标题词、索引词和关键词等。

四、档案著录

（一）档案著录的定义

档案著录主要涉及对档案的内容和形式特征进行深入分析、筛选和记录，以便于编制有效的检索工具。通过这个过程，档案的主题内容、使用价值、存放位置以及彼此间的联系等关键信息得以被详细地呈现出来，从而为检索工具的创建提供坚实基础。在对单份档案进行著录时，主要涉及三个关键方面：著录项目、著录用的标识符和著录条目的格式。其中，著录项目指的是对档案的内容和形式特征进行的文字描述，这是著录工作的核心内容；著录用的标识符则是辅助这些项目，使其更易于被识别和理解的符号；而著录条目的格式则涉及这些项目和标识符在文档中的具体排列和展示方式。

将档案的著录项目和标识符按照一定格式组合起来，就形成了所谓的"条目"，或称为"款目"，这是档案内容和形式特征的具体表现。通过这样的著录工作，档案的各个方面得以详尽而准确地记录下来，为后续的检索和利用打下了坚实基础。由此可见，档案著录不仅是一个信息记录的过程，更是一个对档案价值进行挖掘和展示的过程。

（二）著录项目细则

档案著录项目是档案管理中对档案内容和形式特征进行精确描述的关键部分，它包含多个要素，如题名与责任者说明，稿本与文种类型，时间、附注与提要以及排检与编号等。在这些著录项目中，有些是必要项目，包括档案的主题名、责任者、时间、分类号、档案馆代号、档号、缩微号以及主题词或关键词，而其他项目则根据具体情况选择性著录。

1.题名与责任者说明项

在"题名与责任说明项"中，题名（也称为标题或题目）是概括档案主要内容和形式特征的名称。

正题名是指单份文件文首的题目或案卷封面上的标题。

并列题名是指使用第二种语言或文字与正题名对照并列的题名，有时也需要著录以提供语言上的对照。

副题名及说明题名文字涉及对正题名的解释或补充说明，有助于进一步明确档案内容。

文件编号，如发文字号、科研报告流水号、标准规范编号等，是识别档案的另一个重要方面。

责任者，或称作者，是指那些对档案内容有贡献并负有责任的个人或团体。

对于档案中的附件，通常只需著录附件题名，但如果附件具有独立的检索价值，可以单独著录。

2. 稿本与文种

稿本可以是草稿、定稿、手稿，草图、原图、底图、蓝图，以及正本、副本、修订本等各种形式。文种则指文件的种类名称，如通知、决定、请示、报告、计划、总结等，这有助于进一步分类和理解档案性质。

3. 时间项

在档案著录过程中，时间项是描述档案形成或存在的具体时期的重要部分。它主要分为两类：单个文件的形成时间和整个卷宗的起止时间。不同类型的文件有不同的时间标记规则，例如，常见的公文或信件采用发文时间；法规性文件如决议、条例等标注通过或发布时间；条约、合同类文件则记录签署时间。具体到技术文件，如技术评审证书、鉴定证书等，以通过时间为准；而对于获奖证书、发明证书等，则以颁发时间为准。在具体记录时，时间格式统一采用八位阿拉伯数字，其中年、月、日各占4位、2位和2位。

4. 附注与提要

附注与提要项提供了档案的额外信息和简要内容。附注项用于记录对档案内容需要额外说明和补充的信息，这部分内容视实际情况而定，有则著录，无则省略。在条目中，附注项通常按照项目的顺序记录，而对于非常规项目，则单独列出以进行详细说明。

提要项则是对文件或案卷内容的简洁介绍，主要反映档案的主题内容和重要数据，如技术参数等，其内容通常限定在 200 字以内。

5. 排检与编号项

排检与编号项涵盖了档案的分类、管理和识别代码。

分类号根据《中国档案分类法》确定，用于标明档案的类别。

档案馆代号是根据全国档案馆名称代码赋予的特定代码。

档号则是档案管理过程中赋予档案的字符代码。

电子文档号指的是档案馆管理的电子文件的标识代码，通常位于条目的第二行中间位置。

缩微号是档案馆赋予档案缩微制品的编号，记录在条目右上角的第二行。

主题词作为标引和检索的工具，用以准确表达档案的主题内容，这些词汇是根据《档案主题标引规则》和《中国档案主题词表》等标准进行选取和标引的。

五、档案标引

（一）档案标引的定义

档案标引涉及对档案内容的深入分析和概括，并赋予档案统一且规范的检索标签，目的是弥补档案的客观信息与用户主观检索需求之间的差距。由于档案通常含有丰富而详尽的信息，而用户在寻找档案时对这些信息往往只是有限的了解，因此需要一种机制来简化用户的检索过程。标引正是这种机制，它将档案中的自然语言信息转换为标准化的检索语言，使得档案的内容特征以一种易于理解和检索的方式呈现出来。

在档案标引过程中，每份或每卷档案的内容都会经过精细的分析，以提取关键信息和特征。然后，这些关键信息被转化为规范化的检索标识，如关键词、主题词或分类号等。这些标识不仅简洁地概括了档案的主要内容，还为用户提供了一种高效的检索方式。通过标引，档案的核心信息得以被准确捕捉并用于构建各类检索工具，极大地提高了档案检索的效率和准确性。

（二）档案分类标引

档案分类标引是档案管理中的一项关键工作，其核心在于为每份文件或每个案卷分配一个具体的分类号，随后这一分类号用作编制档案分类目录和排列条目的基础。实施分类标引有以下几个阶段：

首先，工作人员需深入理解分类表的编制目的、适用范围、分类原则及其体系结构，这一步骤是为了确保标引工作符合档案分类的整体架构和标准。

其次，对目标文件或案卷进行深入的内容分析，精确掌握其主题，这个过程被称为主题分析，涉及对档案内容特征的深入剖析，以准确地提取和确定主题概念，正确的主题分析是保证标引质量的关键环节。

最后，根据文件或案卷的具体内容将其归类到最合适、最科学的类别中，通常通过分析题名和审阅正文来完成，之后参考分类表，找到与档案内容完全匹配的类目，并标注相应的分类号。标引完成后，进行仔细审核，以确保标引的准确性和一致性。

（三）档案主题标引

档案主题标引是一个细致且系统的过程，旨在准确地概括和表达档案的核心内容。这一过程首先从仔细阅读文件开始，以确定档案的主题，在此基础上，进一步明确主题的类型和结构，为接下来的步骤奠定基础。

其次，通过对主题进行深入的概念分析，精选出能够准确反映文件或案卷主题的主题词。在选择这些主题词时，需要全面考虑主题分析的广度和深度，同时充分考虑潜在用户的检索需求，确保所选主题词具有准确性和专指性。

再次，完成主题词的选取后，标注主题词。这一步骤涉及确定所选主题词之间的逻辑关系，并将这些主题词准确地记录在相应条目中，对确保档案的检索效率和准确性至关重要。

最后，审校环节是整个主题标引工作的关键，审校工作包括检验主题分析的准确性、评估所选主题概念的恰当性，以及确认所选主题词是否有效地表达了文件或案卷的主题这一环节确保了档案主题标引的准确性和可靠性，是整个标引工作不可或缺的重要部分。

六、档案检索工具

鉴于档案在内容和形态上的多样性以及用户在利用档案时的各种不同需求，单一或少量的检索工具往往难以全面展现档案的丰富内容和特征，更不足以满足用户多样化的检索需求。因此，在档案检索的长期实践中，已经发展出多种类型、不同内容和形式的检索工具。这些工具按照不同的分类标准可被划分为多个种类。目前，常见的分类方法包括以下几种，见表 4-2。

表 4-2　档案检索工具分类

分类标准	分类	描述
按编制方式划分	目录、索引和指南	目录：按特定顺序排列条目； 索引：列举特定特征及其出处； 指南：综述档案情况
按载体形式划分	书本式、卡片式、缩微目录、机读目录	书本式：以印刷品形式； 卡片式：使用小卡片记录信息； 缩微目录：利用缩微摄影技术； 机读目录：基于磁性材料，计算机识别

分类标准	分类	描述
按功能划分	馆（室）藏性、查找性、介绍性	馆（室）藏性：映射档案排列体系； 查找性：不受实体排列限制，多角度检索； 介绍性：综合介绍档案内容和情况

（一）按编制方式划分

检索工具可分为目录、索引和指南三种类型。目录是一种按照特定顺序排列的条目集合，旨在提供档案的基本信息和排列顺序，其又细分为案卷目录（见表4-3）、全引目录（见表4-4）、主题目录、分类目录和专题目录（见表4-5）。索引是侧重列举档案中特定部分的特征及其引用来源，同样按照一定次序组织。指南则以文章形式综合介绍档案的相关情况，提供更为全面的档案信息。

表4-3　案卷目录格式

案卷号		标题	起止日期	页数	保管期限	备注
档案室编	档案馆编					

表4-4　全引目录格式

案卷号	案卷题名			起止日期	卷内页数	保管期限
顺序号	文号	责任者	文件题名	日期	页号	备注

表4-5　专题目录格式

顺序	专题名称	文件题名	存放位置		
			目录号	卷（盒）号	页（件）号

（二）按载体形式划分

1. 书本式检索工具

书本式检索工具是一种传统且广泛使用的档案检索方式，主要以印刷品形式存在，这种工具的特点是将档案信息以书籍的形式编辑和整理，便于手动翻阅和查询。由于其物理形态的特性，书本式检索工具通常具备结构清晰、内容全面的优点。在这种检索工具中，档案信息被详细列出，包括档案的题名、责任者、形成时间等关键信息，以及可能的分类号和索引词。用户可以通过查阅目录、索引等部分，快速定位到特定档案或相关信息。在数字化和网络技术发展迅速的今天，虽然书本式检索工具在某些方面不如电子工具便捷，但在无法使用数字工具的环境下，或者在需要深度研究档案信息时，它仍然具有重要的价值和实用性。

2. 卡片式检索工具

卡片式检索工具主要通过使用小卡片来组织和存储档案信息。每张卡片上记录了一份档案的关键信息，如题名、责任者、形成时间和主题等，以及具体的档案位置。这些卡片按照一定的顺序或分类体系，如字母顺序、主题分类等，排列在卡片盒或抽屉中，用户可以通过翻阅这些卡片来快速查找和定位所需的档案信息。卡片式检索工具的优点在于其灵活性和便于更新，可以根据新档案加入或旧档案的变更轻松调整。

3. 缩微目录

缩微目录是一种利用缩微摄影技术制作的检索工具，主要载体是胶片。这种目录的显著特点在于高度的存储效率和空间节约性，由于其体积小巧，使得携带和交换变得极为方便。除此之外，缩微目录还具有易于复制和持久耐用的优点，非常适合长期保存和重复利用。但使用缩微目录需要专门的阅读器设备来放大并阅读内容，这在一定程度上限制了其使用的灵活性。

4. 机读目录

机读目录是一种现代化的检索工具，主要采用磁性材料作为载体，便于计算机识别和处理。使用机读目录时，信息可以在计算机屏幕上显示出来，也可以打印成文字形式。它的主要优势在于高存储密度、快速的检索速度和支持多种检索途径的能力。不过，机读目录的制作过程通常较为复杂且成本高昂，涉及大量的时间和劳力投入。尽管如此，高效和多功能的特点使它在现代档案管理中发挥着越来越重要的作用。

（三）按功能划分

1. 馆（室）藏性检索工具

馆（室）藏性检索工具主要用于映射特定档案馆或室内档案的整理和排列体系。这类工具的核心作用是展示档案的整理顺序和原则，使档案管理人员能够快速了解馆藏状况并定位特定档案。但它的局限性在于检索路径的单一性，仅提供基于整理顺序的检索方式，且检索深度相对较浅。

2. 查找性检索工具

查找性检索工具更为灵活，专为检索档案而设计，它们不受档案物理排列顺序的限制，而是依据档案的特定内容或形式特征来提供检索路径。这类工具的优势在于能够跨越档案实体的物理排列和分类界限，从多个角度进行档案标注，提供多元化的检索途径，并允许用户根据需要选择不同的检索深度。

3. 介绍性检索工具

介绍性检索工具，或称为报道性检索工具，主要用于全面介绍和报道档案的内容及相关情况。它们通常提供对档案的综合概述，客观评价档案的价值，为用户提供一定的内容线索。然而，这类工具一般不提供具体的检索标记和项目，因此不直接适用于具体的档案查找。

此外，根据信息处理的方式，检索工具可以分为手工检索工具和机械检索工具；根据使用对象的不同，可以分为公务性检索工具和开放性检索工具；而按照排检方法的差异，则可以分为分类法检索工具和主题法检索工具；等等。值得注意的是，随着计算机技术在档案工作中的广泛应用，许多传统手工式的目录已被计算机数据库所取代。虽然这些传统工具正逐渐退出历史舞台，但了解它们对于理解和建立现代数据库仍具有参考价值。

第三节 档案的利用

一、档案利用工作的意义

（一）档案利用工作体现档案工作的根本目的

档案利用是档案工作的核心，直接体现了档案在促进社会主义现代化建设中的重要角色。国家对档案事业的重视和投入，包括大量的人力和物力，本质上都是为了确保档案的有效利用。如果档案无法被恰当地利用，那么档案的保存和档案事业本身将失去其存在的意义。档案利用不只是档案事业存在的理由，也是推动档案工作发展的关键。只有当档案部门有效地利用档案资源，档案的价值才能得到充分展现，这反过来又会促使党和国家进一步关注和投资档案事业，进而实现档案工作的持续进步和提升。

（二）档案利用工作是衡量档案部门成绩大小的主要标志

档案利用工作的成效是评估档案部门工作质量的关键指标。档案工作的核心目标在于其利用效率，这意味着档案部门的主要任务集中于优化档案利用。衡量档案部门成就的标准主要在于其对社会主义现代化建设的贡献度，包括提供的档案数量、质量以及通过这些档案带来的社会和经济效益。例如，一个档案馆成功地为党和政府的重要工作提供了大量关键档案资料，并且这些资料明显促进了社会效益和经济发展，那么该馆的工作成效应当受到高度认可。

（三）档案利用工作能够检验和推动基础工作

档案利用工作是评估和改善档案基础工作的重要手段。在档案管理领域，基础工作包括档案的收集、整理、鉴定、保管、统计和检索等，这些工作为档案利用提供了必要支持，档案利用无法脱离这些基础工作独立存在。但反过来看，档案利用的实际情况也能成为检验基础工作成效的镜子，例如，档案收集不全面，则在实际利用过程中会暴露出遗漏文件的问题，这种反馈可促进文书处理部门在未来的归档工作中更加注重全面性。进一步分析，档案利用活动能够揭示出档案整理的科学性、鉴定的准确性、检索工具的适用性、保管条件的合适性以及编研成果是否满足客观需求等多方面问题。

（四）档案利用工作是对档案与档案工作最有效的宣传

档案利用工作是档案工作对外宣传的有效途径。档案部门在提供档案服务时的努力和成果既需要内部人员的积极参与，也依赖社会各界的广泛关注和支持。社会对档案事业的重视是档案工作得以顺利进行的必要外部条件，如果缺乏社会的关心和支持，档案部门在人力、财力和物力方面将难以得到保障，从而影响档案工作的基本开展。为了获得社会的广泛关注和支持，档案部门需要通过有效的档案利用工作来赢得信任和认可。只有当用户通过档案服务获得了显著的社会效益和经济效益，他们才会更加认识到档案及档案工作的重要性，进而增强对档案的意识，积极关心和支持档案部门的工作。

二、做好利用工作的要点

（一）明确服务方向，坚定服务思想

作为党和国家专项事业的一部分，我国的档案工作应致力于服务国家的核心任务及社会主义的物质和精神文明建设，因此，档案利用应广泛服务政治、经济、军事、科技、文化等多个领域。各档案馆（室）需要依据国家在不同时期的核心任务，结合自身特点和条件，明确其服务重点。档案利用的成功还依赖坚定的服务理念和积极的服务态度，档案

从业者需要具备强烈的责任感和群众观点，努力为用户提供高质量的服务，始终考虑用户的需求，为用户提供便利。同时，档案工作者应不断创新思维，研究档案利用工作的新动向和特点，解决新出现的问题。为适应不断变化的环境，档案部门需要对现行的利用方法、服务手段及工作制度进行改革和优化，以适应新形势下的需求。

（二）熟悉馆（室）藏，了解客观需要

档案利用工作的有效性在很大程度上取决于档案工作者对馆藏档案的熟悉程度，包括了解档案的内容、性质、数量和存储位置。只有对档案有深入的了解，档案工作者才能迅速而准确地回应查询，有效地提取所需档案，从而提升工作效率和质量。这种对档案的深刻理解除基本的档案知识外，还应涵盖对档案的收集、整理、鉴定过程的实践经验，深入了解每个全宗的形成和整理情况以及其利用价值，尤其对重点全宗和珍贵档案的详细了解。档案工作者还需要对潜在的档案利用者及其需求进行预判和估计，不同的社会机构因其不同的职能活动而有着各自的档案需求，档案工作者应主动进行市场调查，了解国家的政治经济动态、党和国家的中心任务以及相关的政策方针，以预见和准备好满足这些需求。

（三）研究利用工作的特点与规律，了解利用效果

随着科学文化事业的蓬勃发展，档案利用工作呈现出新的趋势和特点，具体如下：①前往档案馆（室）查阅档案的人数迅速增加，调阅的档案数量也在逐年增长；②利用者在档案馆（室）中花费的时间更长，查阅的范围更广，既包括中华人民共和国成立后的档案，又包括中华人民共和国成立前的革命历史档案和旧政权档案，从文书档案到科技档案和专门档案；③查阅方式已从零星查阅转变为按专题或专业进行的大量系统查阅；④不仅有短期查阅者，长期查阅者的数量也在显著增加；

⑤服务内容也发生了变化，由原来主要服务政治运动和阶级斗争转变为主要服务生产建设和科学研究。

为了适应这些新的变化和特点，档案馆（室）需要探索档案利用工作的规律，以便更好地进行档案利用工作。这需要档案馆（室）在提供档案利用服务时，认真记录利用情况，包括查阅者人数、调阅档案数量、利用的档案内容、利用效果以及利用者的目的和对档案利用服务的反馈。

（四）正确处理利用与保密的关系

档案的主要目的在于利用，但在实际应用中必须兼顾保密要求，这是由档案内容的性质和档案工作的政治性质所决定的。解决这一矛盾的关键在于理解保密并非意味着完全禁止利用，而是在确保档案安全的前提下，合理限制利用范围。保密是一个随时间和条件变化的动态概念，随着时间的推移，某些档案的保密级别可能降低，最终可能对社会开放。

档案部门应该遵循的原则是，凡是对坚持四项基本原则、促进社会稳定和经济建设有利的档案，应该积极、大胆地提供给社会使用；对于需要限制使用的档案，则应严格遵守保密原则，谨慎处理。档案部门应定期审查档案内容，根据社会发展和政策变化调整档案密级，逐步扩大档案的利用范围。通过动态管理，档案部门可以在保证档案安全的同时，最大化档案的社会价值和使用效率。

（五）正确处理利用工作与基础工作的关系

在档案管理领域，基础工作和利用工作是相互依赖、相互促进的两个重要方面。基础工作包括档案的收集、整理、鉴定、保管等，为利用工作提供必要的前提和基础；而利用工作，即档案的实际应用，是基础工作的最终目的和检验标准。两者之间存在着一种辩证统一的关系：没有扎实的基础工作，利用工作就无法有效进行；反过来，如果忽视了利用工作，基础工作也失去了存在的价值。

档案馆或档案室在管理档案时，应平衡两方面的重要性：一方面，要注重档案收集、整理、鉴定和保管等基础工作，确保档案的完整性和系统性；另一方面，应加强档案的利用工作，通过提供有效的档案检索、咨询和借阅服务，满足用户的需求，确保档案资源能够为社会服务。另外还应关注长远发展，既要满足当前的利用需求，也要为未来的档案利用积累资源和能力。

二、档案提供利用的方式

（一）阅览服务

1.阅览室的设施要求

（1）选址与环境要求。阅览室的选址需遵循特定原则，确保空间充足、光线充足、环境宁静且卫生，这样的环境有助于读者更好地阅读和研究。阅览室应与存档室紧密相连，以便档案管理人员能够高效地取档和还档。在阅览室内部应设有服务台、阅读桌、公告板、资料柜、开放式档案目录柜、休息室及储物柜等设施，方便读者使用，并更好地保护档案。此外，室内可以摆放绿色植物，以保持空气的新鲜和适宜的温度。

（2）阅览室内的设施配置。阅览室应配备与档案馆收藏相关的历史、经济、政治出版物、报刊、词典、年鉴、指南手册等工具书，以及档案检索工具，供读者参考和辅助阅读。对于资源充足的机构，可以设立大型阅览室和小型阅览室。大型阅览室面向公众，而小型阅览室可供专家学者查阅专业文件或系列文件。此外，还可以设立视听阅览室，让读者能够查阅声音和影像档案。

（3）电子阅览室的设置。随着电子档案和非纸质载体档案的日益增多，电子阅览室成为社会关注的焦点，有条件的档案馆应当考虑设立电子阅览室。电子阅览室需要配备计算机（用于阅读电子文件和光盘文件）、录音机和放像机（用于借阅磁带和录像带）、阅读器（用于阅读缩微胶片）和投影仪（用于展示珍贵的实物载体档案），以满足现代档案利用者的多样化需求。

（4）计算机辅助档案管理。传统的纸质档案检索正逐渐让位于更加高效的电子化检索方式，在这个过程中，档案馆应积极采用计算机辅助技术来提升档案的检索和管理效率。为此，应在阅览室内配备专用的电子检索计算机，以便利用者更快速地找到所需档案。档案管理人员应利用专业软件进行日常的档案管理工作，如借阅登记、归还处理和借阅预约等，以及打印催还通知和档案借阅清单。这样的自动化管理系统不仅能提高工作效率，还能实时更新档案的库存和借阅状态信息。

（5）阅览室休闲设施的增设。为了提供更加人性化的服务，现代化的阅览室除了必要的检索和研究设施外，还应该考虑增加如存物区和休息区等休闲设施。这些区域旨在为使用者提供一个舒适的环境，使他们在长时间的研究或阅读后能够得到适当休息。存物区为读者提供安全的个人物品存放解决方案，而休息区则是一个放松和恢复精力的理想场所，增设这些设施可以显著提升用户体验。

2.档案阅览服务的要求

档案阅览服务有一定的要求，见表4-6。

表4-6　档案阅览服务要求

服务要求	细节描述
建立完善的规章制度与行为准则	明确档案馆接待对象； 规定借阅范围和手续； 制定阅档者行为准则； 特别安全措施（如戴手套、限制摄影等）
控制阅览利用范围	限制敏感信息或密级档案的公开； 明确告知可阅览和不可阅览档案； 提供正式的阅览申请流程； 进行档案的登记，确保透明和可追溯

服务要求	细节描述
保护档案安全	档案利用者遵守的保护规定； 管理人员的监督和保护角色； 制作档案复制件； 定期检查和修补档案
加强电子阅览管理	实施严格的身份审核； 提供清晰的操作指南； 对电子档案进行加密和权限管理； 监控用户行为
利用信息反馈	使用档案利用效果反馈表； 定期汇总和分析反馈信息； 根据反馈调整服务和资源； 动态调整服务策略以符合当前用户需求

（1）建立完善的规章制度与行为准则。档案阅览服务的高效运作依赖一套完善的规章制度，目的在于维护阅览室的正常秩序和确保档案的安全。①明确档案馆的接待对象对指引谁可以访问档案至关重要，这有助于防止非授权人员接触敏感或珍贵的文档；②规定借阅范围和手续是确保档案得到妥善管理和保护的关键，包括了解哪些档案可以借阅、如何处理借阅申请以及如何监控档案的使用情况；③制定针对阅档者的行为准则，包括如何处理档案以避免损害、档案馆内的行为规范，以及任何特别的安全措施，例如，要求用户在查阅某些特别珍贵或脆弱的档案时戴手套，或者限制摄影和复印档案。

（2）控制阅览利用范围。在档案馆的运作中，不是所有档案都对公众开放，一些档案可能因为含有敏感信息、具有特定的密级或未达到公开年限而受到限制。这种分类和控制对于保持档案的完整性和保护相关个人或机构的隐私至关重要。

档案馆在接待档案利用者时，应明确告知哪些档案可供公开阅览的、哪些因保密需要而不能提供，这是一种法律和道德责任，也是保护档案内容不被错误或不当使用的重要措施。例如，某些档案可能涉及国家安全、商业秘密或个人隐私，不适宜公开阅览，明确的分类有助于防止敏感信息的泄露，并保证档案馆的信誉和合法运作。对于特殊情况下的阅览需求，档案馆应提供一个正式的申请流程，档案利用者可以向档案馆的主管机构提交申请，并在获得批准后，方可阅览这些受限的档案，以确保对敏感档案的适当访问，同时提供了一种监督和控制机制，确保这些信息不被滥用。对于所有被阅览的档案，进行详细的登记是必要的，这种登记记录了谁查阅过哪些档案，而且为档案的使用提供了一个透明和可追溯的记录。

（3）保护档案安全。

第一，档案利用者的责任。作为档案利用者，需要严格遵守保护档案的规定，包括禁止在档案上圈画、涂改，不允许未经授权的复制，以及保持档案的清洁和完整。这些措施旨在保护档案不受物理损害和信息篡改。档案利用者不得将档案带出阅览室，除非已经通过正式的借阅流程。

第二，档案管理人员的角色。档案管理人员扮演着监督和保护档案的关键角色，他们需要对档案利用者的行为进行监控，以确保遵守规定；发现任何违规行为时，应立即采取措施制止，并适当处理。在档案利用完成后，管理人员要对档案进行清点和审查，确保其完整无损后，利用者方可离开。

第三，复制件的制作与维护。对于使用频率较高的档案，制作复制件是一种有效的保护措施，不仅可以有效避免原件因频繁使用而导致的磨损或损坏，也确保了信息的可获取性。特别是对于那些年代久远的档案，复制件的制作至关重要，这样既能保护原件，又能满足研究者的需求。

第四，档案的定期检查与修补。定期检查档案的状况并对破损档案进行修补是维护档案完整性的关键环节，此措施不仅有助于及时发现和修复损坏的档案，还能防止损害的进一步扩展。通过这种方法，档案馆能确保其档案保持在最佳状态，为后续的利用者提供高质量的研究材料。

（4）加强电子阅览管理。与传统纸质档案相比，电子档案的阅览通常在网络上进行，这给档案安全管理带来了新的挑战。网络环境使得对用户身份和行为的监控变得更加困难，相应地增加了档案被不当使用或泄露的风险。

实施严格的身份审核是控制电子阅览风险的关键一环，这意味着用户在访问电子档案之前必须提交身份证明信息，以确保只有授权用户才能访问敏感或受限的信息。应在电子阅览平台上提供清晰的操作指南和用户界面，帮助用户更好地理解如何正确使用系统，减少因误操作引起的安全风险。此外，还应当对电子档案进行加密，并限制用户的访问权限，这是保护档案的又一重要手段，一般情况下，用户只应被授予浏览权限，而下载权限则应严格控制，只有在获得档案馆授权后才可开放。需持续监控用户行为，特别是对恶意点击、登录和注册行为的监控，对于及时发现并处理可疑或违规行为至关重要。

（5）利用信息反馈。档案利用效果反馈表是一种重要的信息收集工具，它可以帮助档案馆了解利用者的身份、所阅读档案的类型和内容、他们的阅读效果以及任何意见或建议，这是对用户体验的一种直接反馈。应定期对收集到的反馈信息进行汇总和分析，通过分析这些数据，档案馆可以掌握不同类型利用者的需求倾向，识别服务中的优势和不足，为未来服务的改进提供依据。信息反馈的分析结果可以用来指导档案馆进一步开展档案利用服务和开发档案信息资源，例如，分析显示某一类档案的需求增加，档案馆可以考虑增强这类档案的可访问性和相关服务。同样，如果反馈显示用户体验存在问题，档案馆可以针对性地改进服务流程或环境布局。由于用户需求和利用倾向可能随时间而变化，应定期收集和分析反馈信息，使档案馆动态地调整其服务策略，确保服务始终符合用户的当前需求。

（二）外借服务

1. 外借服务概述

提供档案外借服务主要是为了提高用户的便利性和自由度，允许他们在更加灵活的条件下访问和使用档案。然而，这也意味着档案部门在一定程度上削弱了对档案的监护和控制，增加了档案安全风险。为了既满足用户需求，又保护档案资源，档案部门通常会根据档案的类型、来源以及使用目的实行不同的外借政策，比如，对于重份档案及其信息加工材料，由于风险较低，可以采取较为宽松的外借政策；相反，对于孤本档案、珍贵或易损的文件，特别是古老文件和特殊载体的档案，则需要实行严格的外借控制。

内部用户（同一单位内部的人员）通常对档案的使用具有更高的可信度和合理性，因此可以享受更宽松的外借政策。而对外部单位的外借申请，则需施加更严格的控制，以保证档案的安全和正确使用。职务工作需要使用档案时，通常是出于正当和必要的业务需求，因此可以较为宽松地处理外借申请，相比之下，非职务工作的外借需求则应更加审慎，以避免不必要的风险。

2. 外借服务的要求

外借服务的要求见表4-7。

表4-7　外借服务的要求

外借服务	细节描述
借出期限	考虑档案的保存状况、重要性和用户需求； 设定合理的借出期限，确保档案安全； 对特殊或珍贵档案实施更严格的借出期限； 明确逾期处理规则（催还、罚款等）
外借档案的使用要求	禁止在档案上做标记、复制或拍照（除非特许）； 确保档案安全存放，防止丢失、损坏； 特殊档案可能有更严格的使用规定

外借服务	细节描述
借阅范围	明确可借阅和不可借阅的档案类型； 对珍贵、易损、涉密档案实施严格审核； 确保用户清楚地了解借阅范围规定
催还与续借	建立有效的催还机制； 对逾期不还采取措施； 提供续借服务，并设定明确的续借规则
归档检查	档案归还后进行共同检查； 检查档案是否完整无损； 档案归还登记及归架； 发现损害时立即报告并采取补救措施

（1）借出期限。借出期限是指档案借出的时间限制。在设定借出期限时，档案馆需要考虑到档案的保存状况、档案的重要性以及用户的实际需求。一般来说，借出期限既要足够长，以满足用户的研究或使用需求，又要足够短，以确保档案的安全和及时回归。对于一些特殊或珍贵的档案，借出期限应更加严格，以减少档案的损耗风险。此外，档案馆还需要设立明确的规则来处理逾期未还的情况，包括催还通知、罚款或其他惩罚措施。

（2）外借档案的使用要求。档案外借的使用要求关乎档案的完整性和安全性，用户在使用借出档案时必须遵循档案馆的规定，比如不得在档案上做任何标记、不得进行复制或拍照（除非获得特别许可）、不得将档案转借给他人等。用户需确保档案在借阅期间的安全存放，防止丢失、损坏或被盗。对于特殊或敏感的档案，档案馆可能设定更严格的使用规定，如在指定地点使用或在工作人员监督下使用。

（3）借阅范围。借阅范围是指哪些档案可以外借、哪些不可以外借。一般而言，普通档案、重复档案和不具有特别价值的档案可以对外借阅，但对于珍贵、易损、涉密或具有历史价值的档案，通常不对外借阅，或者在特殊情况下采取严格的审核和控制措施。档案馆需要根据档案的性质和条件，制定详细的借阅范围规定，并确保用户在申请借阅时清楚地了解这些规定。

（4）催还与续借。催还是档案馆管理借阅档案的重要环节，确保档案能按时返回。档案馆需要建立有效的催还机制，包括提前通知借阅者即将到期、逾期催还通知等。对于逾期不还的情况，档案馆可能采取包括罚款在内的措施。而续借则是在特定条件下允许用户延长借阅时间的一种安排，续借的决策应基于对档案状态的考虑和用户的实际需求。档案馆需制定明确的续借规则，如续借的条件、次数限制以及申请程序等。

（5）归档检查。当档案外借者将档案归还时，档案管理人员和外借人员应共同对档案进行清点和检查，原因在于两方都对档案的状态负有责任，管理人员负责档案的保存，而外借人员负责档案的安全使用。检查的主要内容包括确认档案是否有缺件、残损或污损，这一步骤至关重要，因为任何损害都可能影响档案的历史价值和研究价值，这种检查不仅是物理上的检查，也可能涉及核对档案内容的完整性。检查完毕后，应及时在借出档案登记簿上进行注销，以反映档案的归还状态，确保档案的借阅历史是透明和可追溯的。随后，档案应被妥善归还到档案架上，保持档案馆的秩序和方便后续的使用。如果检查中发现档案有缺损，应立即向主管负责人报告，并采取补救和修复措施。

（三）制发档案复制件

1.制发档案复制件的形式

（1）提供副本。提供副本是档案复制最常见的形式之一，特别是对于那些不允许外借或风险较高的原始档案。副本通常是原档案的精确复制，可以是纸质的或其他形式，如照片、复印件等，这种做法不仅保护了原始档案免受损害，也满足了用户对档案信息的需求。在制作副本时，档案馆需要确保复制品的清晰度和准确性，以保留原档案的所有细节和信息。档案馆还需确保复制过程符合版权和隐私法规的要求，防止敏感或受保护信息的泄露。

（2）提供摘录。提供摘录是另一种常用的档案复制形式，尤其适用于那些只需要部分信息的情况。摘录指的是从原始档案中提取关键信息或特定部分，而不是复制整个文档，这种方式对于那些只对档案的某一部分内容感兴趣的用户非常有用，如研究者或历史学家。摘录的优点在于减少了不必要的信息量，使用户能够更快地找到所需内容。在提供摘录时，档案馆的工作人员需要精确地理解用户需求，确保提取的信息准确无误。

（3）提供电子文档拷贝。电子拷贝可以是扫描的档案文件、数字化的影像或其他电子格式文件。这种方法的优点是方便、快捷，并且可以轻松地通过电子邮件或在线平台进行分享。电子拷贝还减少了对纸质副本的需求，有利于环保。但电子文档拷贝也存在一定的风险，如数据安全和版权问题。因此，档案馆在提供电子拷贝时需确保所有安全措施都已到位，包括数据加密和访问控制。

2. 制发复制件的要求

制发复制件的要求见表4-8。

表4-8　制发复制件的要求

制发复制件的要求	细节描述
档案检查与复制方式的选择	档案在复制前需进行仔细检查； 根据档案性质选择合适的复制方式； 档案卷内文件、电子档案和声像档案需由专业人员复制
复制件的质量要求	复制件需清晰、准确、完整； 对残损或不清晰的原件采取特殊处理； 确保复制件突出用户所需信息部分
复制件的数量与管理	一般限制为一份复制件； 加盖档案管理机构印章； 对原件档号进行注明； 控制复制件分发
电子档案的复制和转换	将电子档案转换为通用标准文档格式； 提供适应不同平台的文件

制发复制件的要求	细节描述
符合法律法规和审验资格	遵守档案、保密和知识产权法规； 对带密级档案进行严格审验； 未公开档案需经批准后复制
严格的登记和管理制度	实行复制件登记制度； 使用后需交回并集中销毁； 防止复制件未授权传播； 监控未经授权的翻印或滥用行为
限制复制件进一步使用	禁止公布、陈列展出或再复制； 使用限制和保密性强调； 获取档案保管机构和档案形成机构的一致同意

（1）档案检查与复制方式的选择。在进行档案复制之前，档案需要经过仔细检查，这是为了确定档案的状态和合适的复制方式。对于独立的、易于复制的档案，允许用户直接拍照复制可能是一种便捷的选择。但对于档案卷内的单独文件、电子档案或声像档案，通常需要档案管理人员进行专业的复制操作，以确保复制的质量和准确性。

（2）复制件的质量要求。档案复制件的质量非常重要，必须清晰、准确完整。复制件需要能够突出显示用户所需要的信息部分，清晰度要高，以便于阅读和研究。对于残损或不清晰的档案原件，管理人员应采取加重或放大等处理措施，或者提供相应的说明，以防止复制件质量不佳。

（3）复制件的数量与管理。一般而言，复制件的数量被限制为一份，并且需要加盖档案管理机构的查阅章，这种做法旨在控制档案信息的分发，防止未经授权的扩散。加盖的印章和对原件档号的注明赋予复制件一定的官方性和档案效力，这对于保证档案信息的正当使用至关重要。

（4）电子档案的复制和转换。在电子档案的复制过程中，档案管理人员应将文件转换成通用标准文档存储格式，以便利用者能够在不同的软硬件平台上恢复和显示。这个过程要求管理人员对电子文档格式有足够的了解，并确保转换过程中信息的完整性。当用户没有相应的技术条件时，提供打印件或缩微品作为替代是一个有效的解决方案。此外，还可以在计算机网络上提供可下载的文件，增加档案的可访问性。

（5）符合法律法规和审验资格。档案复制应遵守国家关于档案、保密和知识产权的相关法律法规，这意味着只有那些没有保密限制或已经获得解密许可的档案才能被复制。对于带有密级的档案，档案管理机构必须对利用者的资格进行严格审查，确保只有符合条件的人员才能获得复制权限。尚未公开的档案必须经过相关负责机构的批准后才可进行复制。

（6）严格的登记和管理制度。对于档案的复制，应实行严格的登记制度。所有复制件在使用完毕后需交回档案馆，并由档案管理人员进行催还和集中销毁，以防止信息未经授权的传播，这种做法不仅确保了复制件的使用是可控和有限的，也防止了档案信息的不当复制或再次泄露。任何未经授权的翻印或滥用都可能导致法律责任，因此档案馆需对复制件的使用进行严格监控。

（7）限制复制件进一步使用。由档案管理机构制作的档案复制件，用户不得公布、陈列展出或再次复制，这项规定强调了档案复制件的使用限制和保密性，确保了档案信息不被滥用或过度传播。如果使用单位或个人确有需要进一步使用这些复制件，必须与档案保管机构和档案形成机构进行协商，获得一致同意。

（四）举办档案展览

1.举办档案展览的意义

（1）主动服务组织机构和社会公众的具体体现。档案展览作为档案馆的一种主动服务形式，能够有效地向社会公众展示档案资源的丰富性和价值，通过展览，公众可以直观地了解历史事件、文化遗产和社会变迁，增进对历史和文化的认识，这种形式的展示使得原本只在档案馆内部存储的档案得以走出"尘封",变得生动和接近公众。另外,档案展览还起到教育和启迪的作用,展览中的档案和文献资料能够为学术研究者、学生和普通民众提供直接的历史资料来源,促进历史教育和研究。并且通过档案展览,公众可以获得关于政治、经济、社会、科技等多方面的历史知识,从而加深对国家和社会发展的理解。

(2)有利于增强社会档案意识。通过档案展览,公众有机会直接接触档案材料,看到档案从收集、分类到最终展出的整个过程,这既展示了档案工作的复杂性,也让公众体会到保护和维护档案所需的专业技能和辛勤努力。了解这一过程有助于提高公众对档案工作者的尊重,并认识到档案保存工作的重要性和紧迫性。另外,通过亲身体验档案带来的历史感受,公众更可能成为档案保护的支持者和倡导者,这种增强的档案意识也促进了公众对档案资料潜在价值的重视,进而支持档案馆在资源保护、数字化和公共教育等方面的工作。

(3)有利于档案馆(室)改善外部发展环境,促进自身建设。通过展览活动,档案馆可以增强与社会公众、学术机构和其他文化机构的互动与合作。展览为档案馆提供了一个展示自身收藏和专业能力的平台,吸引更多的访问者和研究者关注档案资源。这种增加的关注和交流既提升了档案馆在社会中的可见度和影响力,也为档案馆带来了更多合作机会和资源,例如,展览可以吸引潜在的捐赠者或合作伙伴,为档案馆的未来发展提供支持。

举办展览要求档案馆不断提升自身的专业水平,包括档案的策展、展示和解释,这些活动促使档案馆更新其展览技术、提升员工的策展能力,并对档案进行更有效的整理和管理。此外,通过展览反馈,档案馆能够更好地了解公众对档案的兴趣和需求,进而调整自身的服务和策略,使其更加符合社会发展的趋势和公众的期待,例如,档案馆可以根据展览反馈优化其数字化战略,改善档案的数字化展示方式,以满足更广泛的公众需求。

（4）有利于对档案馆（室）藏资源进行重新整合。展览的筹备和实施过程促使档案馆对现有档案资源进行全面的审视和评估。为了筹备展览，档案馆需对藏品进行详细的挑选和分类，这个过程实际上是对档案资源的一次深入挖掘和整合。档案馆通过这种方式可以重新发现和评价档案资源的价值，甚至可能揭示一些之前未被充分利用或认识到的珍贵档案。档案展览还有助于档案馆探索并实现档案资源的多元化利用，通过举办展览，档案馆不仅能够展示传统的文字档案，还可以融合多媒体元素，如照片、地图、声音和视频记录，创造更加丰富和动态的展览体验，这种多元化的展示方式可以吸引更广泛的观众群体，增加档案资源的社会影响力。

2. 举办档案展览的注意事项

举办档案展览的注意事项见表4-9。

表4-9　举办档案展览的注意事项

展览的注意事项	细节描述
选主题	根据档案馆藏品特色、社会热点、历史纪念日或研究趋势选择主题； 结合公众的需求和兴趣； 考虑跨学科主题以增强吸引力和影响力
选材	材料需符合主题且具有历史价值和代表性； 全面准确地展示主题内容； 考虑档案的稀缺性、完整性和保存状态； 采取特殊展示方式保护易损或珍贵档案
编排展品	编排应传达清晰的信息和故事线； 考虑展品之间的逻辑关系和视觉效果； 适应不同年龄和背景的观众； 使用灯光、色彩和空间布局增强效果
编写说明	说明应简洁明了，准确传达背景和价值； 平衡通俗易懂和专业性； 包含引人思考的问题或有趣事实以增加互动性和教育性

展览的注意事项	细节描述
展板文字与字号	文字量要适中，避免信息过载； 字号适中，确保易读性； 考虑观众的多样性，确保信息可访问和易理解
展览善后处理	及时清理和恢复展览场地； 确保档案和物品安全归还； 对展览进行评估和总结； 收集观众反馈和媒体报道； 发布展览总结报告或通过媒体和社交平台分享成果

（1）选主题。选主题是档案展览策划的首要步骤，它决定了展览的方向和焦点。一个好的主题应该具有吸引力，既能够激发公众的兴趣，又具有教育意义，能够反映历史的深度和广度。主题的选择应基于档案馆的藏品特色、社会热点、历史纪念日或当前的研究趋势；另外，主题还应与公众的需求和兴趣相结合，以确保展览的受众广泛。为了提高展览的影响力和吸引力，档案馆还可以考虑跨学科的主题，将历史与艺术、科学或其他领域结合起来，创造更加丰富多元的展览体验。

（2）选材。选材不仅要符合展览主题，还要确保展品的历史价值和代表性。选择的材料应能够全面而准确地展示主题内容，并且能够引起观众的共鸣。在选材过程中，需要考虑档案的稀缺性、完整性和保存状态，对于易损或珍贵的档案，可能需要采取特殊的展示方式，如制作复制品或数字展示，以保护原件。此外，选材时还应考虑到展览的教育目的，选择那些能够启发思考、引发讨论的材料。

（3）编排展品。编排展品是构建展览叙事和视觉呈现的关键步骤，有效的展品编排应该能够引导观众顺畅地浏览整个展览，并传达清晰的信息和故事线。在编排时，需要考虑展品之间的逻辑关系和视觉效果，确保展览既具有教育意义，又具有艺术性和观赏性。编排应考虑到不同年龄和背景的观众，确保信息对所有观众都是可访问和易理解的。此外，还可以通过灯光、色彩和空间布局来增强展览的整体效果，创造一种引人入胜的氛围。

（4）编写说明。编写说明是档案展览中传递信息的重要手段，展品说明应简洁明了，能够准确地传达档案的背景、意义和历史价值。说明文字需要为观众提供足够的信息，帮助他们理解展品的重要性和展览的主题。在编写说明时，应考虑到语言的通俗易懂和专业性的平衡，使其既能满足专业人士的需求，又对普通观众友好。说明也可以包含引人思考的问题或有趣的事实，以增加互动性和教育性。

（5）展板文字与字号。档案展板上的文字不宜过多，这是因为观众在参观展览时通常不会花费太多时间阅读大量文字，如果文字过多，可能导致观众感到信息过载，失去对展览内容的兴趣。展板上的文字应该是精练而富有信息的，能够快速传达展品的核心内容和背景信息，精简的文字有助于观众更好地聚焦展品本身，理解其历史意义和文化价值。为此，展板上的文字应该经过精心挑选和编辑，确保每个字、每句话都能为展览的主题和理解贡献价值。

展板上的字号不宜太小，这关系到观众的阅读体验。展览的观众群体多样，包括年龄、视力等方面的差异，小字号的文字不仅阅读起来不便，还可能使一部分观众（如老年人或视力不佳的人）难以阅读，从而影响他们的参观体验。对此，展板上的字号应该适中，确保在视觉上易于辨识，使得更多观众能够轻松阅读。

（6）展览善后处理。善后处理包括对展览场地的清理和恢复。展览结束后，必须及时清理展览场地，包括拆除展板、展柜和任何临时建筑或装饰物。必须确保所有展出的档案和物品安全归还，特别是对珍贵和敏感的档案材料，需要仔细检查其状态，确保其在展览过程中没有受到任何损害。

善后处理还涉及对展览整体进行评估和总结，包括收集和分析观众反馈、媒体报道和内部工作人员的意见，通过这些信息，档案馆可以评估展览的成功程度，识别改进的空间和方法。此外，记录和总结展览的经验和教训对于未来类似活动的策划和执行非常有价值，档案馆还应该考虑发布展览总结报告或通过媒体和社交平台分享展览的成果和影响，以延续展览的社会效应。

第五章　档案管理工作中科学方法的应用

第一节　价值管理在档案管理工作中的应用

一、价值管理概述

价值管理，又称基于价值的管理，是一种基于价值的管理方法，最初主要用于企业管理，指的是在企业中广泛引入管理行为[①]。价值管理有以下几个特征：

（一）奉行现金流量至上原则

现金流量至上原则强调，在评估和决策过程中，现金流量的重要性超越了其他所有财务指标，如收入、利润或资产负债表上的数值，这种思维方式基于一个核心理念：最终决定企业价值的是其能够产生的现金流量，而非仅仅是会计上的利润或其他财务指标。

第一，现金流量被视为衡量企业长期财务健康和持续增长能力的最可靠指标。虽然利润重要，但它可能受会计政策和估计变更的影响，因此可能不完全反映企业的真实经济状况。相比之下，现金流量则直接反映了企业在一定时期内的现金增减情况，更能准确体现企业的经营活动和投资活动产生的经济效益。

第二，现金流量至上原则强调现金流的预测和管理对企业战略决策的重要性。企业进行投资决策、资本配置或内部资源分配时，应基于对未来现金流的预测和评估，以确保企业的投资能够带来足够的现金流量回报，这种方法有助于企业更有效地评估风险，合理安排资金使用，从而提高整体的财务表现和市场竞争力。

第三，奉行现金流量至上原则还有助于企业优化财务结构和提高资

---

① 张蓉.现代管理科学方法在档案工作中的应用实践[M].南昌：江西科学技术出版社，2019：33.

本效率。通过关注现金流量，企业能够更好地管理其债务和资本成本，优化资本结构，降低财务风险，从而长期维持稳健的财务状况和良好的流动性。

（二）价值管理以"过程"为导向

价值管理以"过程"为导向的特征强调了在整个管理活动中，重视每一个环节的重要性，而不仅仅是最终结果。通过这种方法，使得在实现企业价值最大化的过程中，每一步的决策和实施都至关重要。一方面，将重点放在管理过程中意味着企业需要关注决策过程的每一个阶段，从初步的市场分析到最终的执行和反馈，这种全面的关注能够帮助企业更好地理解和控制影响价值创造的各个因素，包括市场趋势、内部资源配置、操作效率等，通过持续监控和评估这些因素，企业能够及时调整策略，优化管理流程，从而提高整体的价值创造能力。

另一方面，以"过程"为导向的价值管理还强调持续改进和学习的重要性。企业不断从过去的经验中学习，通过持续的流程改进和创新来增强竞争力，这种方法鼓励企业在日常运营中采取积极主动的态度，寻求提高效率和降低成本的机会。同时，它也要求企业对外部环境的变化保持敏感，灵活调整管理策略以适应市场和技术的变化。这种对过程的关注既提高了企业应对复杂多变环境的能力，也为企业带来了持续的增长和发展动力。

（三）人的价值是实现价值管理的实质内涵

这一特征强调，企业价值的创造和提升不仅依赖物质资源和财务资本，还依赖人力资源的贡献。人才的能力、创新和动力是企业竞争力的关键。员工的专业技能、创新思维和决策能力直接影响着企业的经营效率和市场适应能力，员工的积极参与和创造性工作能够带来新的业务机会，从而提高产品和服务的质量，为企业创造更多价值。此外，员工的忠诚度和满意度也与企业的长期成功紧密相关，高度投入和满意的员工更有可能提供卓越的客户服务，推动企业文化积极发展，促进组织内部的有效沟通和协作。

实现价值管理的过程中，对人才的发展和激励机制的设计至关重要，企业应重视员工的个人发展，提供培训和职业晋升的机会，鼓励员工不断提高自身的能力和专业知识。通过有效的激励机制，如绩效奖励、股权激励等，可以激发员工的积极性和创造力，增强员工与企业的共同成长。在这种文化氛围中，员工既是执行任务的工作者，又是企业价值创造的主动参与者。因此，重视人的价值，不断提升员工的能力和满意度是实现价值管理和促进企业长期可持续发展的关键。

二、价值管理在档案管理中的作用

现代化的档案管理是档案工作现代化进程中不可或缺的一环，它作为实现档案工作现代化的基础条件，通过应用科学的管理方法和手段，提高了档案工作的效率和经济效益，增强了其社会价值。在这个过程中，管理潜力的挖掘往往比技术潜力更为关键，价值管理作为一种先进的现代管理手段，在档案工作中发挥着重要作用，这种方法主要是在确保功能不受影响的基础上，通过系统的功能分析，去除那些不必要的成本和开支，目的是在最低总成本的前提下，实现或维持产品功能。

价值管理的实质在于通过对产品（或作业）的功能进行深入分析，识别并剔除不必要的成本和费用。其核心目标是在确保产品（作业）必要功能的同时，寻找并实施降低成本的策略。这种方法在现代管理科学中表现出了显著的效能，它的关键价值在于，在保持或提升产品功能的同时，指出了减少成本的可能路径和幅度。在档案管理中运用价值管理思维，对提高档案管理水平与质量有着很大的作用，具体如下：

（一）降低投入档案工作的各项成本支出

价值管理的核心在于优化成本支出，确保每一项投入都能产生最大效益。在档案管理中，这意味着精确分析档案收集、存储、保护、利用等各个环节的成本结构，识别并消除不必要的开支。例如，通过改进档案的整理和分类方法，可以提高检索效率，减少时间和人力成本。而运用现代化技术，如数字化存储和云计算，既能够提升档案保存的安全性和可靠性，又能有效减少物理存储空间和相关维护费用，通过这种方式，价值管理有助于实现档案管理工作的经济高效。

价值管理在档案管理中的作用还体现在推动创新和提升工作流程的效率上。价值管理鼓励档案管理者不断寻求创新的方法来提升工作效率，比如利用先进的信息技术工具来自动化处理过程，或者采用创新的服务模式来满足不断变化的用户需求。此外，价值管理还强调对档案管理流程进行持续优化，通过定期评估和反馈来不断改进工作方法，确保档案管理活动始终保持最佳状态。

（二）拓展档案部门发挥的功能与水平

首先，价值管理的核心在于通过提高效率和效果，最大化地利用资源，这使得档案部门能够超越传统的档案收集、保存和提供查询等基本职能。通过实施价值管理，档案部门能够更深入地参与信息管理、知识共享、历史研究、文化传播等领域，如运用数字化技术和信息系统，档案部门既可以提高档案的存取效率，又可以通过网络平台使档案资源对公众更加开放和便捷。此外，价值管理还鼓励档案部门积极探索档案的新用途，比如利用档案资源参与教育项目、展览活动和学术研究，从而增强其在社会文化活动中的作用。

价值管理在提升档案部门工作水平方面也发挥着重要作用，通过流程优化和管理创新，档案部门不断地提升其服务质量和专业水平。价值管理强调对档案工作流程进行持续的评估和改进，确保每一项活动都能达到最佳效果，这种方法不仅提升了档案部门在档案保存和管理方面的能力，还增强了其对用户需求的响应能力。例如，定期对用户满意度进行调查，以及根据用户反馈调整服务策略，可以使档案服务更加贴近用户需求，提高用户体验。档案部门还可以通过价值管理实践，加强内部员工的培训和发展，进一步提高团队的专业能力和工作效率。

三、价值管理在档案管理中的具体应用

价值管理在档案管理中的具体应用体现在以下几个方面，如图 5-1 所示。

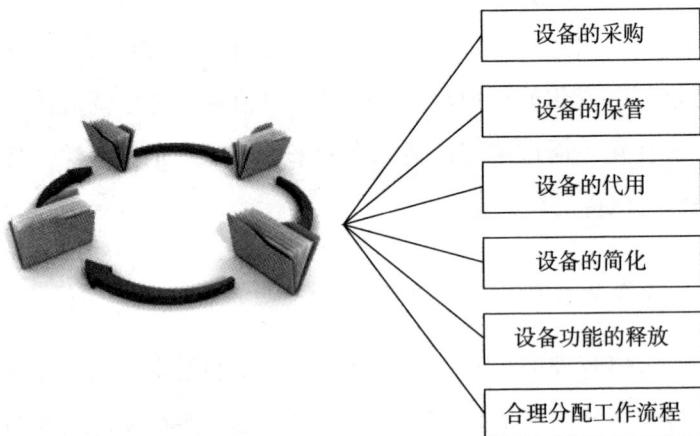

设备的采购

设备的保管

设备的代用

设备的简化

设备功能的释放

合理分配工作流程

图 5-1 价值管理在档案管理中的具体应用

（一）设备的采购

第一，价值管理的应用有助于优化档案设备的采购决策，确保所购买的设备在满足功能需求的同时，具有成本效益。这意味着在采购过程中，档案管理部门既要考虑设备的性能和质量，又要综合考虑其长期运营成本、维护费用和潜在的升级需求。例如，选择数字化扫描设备时，除了考虑扫描效率和图像质量，还会考虑设备的兼容性、能耗和后续维

护支出。通过这种方式，价值管理有助于档案管理部门在满足操作需求的同时，实现长期的成本节约和资源优化。

第二，价值管理在设备采购中还体现出了对供应链管理和采购策略的优化。通过分析市场供应情况和供应商的性能，档案管理部门能够更好地选择合适的供应商和采购渠道，包括价格谈判，以及供应商的可靠性、售后服务、产品质量保证等方面。价值管理还鼓励档案部门考虑采购的长期影响，比如设备的更新周期、技术支持的可得性以及在市场变化下的适应性等。考虑到技术快速发展的背景，档案管理部门可能选择那些容易升级或更换的设备，以避免在未来面临技术过时的风险。通过这种具备全面性和前瞻性的采购策略，档案管理部门能够确保其长期利益，同时有效应对未来的挑战和变化。

（二）设备的保管

设备的保管，涉及对档案保护和存储设备的有效维护与管理，确保这些设备的最大价值得以发挥。价值管理的原则要求档案管理部门对保管设备进行系统维护和定期检查，以确保设备的正常运行和延长其使用寿命，包括对诸如档案架、扫描设备、计算机系统等关键设备的定期维护和升级。通过这种方法，档案管理部门能够减少因设备故障造成的档案损失风险，减少不必要的维修和更换成本。此外，价值管理还强调对存储环境的持续改进，例如调整温湿度控制系统，以提供最佳的档案保存条件，保护档案免受环境因素的影响。

价值管理在设备保管中也强调资源的优化配置，档案管理部门需要根据档案的实际需求和特点，合理分配和使用保管设备。例如，对于珍贵或易损的档案，应采取更高标准的保护措施和设备，而对于常规档案，则可以采用成本更低的存储解决方案。这种基于价值和风险评估的设备配置策略有助于确保各类档案得到适当的保护，同时优化整体的成本效益。

（三）设备的代用

代用在价值管理中意味着寻找替代性的设备或方法，这些替代品能够以更低成本提供相同或更好的功能和性能。在档案管理领域，这可能涉及使用先进的技术来替代传统的存储和保护方法，如数字化技术可以代替大量物理存储设备，不仅节省了空间和维护成本，还提高了档案的可访问性和保护效率。代用还可能包括对过时或成本高昂的设备进行更经济或更环保的替换，如使用能效更高的气候控制系统，或者采用更持久的材料制造档案架。

（四）设备的简化

简化设备涉及对档案管理所需设备的功能和成本进行细致的审视，以确定哪些设备是必需的、哪些设备是过度或重复的，这种简化过程不仅有助于降低直接的采购和维护成本，还能提高工作效率和空间利用率。例如，通过合并或升级某些设备，可以减少设备总数，并保持或提升档案管理的总体功能。在技术迅速发展的当下，这种策略尤为重要，因为许多现代化设备能够完成传统多个设备的功能。在档案数字化方面，高效的扫描和存储系统可以取代大量的物理存储空间，并提供更快的数据访问速度和更好的信息安全。

在简化设备的过程中，档案管理部门需要持续评估新技术和新方法，探索如何通过创新提高档案管理的效率和有效性。这可能包括采用新的工作流程、引入自动化解决方案或利用云计算等技术，如自动化索引和分类系统可以大幅减少人工排序和检索档案的时间，云计算则可以提供灵活的存储选项，并减少对物理服务器和相关维护的依赖。需要注意的是，简化过程还需考虑到用户体验和访问便捷性，确保档案服务对于最终用户依然高效可靠。

（五）设备功能的释放

在档案管理领域应用价值管理，特别是在设备功能的释放方面，旨在最大限度地发挥现有设备的潜能，优化资源使用。这个过程涉及对档案管理设备的功能进行全面评估，以确定如何更有效地利用这些设备，如对于数字化扫描设备，除了基本的文档扫描外，还可以探索其在档案数字化、图像增强和数据备份方面的附加用途。通过这种方式，档案管理部门不仅能够提高设备的使用率，还能够通过扩展设备功能来提高档案服务的范围和质量。设备功能的释放也意味着对设备的创新使用，比如将传统存储设备转化为动态展示和教育工具，或将计算机系统用于档案数据的深度分析和研究。

价值管理在释放设备功能方面还注重提高档案管理的整体效率和效果，这要求档案管理部门不断寻找方法来增强设备的性能和扩展其应用领域。例如，利用现有设备进行跨部门的信息共享和协作，或者利用自动化技术提高处理档案的速度和准确性。在这个过程中，档案管理部门需要密切关注设备技术的发展趋势，及时更新和升级设备，以保持其在行业内的竞争力。与此同时，通过对员工进行持续的培训和发展，确保他们能够充分利用设备的所有功能，进而提高整体的工作效率和档案服务质量。

（六）合理分配工作流程

价值管理强调工作流程的优化，包括对档案管理的各个环节进行细致的分析和规划，从档案的收集、分类、数字化处理到最终的存储和检索，每个步骤都需要被仔细考量，以确保过程的高效和有效。合理分配工作流程不仅意味着将正确的任务分配给合适的人员，还要确保资源的充分利用和时间的最优安排，例如，一些重复性和技术性较低的任务可以通过自动化工具来完成，而更加专业和复杂的工作则由经验丰富的员工负责。

四、价值管理在档案管理中应用的注意事项

（一）运用创造性思维

这种思维方式要求档案管理者跳出传统的工作框架，采用创新的方法来解决问题和提高效率。在实践中，既需要关注现有流程的效率和成本，又需要探索新的工作模式、技术应用和服务方式。此外，鼓励团队成员提出新想法，并在合理范围内进行实验和尝试也是激发创造性思维的有效手段。

（二）正确认识成本的内涵

成本在价值管理中不仅仅指直接的金钱支出，还包括时间、资源、机会成本等多个维度，这要求档案管理者在做出任何决策时，都要综合考虑各种潜在的成本和其对档案服务质量的影响。例如，采购一台高效的数字化设备可能需要较高的初期投资，但长期来看，它能够提高工作效率，减少人力成本，并且可能减少因档案损坏而产生的替代成本。同样，选择低成本的存储解决方案可能在短期内节约资金，但如果这种方案影响档案的安全性或可访问性，长远来看可能导致更大的损失。所以，档案管理者需要从全面和长远的角度评估成本，考虑其对档案管理效果、档案安全性、用户满意度等方面的影响，以实现真正的成本效益和价值最大化。

（三）价值管理的应用应充分发挥集体力量

整个档案管理团队的成员，包括档案管理员、技术支持人员和决策者，都应积极参与价值管理的过程。集体力量的发挥既提高了决策的质量，又增强了团队成员之间的协作和沟通。例如，当探讨新技术的引入或工作流程的改进时，不同部门的成员可以提供不同的视角和专业知识，

有助于更全面地评估方案的可行性和潜在影响。价值管理的实践还应鼓励团队内的创新思维和共享经验，如定期组织研讨会和工作坊，以促进知识的交流和新想法的产生。

第二节 目标管理在档案管理工作中的应用

一、目标管理概述

（一）目标管理的概念

目标管理是指组织的管理者和员工共同参与目标的制定，在工作中，员工实行自主控制并努力完成工作目标，管理者实行最终成果控制的一种现代管理思想与管理方法[①]。

（二）目标管理的特点

1. 员工参与管理

①通过让员工参与目标设定的过程，他们不仅能够更好地理解组织的总体目标和战略，还能够在个人层面感受到参与和自主性，进而增强他们的工作动力和责任感；②员工在目标制定中的参与确保了目标的实际性和可达性，因为这些目标是基于员工的实际工作经验和对岗位要求的深刻理解而制定的；③员工的参与性管理促进了上下级之间的沟通和理解，有助于创建更加透明和开放的工作环境；④员工参与目标管理不仅能够提高他们对目标的承诺程度，还能够激发创新思维，鼓励他们积极寻找达成目标的最佳路径。

---

① 文大强. 管理学——原理与实务 [M]. 北京：北京理工大学出版社，2018：120.

2. 以自我管理为中心

目标管理的显著特点之一是以自我管理为中心，这一特点在于鼓励员工在达成组织目标的过程中展现更高程度的自主性和主动性。在这种管理模式下，员工不仅被赋予了明确和量化的目标，还被授予了一定的自由度，以选择最合适的方法和路径来实现这些目标。这种以自我管理为中心的方式促进了员工的自我驱动和责任感，使他们成为自己工作成效的主要负责人。员工可根据自己的专业技能、工作风格和创新思维来规划和调整工作流程，以提高工作效率，增强工作的灵活性和适应性。

3. 促使权力下放

在目标管理模式下，管理层将决策权和执行权更多地下放给一线员工，允许他们在日常工作中做出更多独立的判断和决策，这种权力下放提高了决策的效率，减少了管理层的决策负担，鼓励员工发挥创造性和主动性。员工在自己的工作领域内拥有更大的自主权，能够根据实际情况和个人专长制订工作计划和策略，有助于提高工作满意度和员工的自我价值感。此外，权力下放还促进了横向沟通和团队协作，因为员工在完成个人目标的同时，需要与其他团队成员协调合作，打破了传统的层级壁垒，构建更加开放和协同的工作环境。

4. 重视成果

在目标管理框架下，每个员工的工作目标都是明确且量化的，这使得成果的评估变得具体和客观。员工被鼓励专注达成这些目标，而管理层则通过跟踪这些目标的完成情况来评价员工的表现，对成果的强调既有助于确保员工的工作重点与组织的整体目标一致，也有助于提高工作的透明度和可预见性。

二、目标管理思想的三个维度

目标管理思想主要有三个维度，如图 5-2 所示。

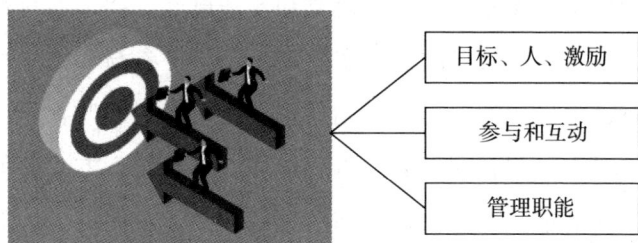

图 5-2 目标管理思想的三个维度

（一）目标、人、激励

目标管理理念的核心要素包括目标、人员和激励机制，其中目标是整个管理体系的起点和核心，在没有明确目标的情况下，管理活动就失去了方向和意义。无论是企业、部门还是个体员工，目标都是他们努力追求的成果，其定义了共同的努力方向。当目标得到认可和接受后，它会激发出强大动力，促使员工朝着目标努力。这种动力辅以管理者的指导、反馈和适当的激励措施（例如授权），将引导员工形成正向的工作行为和道德准则。

在目标管理框架中，目标既是员工行为的引领者，也是塑造员工使命感和强化角色认知的重要工具，明确的目标让员工理解自身在组织中扮演的角色以及这个角色的重要性，从而提高他们的参与感和责任感。目标的设定和达成过程也是一个自我提升和团队合作的过程，员工在追求目标的过程中不断学习和成长，同时与同事之间的协作也得到加强。可以认为，目标管理不仅是一种工作方法，更是一种促进个人成长和团队协作的有效手段。

（二）参与和互动

目标管理理念的第二个维度源于对人的正面潜力的认识和信任，这种对人性的积极看法并非空穴来风，而是有着坚实的理论和实践基础。

从管理学的历史发展来看，多种研究和实践已经证明了参与式管理的有效性，例如，历史上著名的霍桑实验展示了员工参与和关注对工作效率的积极影响，而当代的丰田公司则通过鼓励员工提出改善建议，展示了参与式管理对企业创新和发展的重要作用。这种管理方式满足了员工在多个层面上的需求，尤其在精神和情感层面上，也促进了员工从过去的"机械人"角色向"社会人"角色的转变。在这样的管理环境中，员工被视为组织的重要成员，他们的想法和感受被充分重视，进而激发了他们的创造力和参与感，对企业的发展做出更大贡献。

（三）管理职能

目标管理的第三个维度聚焦管理职能的实践应用，这一理念深植法约尔提出的管理功能理论之中，即涵盖了计划、组织、指挥、协调、控制和反馈等关键职能。在目标管理中，所谓的自由并非一种无边界或无限制的状态，而是指在自我管理框架内的自由度。自我管理作为一种柔性管理手段，与传统的硬性管理形成鲜明对比。在这一管理模式下，目标管理的职能展现出更深厚的人文关怀，体现在其包容性、灵活性和开放性上，这意味着在执行管理职能时，应更多地考虑员工的个人需求和潜力，鼓励员工在组织的框架内寻找最适合自己的工作方式和成长路径。

三、目标管理的基本程序

（一）目标的设定

目标的设定应当遵循 SMART 原则，即 specific（具体的）、measurable（可测量的）、attainable（可达到的）、relevant（相关的）、timebase（有时限的），具体如下：

1. 目标明确具体

明确的目标为管理过程提供了清晰的方向和焦点，确保所有参与者对期望的成果有一个共同的理解。具体的目标则意味着它们是可量化的、可衡量的，有助于在实施过程中进行有效的跟踪和调整，例如，设定"提高产品销售额 10%"比简单的"提高销售额"更具体，更容易衡量和实现。具体目标还提供了明确的成功标准，为团队成员提供了明确的工作指导和动力。在实际操作中，目标设定应考虑现实条件和资源限制，确保目标既具有挑战性，又在可实现的范围内。

2. 目标可以测量

设定可测量的目标至关重要，因为它们为评估进展和最终成果提供了一个具体标准。可测量的目标意味着它们应具备明确的量化指标，如时间、数量、质量或任何其他可以客观评估的标准，例如，不只设定"提高客户满意度"作为目标，而是更具体地定义为"在接下来的季度中，提高客户满意度调查中的正面响应比例至少 20%"，这样的目标使得进展可以通过具体数据跟踪和量化，使管理者和团队成员能够清晰地了解自身是否接近或达到了目标。通过这种方式，可测量的目标有助于激励员工，提高工作效率，并在整个目标达成过程中提供明确的方向和反馈。

3. 目标可以实现

可实现的目标应当考虑到组织的资源限制、员工的能力以及市场环境等因素。例如，为销售团队设定的"在下个季度增加销售额 15%"可能是一个具有挑战性的目标，但如果考虑到市场趋势、团队的历史业绩和资源配置，这个目标就是现实可行的。可实现的目标鼓励团队成员做出更多努力，并避免了设定过高或不切实际目标所带来的挫败感和压力。

4. 目标具有相关性

在目标管理的步骤中，确保目标具有相关性是关键，因为这确保了目标与组织的总体战略、愿景和使命紧密对接。相关性的目标意味着它们不仅对个人或团队具有重要意义，更对整个组织的长期成功至关重要。例如，一个制造企业的目标可能是"提高产品质量以减少退货率"，这个目标既直接影响产品部门的日常工作，也与企业整体的客户满意度和品牌声誉密切相关。相关性的目标确保团队努力的方向与组织的长远目标一致，有助于优化资源分配，确保团队成员的工作投入可以产生最大的组织价值。

5. 目标具有期限

具有期限的目标使员工能够更好地规划和分配他们的时间和资源，从而有效推进目标的完成。例如，设定"在接下来的三个月内提高客户满意度10%"比模糊的"提高客户满意度"更有效，因为前者提供了具体的时间限制，使团队成员能够设定具体的行动计划和里程碑。这样的目标也便于管理者跟踪进度和评估表现，因为它们设定了明确的完成日期。此外，设定期限还可以促使员工保持动力和专注力，因为他们知道需要在特定时间内达到目标。在设定期限时，重要的是确保这些期限是现实和可行的，既不能太宽松，也不能过于苛刻，这样才能有效地激励员工，同时避免过度的压力和潜在的挫败感。

（二）目标的分解

在目标管理过程中，将大目标分解为更小、更具体的子目标既有助于使目标更加具体和易于管理，也增加了实现整体目标的可能性。通过目标分解，复杂或长期的目标被拆解为一系列简单、清晰且可操作的任务，每个子目标都成为通往最终目标的一小步，这样的做法使目标更加具体和清晰，并且为员工提供了明确的行动指南，使他们能够聚焦实现这些小目标上。另外，完成这些较小的子目标还能给团队带来即时的成就感和动力，鼓励他们继续努力实现最终的大目标。例如，一个公司的年度目标是提高销售额的20%，那么这个大目标可以分解为每季度提高5%的销售额、增加客户群体的特定百分比，或推出新的营销活动，等等。这种分解使得目标变得具体可行，并允许团队集中精力逐步实现每一个步骤，最终实现整体目标。

（三）目标的实施

在目标管理体系下，领导层的作用并非袖手旁观，而是积极参与和指导整个目标实现的过程。虽然目标管理强调个人的自主性、自治和自发性，但这并不意味着可以完全无须领导干预，实际上，领导在确保目标顺利实施过程中扮演着至关重要的角色。首先，领导需要通过定期的检查和跟踪，确保团队成员正在按计划推进，并且在实现目标的过程中保持正确的方向，这些检查可以通过日常的交流和反馈渠道轻松实现。其次，领导应该及时向团队传达目标的进展情况，以便团队成员之间进行有效的协调和沟通。最后，领导需要在团队遇到难题时提供必要的支持和解决方案，当团队遇到意外或不可预测的情况时，影响了目标的实现，领导也应及时调整原定目标，以适应新的情况。

（四）目标的总结与评估

在目标管理过程的终点，首要步骤是由下级员工自行进行成果评估，并准备书面报告；其次，上级与下级共同审视目标完成情况，并基于此决定相应的奖励或惩罚。双方还需共同探讨下一阶段的目标，以启动新的目标管理周期。如果目标未能实现，要共同分析原因并吸取经验教训，避免相互指责，以维持良好、基于信任的工作关系。

四、目标管理的具体步骤

虽然目标管理没有固定且严格的步骤要求，但通常包括以下几步，如图 5-3 所示。

图 5-3　目标管理的具体步骤

（一）建立一套完整的目标体系

这个过程通常由组织的高层领导发起，随后逐级向下延伸，形成一条层级式的目标链，在这个体系中，上一级的目标成为下一级的手段和次级目标。例如，公司的整体发展目标可能需要通过部门的特定业务目标来实现，这样的分层目标设定能确保从最高层到基层员工每个层级都有明确且具体的工作指标。目标的制定过程类似其他计划的筹划，需要明确基本的指导原则和前提条件，这些指导方针不仅为目标的制定提供了方向，也确保了目标的合理性和可行性。此外，目标制定应采取一种协商的方式进行，即鼓励下级管理者在指导方针的框架下拟定自己的目标，然后提交给上级领导审批。

（二）明确责任

有效的目标管理要求组织结构与目标体系紧密相连，确保每个部门和个体都能明确自己的责任和目标。但在实际情况中，组织结构通常并非完全按照目标进行设计，因此，目标的分配与组织结构之间可能存在不一致，这种不一致可能导致某些重要的分目标没有明确的负责部门，或者有些部门难以设定具体而重要的目标。当这种状况频繁发生时，可能需要对组织结构进行调整，以更好地适应目标管理的要求。由此可见，目标管理不只是一种工作指导方法，也是审视和优化组织结构的工具。通过目标管理，组织可以识别哪些部门的功能需要加强、哪些部门的职责需要重新定义，进而使组织结构更有效地服务组织的整体目标。换言之，目标管理既是实现目标的手段，也是不断完善组织架构的动力。

（三）组织实施

一旦目标确定后，上级管理者的角色转变为更多的指导和支持，而不是直接介入日常工作，这要求管理者必须放权，信任团队成员的自我管理能力，让他们在既定目标的框架内自主执行和创新。但这并不意味着管理者可以完全撒手不管，相反，他们应该在关键时刻提供必要的指导和资源支持，帮助团队成员克服执行中遇到的难题，包括提出建设性的问题、提供有价值的信息和数据，以及创造一个有利于团队成员发挥最大潜能的工作环境。管理者应该定期与团队成员沟通，了解项目进展，及时调整目标和策略，确保团队的工作方向与组织的整体目标保持一致。

（四）检查和评价

这一过程通常涉及设置明确的截止日期，并采用各种检查方法，如自我检查、相互检查，或由专门部门负责检查。关键在于将这些检查活动与预先设定的目标紧密结合，确保评价标准的一致性和公正性。完成情况的评价应基于事先约定的目标，确保评价的客观性和针对性。这一过程既是对目标实现程度的量化分析，也是对参与者努力和贡献的认可，基于评价结果，相应的奖励或惩罚措施应被实施，以此来激励团队成员继续保持或提升工作效率。

五、目标管理在档案管理中应用的注意事项

（一）实施前需要考虑的事项

实施目标管理前，档案工作领域需要进行深入的前期准备工作，包括对组织内外部环境进行细致的分析和对关键资源的全面评估。特别重要的是，需要对组织文化、人力资源的素质以及员工对于组织的承诺度等关键因素进行深入的了解和评价，这些因素往往直接影响目标管理的效果和效率。

第一，必须重视环境分析与资源评估。这既包括对组织内部状况的评估，例如员工的专业技能和心理状况，也包括对外部环境如市场趋势、技术发展和竞争态势的分析。这些分析能够帮助组织更好地理解自身的优势与劣势，为设定切实可行的目标提供依据。

第二，创新目标管理机制是成功实施目标管理的关键。这要求组织更新其管理理念，通过培训、重组和授权等方式，培育积极向上的企业文化。同时，将人力资源管理作为创新的突破口，通过完善人力资源管理体系来提升员工的专业素质和参与度。对此，应加强对员工有效的培训和指导，进一步优化信息流通，确保管理层和员工间的有效沟通。

（二）实施阶段的要点

目标管理的核心在于确立清晰、实际且具有挑战性的目标，并保证这些目标与组织的战略目标、部门目标和个人目标之间有序衔接。

1. 目标的设定需遵循主次分明的原则

即将组织的总体战略目标细化为可操作的部门和个人目标，形成层次分明的目标体系。目标应具体明确且尽可能量化，以便于后续的绩效评估和反馈，并且目标的制定要兼顾现实性和挑战性，避免过高或过低的设定影响员工的积极性和组织绩效的提升。目标还应顺应时代发展和

社会需求，以保持其相关性和前瞻性。考虑到外部环境的变化，目标设置应具有一定的灵活性和动态调整能力。

在目标设定过程中，管理者应重视员工的参与和信息共享，赋予员工在目标制定中的话语权和决策权，这不仅能提高目标的可接受性，还能增强员工的责任感和归属感。管理者应与员工共享关键信息，确保决策的透明性和有效性。为了制定实际且具有指导性的目标，管理者和员工需要具备扎实的专业知识和有效的沟通技能。在一个开放且积极的沟通氛围中，双方可以更好地协商，共同制定出符合组织和个人发展的目标。

2. 强化行为监管机制

这一机制的主要目的是实时监控员工的工作状态，控制执行过程中可能出现的变数，并在必要时向员工提供指导和援助。管理者可以利用各种渠道，如数字化监控平台、定期会议或书面报告等，来跟踪和审视目标的实现进度。这种跟踪既有助于及时发现并解决执行中的问题，也能调整偏离轨道的行为，确保目标实施的有效性。此外，持续与员工进行深入沟通也是关键，以便为他们在自我管理过程中提供必要的支持和信息。管理者应通过定期的正式会议和非正式的交流，理解员工的需求和期望，提供激励和反馈，并传达重要的组织信息。

3. 明确权、责、利的分配

管理者首先需要明确各方面利益在整体中的相对重要性，包括评估组织成员的能力和需求、产生的工作任务、承担的风险以及生成的利润等各方面因素。要想有效提高组织效率并优化责任与利益的分配，管理者必须将这些要素综合考虑，形成一个均衡且高效的体系。在这个体系中，"责"代表着职位和工作职责，需要通过明确的岗位说明和工作分配来实现；"权"是指职权，其中包含了权力与责任的对等关系，即职权越大，相应的责任也就越大；"利"指的是个人和组织层面的利益与效益，通常通过绩效考核与奖励机制来体现。合理的利益分配不应只体现在薪酬待遇上，更应在员工的工作动力和组织的长期盈利能力上得到体现。

第三节 ABC 分类管理在档案管理工作中的应用

一、ABC 分类管理法的内涵

ABC 分析法，亦称帕累托分析法或主次因素分析法，在项目管理中广泛应用，它的核心思想是通过对项目或物品的重要性和价值进行分类，来确定不同的管理策略。这种方法基于一个观察，即少数关键因素通常占据大部分影响力。因此，ABC 分析法将项目或因素分为 A、B、C 三个类别，以便集中资源和注意力于最关键的因素。

在具体实施时，A 类代表那些最重要的因素或项目，虽然它们在数量上可能不多，但对总体的影响极大，比如，在库存管理中，虽然 A 类物品只占所有物品种类的小部分（如 10%），但它们在总出库金额中的占比非常高（约 70%）。因此，这些项目需要特别关注和管理。B 类则属于中等重要的项目，它们在数量和总体影响方面处于中等地位，这类项目既不像 A 类那么关键，也不像 C 类那么次要，但对于保持整体操作的平稳和效率仍然非常重要。C 类项目是数量最多但影响最小的类别，在库存管理的例子中，虽然这类物品占据了大多数（70% 左右），但它们在总出库金额中的占比很低（约 10%），这意味着虽然它们是众多的小项目，但对总体目标的贡献较小，因此可以采取更为宽松的管理策略。

除了按照物品的价值进行分类，ABC 分析还可以基于其他因素如销售难易程度、缺货后果等来分类，关键在于找出仓库管理的主次矛盾，并据此制定合适的对策。这种分类方法有助于仓库有效地管理物品，确保关键资源得到合理利用，降低整体的运营成本。

二、ABC 分类的标准、步骤及注意的事项

分类管理法在库存控制中发挥着至关重要的作用，其核心在于将库存物资按重要性和占用资金的多少划分为 A 类（特别重要）、B 类（一般

重要）和 C 类（较不重要）三个等级。这种分类基于两个主要标准：一是物资所占总库存资金比例，二是物资在总库存品种中的数量比例。该方法强调，尽管某些库存物资在数量上可能不多，但它们占据了大部分库存价值，因此对企业的经营决策至关重要。

（一）对不同类物资的管理

1. 对 A 类物资的管理

虽然 A 类物资在数量上不多，但在企业总库存资金中占有很大比例，这类物资对企业运营至关重要，需严格监控其库存水平。企业应定期进行详细盘点，确保这些物资的质量、数量和存储情况符合要求。另外还应加强采购和物流管理，努力降低库存成本，与供应商建立紧密的合作关系，以保证供应的及时性和稳定性。

2. 对 B 类物资的管理

B 类物资位于 A 类和 C 类之间，其管理的重点在于维持平衡。对这类物资采取标准的库存控制措施，例如定期盘点和适度的库存水平控制。这类物资的管理策略应灵活，既不能像 A 类那样严格，也不能像 C 类那样过于放松。

3. 对 C 类物资的管理

C 类物资在数量上可能占据大多数，但在总价值上占比较小，所以对这些物资的管理可以相对宽松。例如，可以采用大批量采购以减少采购成本，减少管理和维护资源的投入，同时延长盘点周期，以降低操作成本。

（二）应注意的问题

ABC 分类法在库存管理中的应用需要考虑两个关键因素：物资单价的影响和物资的重要性。

1. 物资单价的影响

库存物资的分类主要基于它们占用的资金比例，而这与物资的单价密切相关。高单价的物资，即使数量不多，也可能占据库存总价值的大部分，因此在 A 类物资中尤为重要。针对这些高单价物资，企业应采取更为精细的管理措施，比如实施精益库存和零库存策略，以最大限度地减少资金占用和库存成本。

2. 物资的重要性

在传统的 ABC 分类法中，物资的重要性可能并未得到充分考虑，虽然某些物资在资金占用上不显著，却对企业的生产和运营至关重要，例如，虽然某些特殊的原材料或关键零部件价值不高，但缺货可能导致生产线停滞或安全风险。这些物资的重要性并非仅在于其资金价值，而是在于其对企业运营的影响，所以，除了 ABC 分类外，企业还需考虑物资的重要性，通过重要性分析，对物资进行额外分类，确保关键物资的供应安全。

三、ABC 分类管理法的实用价值

（一）ABC 库存管理系统的设计与实现

设计和实施一个高效的 ABC 库存管理系统是现代企业在库存控制和资源优化方面的关键任务，这一系统应全面覆盖库存管理的各个环节，如入库、出库、库存转移、盘点和补充订货等，确保精确跟踪和管理库存的每一项活动。该系统的目标是实现库存物品从数量、成本、资金占用等多个维度的全面管理，并确保库存记录的准确性，实现账目、实物和记录的一致。

多功能 ABC 库存管理系统的设计理念基于以下几点核心功能：

（1）基础档案管理。包括对操作人员、商品、仓库、库位等的基础信息进行管理，为库存管理提供必要的基础数据支持。

（2）系统管理。涉及权限分配、数据备份与恢复、数据导入与导出等功能，确保系统的安全性和数据的完整性。

（3）库存业务处理。覆盖库存的所有日常操作，如入库、出库、库存调拨、退库处理、库位管理和库存结转等，确保库存操作的高效和规范。

（4）综合查询功能。提供各类库存明细账的查询以及报表查看功能，方便管理者实时掌握库存状态。

（5）库存质量分析。通过 ABC 分析法和资金占用分析，为企业提供关于库存优化的决策支持。

库存管理的根本目的在于确保适时适地地提供所需物资，同时，库存管理还具有避免缺货、提高服务水平、降低成本和开支、保障生产销售流程顺畅以及提高生产均衡性、适应季节性需求等多重功能。

库存管理是企业运营中的关键环节，不当的库存量会导致一系列问题，当库存过多时，企业将面临增加仓储成本、资金固化、物资损耗以及资源浪费等问题。具体来说，过量库存扩大了仓库空间的需求，提升了产品成本。过多的库存意味着大量流动资金被闲置，既增加了财务成本，又降低了资金的有效运用和潜在收益。并且长期存放的物资可能导致实物损耗和过时，掩盖企业在生产和经营中存在的问题，不利于提升管理效率。

另外，库存不足同样会给企业带来诸多问题，它可能导致服务水平下降、生产中断、成本上升和生产不平衡。库存不足意味着不能及时满足客户需求，影响销售利润和企业声誉。原材料或其他关键物料的短缺会中断生产流程，导致生产效率下降。频繁的订货会增加订货成本，且可能影响生产流程的连续性和产品质量的稳定性。

ABC 库存分析法作为一种有效的库存管理工具，主要优势在于通过对库存物资的价值和使用频率进行分类，实现更精细化的库存控制，此方法使企业能够根据物资的重要程度分配管理资源和注意力，进而有效维持库存量的动态平衡。通过 ABC 方法，企业可以适时适量地补充库存，避免过度库存或短缺的问题，实现库存管理的精细化和科学化。

（二）ABC 库存分析法的实施方法

（1）数据收集。首先，收集关键数据，包括每种库存物品的存量、单价等。数据的准确性对分析的有效性至关重要。

（2）数据处理。对收集的数据进行整理和分析；计算每种物品的资金占用额（库存数量乘以单价），并按资金占用额的大小顺序排列；进一步地计算每种物品的累计金额和占总金额的百分比，以及品种的累计数量和百分比。

（3）制定 ABC 分析表。该表包括材料编号、仓库名称、材料名称、单价、库存数量、资金占用量等，有助于直观地看到各种材料在库存中的地位。

（4）确定分类。根据分析表，将商品分为 A、B、C 三类。A 类通常包括资金占用额高但数量少的商品；B 类商品在数量和资金占用上处于中等水平；C 类则是数量多但资金占用少的商品。

（5）设定管理要求。根据分类，对不同类别的商品制定相应的管理策略。A 类商品需要严格管理，频繁盘点，以确保库存准确性和最优水平；B 类商品需要定期管理；而 C 类商品则可采取更宽松的管理方式，因为它们的经济影响相对较小。

四、ABC 分类管理在档案管理中的作用

ABC 分类管理在档案管理中的作用主要表现在以下几点，如图 5-4 所示。

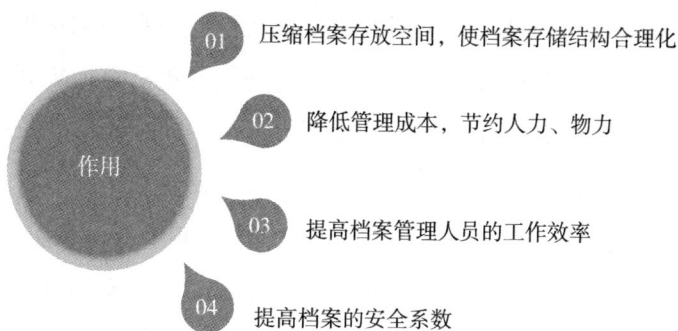

图 5-4　ABC 分类管理在档案管理中的作用

（一）压缩档案存放空间，使档案存储结构合理化

这种方法通过对档案的重要性和使用频率进行分类，确保了重要档案的优先处理和更易于访问的存储位置。具体来说，A 类档案，如经常被引用或具有重要历史、法律价值的档案，会被优先处理和存储在更容易访问的地方，这样做既减少了档案检索和使用时的时间成本，也确保了这些关键档案的安全和保护。B 类档案，即那些偶尔被查阅的档案，可以存放在较为一般的位置。而 C 类档案，通常是那些很少被查阅或仅作为备份的档案，可以存放在更远的、不经常访问的区域，甚至可以考虑数字化存储，以减少物理空间的占用。这种分类管理方式不仅有助于合理分配存储空间，减少不必要的存储占用，还有助于加快档案检索速度，提高档案管理的整体效率。

（二）降低管理成本，节约人力、物力

在档案管理中应用 ABC 分类管理不仅有助于显著降低管理成本，也有利于节省人力和物力资源。该方法通过将档案分为不同类别（A 类为最重要，C 类为相对不重要），使档案管理员能够集中精力和资源于最关键的档案上，A 类档案由于其重要性和使用频率高，需要更多的维护和管理，而 B 类和 C 类档案则可以采用更加经济和简化的管理手段。例如，

对于 C 类档案，可以通过减少对其的常规检查频率和简化保护措施来降低管理成本。这种分类方法还允许档案管理人员更有效地规划和分配资源，例如人员配置和存储空间，在处理大量档案时，能够有效区分重点关注的档案和一般档案，从而提高工作效率，避免在不那么重要的档案上浪费资源。此外，这种分类管理还有助于制定更有效的档案保管策略，比如对 A 类档案采取更严格的防护措施，而对 C 类档案则可以采取成本效益更高的措施。

（三）提高档案管理人员的工作效率

在档案管理中实施 ABC 分类管理能显著提高管理人员的工作效率，通过将档案按照重要性和使用频率划分为 A、B、C 三类，管理人员可以更有针对性地分配自己的时间和精力。对于 A 类档案，由于其重要性较高，需要经常使用或者具有较高的历史、法律价值，因此管理人员会投入更多的时间进行维护、更新和查询；相反，对于 B 类和 C 类档案，由于它们的使用频率或者重要性较低，管理人员可以采用更加简化的维护和检索方法，减少在这些档案上的工作量。

（四）提高档案的安全系数

通过将档案依据其重要性和使用频率分为 A、B、C 三类，可以更精准地实施差异化的安全措施。对于 A 类档案，通常是最重要或最敏感的档案，如具有法律、历史或商业价值的文件，这些档案需要更加严密的保护措施，如加强的物理安全、严格的访问控制和高级别的防火、防水、防盗措施。管理人员会对这类档案进行频繁的监控和维护，确保其安全性不受威胁。对于 B 类和 C 类档案，虽然其重要性和使用频率较低，但仍需采取适当的安全措施。这种分类方法不仅使得档案管理人员能够合理分配安全资源，避免对低重要性档案过度投入，也确保了最重要档案的最高级别保护。

ABC 分类管理还有助于在应急情况下快速确定优先保护的档案，比如在火灾或其他灾害情况下，优先确保 A 类档案的安全，提升了档案管理在应对紧急情况时的效率和效果。

五、ABC 分类管理在档案管理中应用的注意事项

（一）准确分类

首要的是确保档案的正确分类。分类的准确性直接影响整个管理体系的有效性，因此，档案管理人员需要深入了解每类档案的具体特点，确保每个档案被正确地分类。另外，档案管理人员与其他部门的有效沟通和协作也至关重要，能够确保档案分类的准确性和全面性。

（二）确保合规与安全性

在分类档案时，必须遵守相关的法律法规和内部政策，包括数据保护法规、隐私政策、存档期限等。特别是对于包含敏感信息的 A 类档案，必须严格遵守保密和合规要求。安全措施应针对不同类别的档案进行优化，确保在物理和数字两个层面上的安全性。

（三）对资源进行合理分配

对于 A 类档案，由于它们的重要性和敏感性，应当获得最多的资源投入，包括但不限于先进的安全保护系统（如防火、防盗措施），专业的环境控制设施（控制温湿度），以及专门的档案管理人员。这些资源投入是为了确保这些关键档案的安全性和完整性，以及在需要时的可访问性。对于 B 类和 C 类档案，虽然它们的重要性较低，但仍需合理地保护和管理，B 类档案可能需要一定级别的安全措施和环境控制，但可能不如 A 类档案那么严格。而 C 类档案作为重要性最低的档案，可以采用更加经济高效的保护和管理手段。差异化的资源分配策略既确保了档案管理的

整体效率，也保护了各类档案的安全性和完整性。

（四）定期评估与调整

档案的重要性和使用频率可能随时间和业务需求的变化而变化，因此，定期对档案的分类进行评估和调整是必要的。管理人员需要定期检查档案的实际使用情况和保管状态，确保分类仍然反映当前的需求和优先级。随着新档案的加入和旧档案的淘汰，分类体系可能需要做出调整，以反映最新的存储和管理需求。

（五）加强技术支持与培训

档案管理软件和数据库工具是实现有效分类的关键，它们能帮助管理人员快速识别、分类和检索各类档案，管理人员必须掌握这些技术工具的使用技巧，以提高档案管理的准确性和效率。所有参与档案处理的员工都应接受专业培训，掌握 ABC 分类的标准和具体操作流程，包括理论知识的学习以及实际操作的演练。

第六章　档案管理信息化技术基础

第一节　计算机档案管理技术

　　自 20 世纪 70 年代末期以来，计算机技术在我国档案管理领域的应用经历了显著的发展阶段。最初，计算机技术在档案部门中的应用主要集中在调查研究和试验阶段，逐步发展到技术突破和广泛应用，随后，这一技术向网络化管理和数字档案馆方向演进，从最初的单机环境到局域网，再到广域网和互联网环境的转变，展现了其日益增强的处理能力和应用范围。

　　计算机技术在档案管理中的应用涵盖了广泛的领域，包括档案的计算机著录和自动标引，使档案分类和检索更加高效；计算机辅助立卷和文档管理的一体化，提高了档案整理的准确性和效率。同时，档案的数字存储和检索也成为可能，极大地提升了档案访问和利用的便捷性。计算机技术还在档案业务工作的辅助管理、档案资料的自动编辑以及档案保管环境的自动控制方面发挥着重要作用。此外，字迹褪变档案的信息增强和恢复处理、多媒体档案信息的存储和管理都是计算机技术应用的重要方面，本节主要针对其中几个要点进行论述。

一、计算机档案著录和自动标引

（一）计算机档案著录

　　计算机档案著录的过程涉及将档案文件的内外特征信息进行系统化整理，包括文件的编号、档号、题目、责任人、分类编号、关键词、保密等级、保管时限、格式等各项详细信息。以下是计算机档案著录的主要步骤和内容：

　　1.著录流程的主要步骤

　　（1）信息采集。这一步骤涉及对待著录档案的初步准备工作，包括收集手工著录的卡片、目录或档案本身等原始材料。

（2）建立数据库和项目设置。这里要构建一个专门的档案目录数据库，并根据《档案著录规则》和《中国档案机读目录标准》设定著录项目，定义项目的类型和长度。这些项目可以根据档案种类进行调整和优化，以满足不同类型档案的特定需求。

（3）数据输入与保存。将采集到的手工著录信息按照预先设定的数据库格式输入计算机，并进行保存。

2. 著录项目的设置

（1）基本项目。档案著录中的必需项目包括档案馆代码、全宗号、年份、件号、主题名称、责任者、文件生成日期等。

（2）可选项目。可选项目包括文件编号、分类号、关键词、载体类型、数量和规格、备注等，这些项目在文件级档案目录著录中根据需要选择性地进行记录。

（二）档案自动标引

档案自动标引是一种运用计算机技术对档案文件如案卷的标题、摘要或全文进行分析的过程，主要涉及扫描文本和进行词频分析，以自动提取文件中的关键词，随后这些关键词会被转化为标准化的主题词或分类号，对照内置的主题词表和分类表进行匹配。档案自动标引可以分为两种类型：全文主题标引和题名主题标引，同时也包括抽词标引和赋词标引两种技术应用方式。标引词的选择也分为关键词标引和主题词标引，由于中文输入、存储容量和软件技术的限制，目前许多档案部门主要采用基于题名的关键词自动标引方法，也有些单位已经开始研制全文主题标引和全文自动标引系统，以进一步提高档案管理的效率和准确性。

二、计算机档案编目和检索

计算机档案编目的过程包含了利用计算机技术对档案目录信息进行高效处理，主要包括数据检索、排序，并自动编辑打印各类档案目录。

这一过程依托计算机强大的处理能力，实现了档案目录信息的快速、准确编辑。

（一）计算机档案编目的功能

1.提供标准化的档案目录编目服务

计算机档案编目工具保证了档案信息的统一性和标准化，而且极大提高了档案信息处理的效率。标准化的目录编排方式使得档案信息更加清晰、易于检索，大幅降低了档案管理的复杂性和错误率。这些标准化目录作为档案信息的统一参考模板，为档案的归类、整理、检索和研究提供了坚实基础。

2.提供灵活的档案自由目录格式编目服务

该服务使得档案管理能够根据不同的需求和情境灵活制作和打印各种自定义的档案目录，如专题目录、分类目录、科技档案目录、人事档案目录等。这些特定的自定义目录提供了更加个性化和具体化的档案管理方式，而且在某些情况下，如特定研究项目或特殊档案类别的管理中，显示了其不可替代的重要性。例如，科技档案目录可以针对性地整理和展示与科研相关的档案资料，而人事档案目录则能有效地管理和查询员工相关的历史记录，这种灵活性极大提高了档案管理的适应性和效率，使得档案管理能够更好地服务不同的管理和研究需求，增强了档案利用的广泛性和深度。

（二）计算机档案编目的过程

计算机档案编目的过程中，首先根据用户的特定需求在档案目录数据库中进行精准检索，然后将相关的目录信息暂存于一个特定的数据区域。接下来，这些暂存的档案目录信息会根据用户的排序要求进行组织和处理，这一过程既可以基于单一的排序标准，如仅依据"文号"，也可以基于多重组合标准，如"革命历史档案目录"可能按照"时间"和"档号"的组合标准进行排序。最后，这些经过整理的档案目录信息将被输出成多种不同格式，包括标准格式输出、自动生成格式输出，甚至可以输出到文件中进行后续的排版处理。

（三）计算机档案编目的输出版式

1. 簿册式

簿册式编目输出作为档案管理中的常用方式，主要通过将案卷或文件目录的条目按照一定的编排规则组织起来，形成一种系统性和连续性较强的信息集合。这种编目方式的优势在于它提供了一个整体视角，便于用户对档案目录进行全面浏览和系统检索，通过将信息印制成一本簿册，使得档案信息不仅易于归档和保存，还便于长期存储和反复查阅。簿册式目录因其清晰的结构和易于管理的特性，成为档案管理领域中一种有效且常见的编目输出形式，特别适用于那些需要长期、频繁访问的档案资料集。

2. 卡片式

卡片式目录作为一种传统而有效的档案编目输出形式，具有独特的管理和应用价值，它将每个案卷或文件的详细目录信息单独编排成一张卡片，使得每张卡片都成为一个独立的信息单元。卡片式的优势在于其灵活性和便利性，特别是在需要快速查找或更新单个档案信息时，卡片式目录可以提供更为迅速和直接的访问。此外，卡片式目录的物理形态也便于携带和分类存放，方便在不同的档案管理场合中进行应用。在实际操作中，卡片式目录能够有效支持按需检索、归类和档案信息的更新维护，对于那些需要频繁修改或补充信息的档案管理工作尤为适用。

（四）计算机档案检索

计算机档案检索是一种运用计算机技术和网络资源，根据用户的特定需求，从数字化档案数据库中快速准确地获取相关档案信息的方法。根据其应用和操作的不同特点，这种检索可以分为多种类型，见表6-1。

表6-1　计算机档案检索分类

分类	子类别	特点
基于档案数据库性质分类	目录型检索、事实与数值型检索、全文型检索	目录型检索：快速定位特定档案； 事实与数值型检索：关注具体内容； 全文型检索：全面探索文档内容
基于计算机处理方式分类	脱机检索、联机检索	脱机检索：适合本地数据库，快速稳定； 联机检索：访问远程数据库，更广泛的信息资源
基于检索服务形式分类	定题检索、追溯检索	定题检索：针对特定主题或问题； 追溯检索：探索特定时期的信息
基于检索使用的语言分类	受控语言检索、自然语言检索	受控语言检索：依赖预定义关键词； 自然语言检索：更灵活直观

1. 基于档案数据库性质分类

基于档案数据库的性质，检索可以划分为三个主要类型：第一，目录型检索。这是一种高效的检索方式，主要关注档案的目录信息，如档案编号、题名、日期等，适合快速定位和查找特定档案，这种检索方式在日常档案管理中非常实用，尤其在处理大量档案时，能够显著提高工作效率。第二，事实与数值型检索。这一方式更注重档案中的具体内容，如数字数据、事件细节等，适用于需要深入分析和研究的场合，这种检索类型在科学研究、统计分析等领域中特别有用。第三，全文型检索。这一方式提供了一种全面深入地探索档案内容的方式，涉及对整个文档内容的查询，包括文本、图像等多种格式，适合对档案内容进行全面理解和分析的情况。

2. 基于计算机处理方式分类

从计算机处理的方式来看，检索可以分为脱机检索和联机检索。脱机检索是在没有网络连接的情况下进行的，依赖本地数据库的存储和管理，此方式适合访问本地存储的档案信息，特别是在网络环境不可用或不稳定时，脱机检索的优势在于速度快、稳定性好，但其局限性在于只能访问有限的本地数据资源。相比之下，联机检索则通过互联网连接到远程的档案数据库进行查询，能够访问更广泛的信息资源，这种方式适用于需要访问最新信息或进行跨库检索的情况，提供了更大范围和更多样化的档案信息，但是，联机检索的效率和稳定性可能受网络环境的影响。因此，在进行档案检索时，应选择合适的检索方式，以提高工作效率和准确性。

3. 基于检索服务形式分类

根据检索服务的形式，检索分为定题检索和追溯检索。定题检索集中于特定的主题或问题，目的是找出与这一主题相关的所有档案信息，这种检索方式适用于当用户已经明确知道所需信息的具体主题时，如寻找特定事件的记录或特定人物的档案。与此相对的是追溯检索，旨在探索过去某一特定时期的信息，无论主题是什么。追溯检索常用于历史研究或法律案件，其中需要查阅特定时间段内的档案资料，这种检索方法可以帮助用户发现一段时间内发生的事件和活动的记录，即使这些信息在初步检索时可能未被直接关联到特定主题。

4. 基于检索使用的语言分类

按照检索使用的语言种类，检索可分为受控语言检索和自然语言检索。受控语言检索依赖预先定义的关键词或专业术语，这些关键词通常由档案管理专家精心挑选并标准化，以保证检索的精确性和一致性。这种方式适用于那些需要针对特定主题或领域进行深入、精确查询的情况，如学术研究或特定主题的详细探索。相比之下，自然语言检索则提供了更为灵活和直观的搜索方式，它允许使用日常语言进行更直观的检索。

三、计算机辅助立卷

计算机辅助立卷是一种现代化的档案管理方法，它利用计算机技术自动化地处理文件归档和立卷的过程。具体步骤如下：

第一，计算机辅助立卷的核心在于设置案卷的各项参数，包括案卷的题名、日期、密级、保管期限以及案卷的主题词或分类号。这些参数的设定是整个立卷过程的基础，既反映了案卷的基本信息，也是后续检索和管理的关键依据。

第二，逻辑组卷阶段，这是一个关键步骤，涉及如何将单个文件有效地编排成案卷。逻辑组卷分为自动组卷和手工组卷两种方式，在自动组卷过程中，用户可以根据特定条件，如文件类型、时间范围、保管期限等，让计算机自动筛选和整理文件，这种方式的优势在于可以快速处理大量文件，但也允许用户对结果进行手动调整，如添加或移除文件，或者根据特定标准对文件进行排序。相比之下，手工组卷更加灵活，用户可以通过直观的界面操作，如使用鼠标拖动文件，将它们添加到指定的案卷中，这种方法适合需要更细致处理的情况。

第三，案卷编辑。在这一阶段，用户可以编辑案卷的题名，生成案卷内的目录，并编制案卷备考表。该阶段是为了确保案卷的完整性和易于理解，使得未来的检索和使用更为方便。

第四，打印输出。根据国家规定的案卷格式和规格，这一步骤涉及打印案卷封面、生成案卷目录和编制案卷备考表等。打印输出是将电子文档转换为物理文件的过程，这对于档案的长期保存和实体查阅非常重要。

第五，物理组卷归档。这一步骤是在逻辑组卷的基础上进行的，它既可能完全遵循逻辑组卷的结果，也可能有所不同，例如一个逻辑卷对应多个物理卷，或者将几个逻辑卷合并成一个物理卷。在某些情况下，档案可能不进行物理组卷，而是按照流水号排列，依赖逻辑组卷结果进行检索。

四、文档管理一体化

文档管理一体化是一个综合性的概念，旨在通过文件整合与档案管理以及相应的管理体系、组织结构和管理标准，来实现从文件生成到流转、归档、保留或销毁的全过程的统一管理和控制。这种管理方式的核心在于确保整个文件生命周期的连贯性和有效性。

在实际操作中，文档管理一体化的核心工具是综合性的管理软件，该软件利用先进的计算机技术来处理文档的各个阶段。这种软件的主要功能包括文件的起草，传递，接收，管理操作，自动组卷，归档，编目（包括案卷目录、文件目录和引用目录的编制），检索，借阅，统计等。通过这些功能的整合，软件不仅简化了文件和档案管理的各个环节，而且显著提升了档案工作的效率和质量。

文档一体化管理系统通常分为四个主要的子系统，分别是文件管理、归档、档案管理和系统维护。其中，文件管理子系统负责处理文件的起草、流转和接收等日常管理活动；归档子系统专注将活跃文件转变为档案，包括自动组卷和存档等过程；档案管理子系统涉及档案的长期保存、检索和借阅；系统维护子系统确保整个文档管理系统的正常运行和更新。

五、档案业务工作计算机辅助管理

在计算机技术的辅助下，档案管理已经进入一个新的时代，这种现代化的管理方式广泛应用于档案的收集、整理、评估、保存、使用（包括借阅）以及数据统计等各个环节。计算机辅助的档案管理系统使得这些过程更加高效、精确。例如，在借阅管理方面，计算机系统被用来执行借阅登记、归还记录以及预约登记等任务。此外，该系统还能自动打印催还通知，提供档案的库存状态、借出和归还信息，极大提升了档案借阅服务的效率和便捷性。档案自动统计功能也在这一体系中发挥着重要作用，通过自动化的数据收集与分析，这一功能可以迅速准确地提供有关馆藏档案数量、利用情况等关键信息，帮助管理者更好地了解和优化档案资源的使用。

第二节　多媒体档案管理技术

一、多媒体技术概述

（一）多媒体技术的含义

"多媒体技术"，这个术语在当今信息技术界被广泛讨论，它可以定义为一种将文字、图形、图像、视频和音频这样的多种媒介集成为一体的技术[①]，这种集成通过计算机来实现，不只是将这些媒介简单地放在一起，而是通过计算机的高级处理和控制，使它们在屏幕上形成一个有机的整体。多媒体技术的关键在于能够支持用户与这些媒介进行互动，从而创造出一个实时交互的系统。从另一种角度来看，多媒体技术是建立在计算机科学基础上的一门综合学科，它融合了数字化信息处理、音视频技术、计算机软硬件技术、人工智能以及通信和网络技术，这种融合为创造出更加丰富、更加互动的信息体验提供了可能。

可以说，多媒体技术的发展极大地改变了计算机的应用范围，它使得计算机不再仅仅是办公室和实验室中的专业设备，而是成为信息社会中的一种普遍工具。这种技术的应用范围非常广泛，涵盖了工业生产管理、教育、公共信息服务、商业广告、军事训练和指挥，乃至家庭娱乐等多个领域。

---

① 姜永生.多媒体技术与应用 [M].2 版.北京：中国铁道出版社，2021：2.

（二）多媒体技术的基本特征

多媒体技术主要包含四大特征，如图 6-1 所示。

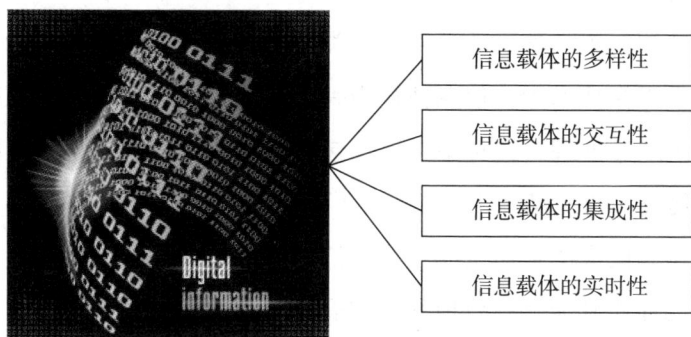

图 6-1　多媒体技术的基本特征

1. 信息载体的多样性

信息载体的多样性是指在信息技术领域，媒介类型的扩展和丰富化。这种多样性不再将计算机处理的信息仅限于传统的数字和文本，而是扩展到包括文本、图形、图像、声音、动画、视频等多种形式的媒介。现在，随着通信和计算机技术的进步，人们可以更加协调和有效地将这些不同形式的信息媒介融合在一起。信息载体的这种多样性主要体现在计算机的信息输入和输出过程中。通过利用这些多样化的信息载体，计算机的功能得到了极大扩展，提高了操作的易用性和控制的灵活性，增强了与用户的互动性和亲和力。

2. 信息载体的交互性

信息载体的交互性体现在用户和计算机系统之间的动态互动，这种互动不局限于简单的数据流交换，还包括更为复杂的媒体交换和控制权交换。在简单层面，用户与计算机之间的互动可能仅涉及数据的输入和输出，这类交互由于数据的线性和单一性质而相对简单。但在更高层次的互动中，则涉及视觉（如文字、图形、图像、动画、视频）和听觉（如语言和音效）信息的多样化交互，这些交互模式既可以在相同类型的信息之间进行，也可以跨越不同类型的信息。这种高级别的交互性赋予用户更多的主动性和控制力，同时使得与计算机的交流更加自然和友好。

3. 信息载体的集成性

信息载体的集成性指的是将不同类型的信息和处理设备融为一体的能力。在多媒体技术中，信息被视为一个整体，通过多种方式获得并统一存储、组织和处理。这种集成不仅包括信息的集成，还包括各种硬件和软件的集成。如多媒体计算机配备了多样的输入/输出接口、高效能的并行处理器和巨大的存储空间，使得信息的集成处理成为可能。多媒体技术的集成性使其能够有效地处理和展示复杂的信息内容，为用户提供更加丰富和深入的信息体验。

4. 信息载体的实时性

多媒体技术的实时性强调的是对时间敏感信息的即时处理。在多媒体应用中，如新闻报道、视频会议等场合，信息的采集、处理和传输必须实时进行，这种实时性要求系统具备快速响应和处理能力，以确保信息的时效性和准确性。实时处理的能力对于确保信息传递的连贯性和有效性至关重要，特别是在那些对时间有严格要求的应用场景中。

二、多媒体技术中的关键技术

（一）数字信息处理技术

数字信息处理技术涉及将模拟信号转换为数字信号，以及对各种数字内容如文本、数值、图像、音频和视频进行编码和解码。这种转换和编解码是现代通信和信息处理的基础，使得各种类型的信息能够在数字设备上被有效处理和传输。

（二）数据压缩和编码技术

数据压缩和编码技术通过数学算法将大型文件转换为体积更小的格

式，实质上是一种数据表达的高效编码方式。数据压缩的目的是减少数据的冗余性，提高存储和传输效率。通过将冗余的或重复的信息删除或简化，压缩技术能够大幅度减少文件大小，并尽可能地保留原有信息，例如，文本文件中频繁出现的单词可以被替换为更短的代号，图像和视频文件中相似的像素可以被合并处理。在众多应用场景中，数据压缩和编码技术显得尤为重要，特别是在图像、视频和音频这些数据量巨大的媒体类型中，未经压缩的数据几乎不可能被有效地传输和存储。

（三）媒体同步技术

媒体同步技术涉及的是在多媒体系统中不同媒体元素之间保持协调一致的时间、空间和内容关系。简而言之，媒体同步确保了在多媒体演示中各种媒体流（如音频、视频、动画）能够以恰当的时序和方式呈现。在更广泛的意义上，媒体同步既是关于时间顺序的协调，又包括内容和空间关系的整合，例如，在电影或电视节目中，视觉和听觉信息之间的同步至关重要，以确保观众得到连贯且一致的观看体验。这种同步类型通常涉及连续媒体，如视频和音频流。

另外，媒体同步也涵盖了与时间相关媒体（例如音频和视频）和与时间无关媒体（如文本和图像）之间的协调，例如，在幻灯片演示中，每个幻灯片的图像（时间无关媒体）与伴随的解说音频（时间相关媒体）之间的同步对于保持信息传递的有效性至关重要。在实现媒体同步的过程中，还须考虑媒体对象间的"制约关系"，即一个媒体对象可能依赖另一个对象的状态或消息。

（四）多媒体数据库技术

多媒体数据库技术是一种先进的数据库管理系统，旨在应对传统数据库在处理非结构化数据方面的局限性。传统的数据库系统主要用于管理格式化和结构化数据，如数字和文本，但它们通常无法有效处理如文本、图像、语音、动画和视频等非结构化数据。相比之下，多媒体数据库技术专注这些类型的数据，解决了非结构化数据的集成管理和交互性问题，这意味着多媒体数据库不仅能够存储和检索文本和数值信息，还能高效处理图像、声音和视频等多种类型的数据。通过整合这些不同类型的数据，多媒体数据库提供了更为丰富和动态的信息存取方式，满足了现代信息技术对复杂数据处理的需求。

（五）多媒体网络技术

多媒体网络技术通过将多媒体技术融入网络和通信领域中，为多媒体信息服务和应用开辟了广泛的发展空间。这种技术整合的结果使得我们能够体验到更加丰富和互动的网络服务，例如，多媒体远程会议系统使得人们可以在不同地点进行面对面的交流，就像身处同一会议室一样；超高分辨率图像系统提供了前所未有的图像质量，增强了视觉体验；视频点播系统使得用户能够随时随地按需观看视频内容，极大地提高了观看的灵活性；数字图书馆则让大量的文献和资料通过网络变得触手可及。

三、多媒体技术在档案信息存储与检索中的应用

随着多媒体计算机技术的发展，计算机档案管理已经迈向了一个新纪元，其中既包括传统的纸质文档，也涵盖了照片、录音、录像以及工程图纸等多种形式。这种技术的进步使得档案管理不再局限于仅仅维护档案目录的信息，而是可以直接管理包括图像、文本、声音和视频在内的一切档案材料，这样的转变为用户获取档案信息提供了一个更加生动、直观和全面的途径。利用多媒体技术可以将地方和部门举办的重大活动或重要会议的现场录像和录音存储在多媒体数据库中，使这些资料可以随时被检索和查看。

多媒体技术，通过引入声音、视频和动画等元素，彻底革新了档案资料的展示形式。从过去单一的文字记录转变为多维度、互动性强的信

息展示体系，立体化的信息展示使得档案内容更加生动直观，而且极大地增强了用户体验。声音和视频元素的加入为用户提供了更为丰富的感官体验，使档案资料更加易于理解和吸引人。通过这样的转变，多媒体技术为传统的档案管理注入了新的活力，使得原本可能被忽视的档案资料得到了更广泛的关注和应用。

此外，多媒体档案信息的查询功能降低了用户在查阅案卷时需要翻阅其他文件的可能性，从而降低了对珍贵档案原件的直接接触和可能导致的磨损。随着技术的发展，这种电子化查询方式还可以配合高级搜索算法和人工智能，进一步提升查询的精确度和用户体验。

多媒体档案管理系统的主要功能可以总结为以下几点：

第一，对于传统的纸质档案，数字扫描技术的应用使得档案全文影像化成为可能。这种技术通过将纸质文档转化为数字格式，实现了档案的电子存储和检索，电子化的档案可以通过计算机系统进行全文搜索，极大地提高了档案检索的效率和准确性，并且有助于档案的长期保存，减少了物理存储空间的需求。

第二，照片档案的数字化处理同样重要。通过使用扫描仪，照片被转化为数字文件并存储在硬盘或光盘上，这样的数字化照片可以轻松地在计算机系统中浏览和检索，并且可按需打印。多媒体档案管理软件在这个过程中扮演了关键角色，它使得存储更为高效，也提供了易于操作的用户界面。

第三，录音档案的数字化处理。利用声卡，计算机可对播放的录音进行采集和压缩处理，并将其保存在光盘上。这种方式不仅保存了原始录音的内容，还减少了占用的存储空间。通过多媒体档案管理软件，这些声音文件可以被有效管理、检索和使用，极大地提高了档案利用的便利性。

第四，录像档案的数字化。通过视频采集压缩卡，计算机能够连续捕获并转换播放的录像信息，然后将这些信息以数字文件的形式存储在光盘上。类似其他类型的多媒体档案，数字化的录像文件通过专门的档案管理软件进行存储、管理和检索，大大提高了档案信息的可访问性和使用效率。

第三节　档案管理网络化技术

一、计算机网络概述

网络技术作为计算机和通信领域深度融合的产物，打造了一个将地理位置各异的计算机及其外围设备通过通信线路互联的复杂系统。这个系统不只是物理连接的集合，还包含了为网络操作而专门设计的软件，使得分布在不同地点的计算机能够相互沟通和协作。这种技术架构不仅极大地拓展了计算机的功能，还促进了信息的快速流通和资源的共享，成为现代社会信息交流的重要基石。

（一）网络的组成和结构

1. 网络的组成

计算机网络的组成涵盖了数据传输和数据处理两个核心系统。数据传输系统，也称为通信子系统，由通信线路、设备、传输规程、协议和通信软件等组成，承担数据的传输、交换和处理任务。数据处理系统则包括计算机、高容量存储器、数据库和各类输入输出设备及其软件，主要负责数据的输入、存储、处理和输出。

2. 网络的结构

（1）总线形结构。在这种结构中，网络的各节点设备都连接到一条主总线上。这种结构的网络具有较高的可靠性，单个节点的故障不会对整个系统造成显著影响。同时，节点设备的添加或移除也非常方便。

（2）环形结构。环形结构网络通过点对点的通信方式将各个节点连接成一个闭环。这种结构的网络中，所有主计算机地位平等，节省了通信线路和设备的成本，而且网络管理软件较为简单。但是，这种网络的吞吐能力较弱，通常只适用于较小范围的应用。

（3）星形结构。在星形网络中，每个节点通过连接线直接与中央节点相连。中央节点充当控制中心，节点间的通信需要通过中央节点进行。这种结构的网络成本较低，但缺点是可靠性不高，一旦中央节点出现故障，整个网络将无法运行。

（4）树形结构。树形结构网络中，节点按照层次分布，由不同层次的主计算机进行分散控制。虽然最高层次的计算机具有对整个网络的统一管理能力，但各级计算机均能独立处理各自的业务。这种网络的通信线路布局相对简单，网络管理软件不太复杂，便于维护，但节点间的信息流通较少，资源共享能力有限。

（5）网状形结构。网状网络将各节点通过通信线路连接成不规则的形状，没有单一的主控节点，通信控制功能分散在各个节点中。这种结构的网络具有较高的可靠性，单个节点的故障不会影响整个网络的运行。网状结构便于资源共享，但其网络管理软件相对复杂。

对于大型的计算机网络系统，其结构通常更加复杂，往往是上述几种基本结构的组合。这种组合方式旨在兼顾网络的可靠性、成本效益、扩展性和维护便利性，以适应不同应用环境的需求。随着技术的不断进步，未来的网络结构可能出现更多创新的形态，以更好地适应日益增长的数据通信需求和不断变化的技术环境。

（二）网络的类型

1. 集中式与分布式网络

集中式网络是以中央主机作为核心，对整个网络进行统一控制和管理的网络形式。此网络结构的主要优势在于能够实现网络资源、人员和设备的集中管理，提高效率和经济性。然而，它也存在明显的缺点，即一旦中央主机或通信线路出现故障，整个网络的运行将受到严重影响，网络的可靠性较低。相对而言，分布式网络则没有单一的控制中心，而是由网络中的各个节点独立控制，这使得资源共享能力强，网络可靠性高。但这种网络的管理软件较为复杂，且各节点间的协调性相对较差。

2. 广域网、局域网和城域网

广域网（WAN）是一种地理范围广泛的网络，通常覆盖国家、洲甚至全球，如互联网。在这种网络中，主机通过通信子网相连，功能类似电话系统，负责将信息从一个地点传输到另一个地点。

局域网（LAN）则主要应用于局部地理区域，如学校、企业或政府机关，用于连接各种计算机、外部设备和数据库。局域网通过数据通信网或专用电路与远程局域网、数据库或处理中心相连，构成更大范围的信息处理系统，它常用于连接内部各部门的个人计算机和工作站，以便资源共享和信息交换。

城域网（MAN）则是局域网的扩展，覆盖城市范围，在技术上与局域网相似，但规模更大，它通常利用城市的基础电信设施建立，如地下光缆系统。

3. 专用网络和公用网络

专用网络是为特定组织或目的而建立的专门通信网络，其通信线路完全属于网络成员所有，这种网络通常规模有限，但建设成本相对较高。专用网络适用于需要高度安全和专属服务的场景。相较之下，公用网络利用现有的公共通信基础设施，例如电话网络和卫星通信系统，来建立网络，这种网络的优势在于较低的建设成本，能够实现更广泛的地理覆盖，但公用网络的性能和发展受限于国家通信设施的完善程度和通信技术的进步。这种网络广泛应用于一般的商业和个人用途，特别是在那些需要远程通信和数据传输的场景中。

（三）网络的作用

1. 便于信息资源的交流与共享

计算机网络大大促进了信息资源的交流和共享，为用户间的互联互通提供了便捷的渠道。在这样的网络环境中，不同节点间的通信变得轻而易举，使得网络内的硬件资源、软件应用及数据可以被共同利用。这种资源共享机制不仅减少了重复工作，还加速了系统的开发和应用进程，进而显著提升了整体系统的效率和效益。用户可以轻松访问和利用网络中的各种资源，促进了创新和知识的快速传播。

2. 可以充分发挥计算机的功能

网络环境下，计算机之间能够有效地分担工作负荷，实现负载的均衡分配，既减轻了单个计算机的运行压力，又提高了整个网络系统的工作效率。网络内的设备能够互为备份，一旦某个设备出现问题，其他设备可以立即接管其工作，保证系统的连续运行和高可靠性，这种灵活的负载管理和互备机制显著提升了整个网络系统的工作效益，也确保了数据处理和任务执行的高效率和稳定性，是现代计算机网络不可或缺的优势之一。

3. 计算机网络为用户创造了更方便的使用环境

通过网络连接，用户可以轻松地访问和使用远程的数据和服务，不再受地理位置的限制。无论是企业内部的文件共享，还是跨地域的数据交换，计算机网络都使得这些活动变得更加简单快捷。例如，对于档案管理领域来说，通过网络，档案信息和资源可以在不同地点的用户之间高效共享，比如在一个多部门组织中，通过建立内部网络，各部门能够轻松访问和检索集中存储的档案资料，无论它们物理上存放在何处，这不仅减少了对物理档案的重复查询和借阅，降低了档案损耗，还极大地提升了工作效率和档案利用率。网络环境下的档案管理系统还支持多用户同时访问，使得协作研究和远程档案咨询成为可能，便捷的使用环境优化了档案工作流程，并且为档案信息的保护和长期利用提供了有效的技术支持。

二、档案管理网络化

网络化在档案管理领域的应用标志着这一行业步入了信息化时代，这一变革是顺应社会信息化大潮的必然选择。档案管理网络化建立在档案管理的计算机化和档案资源数字化的基础之上。具体来说，这一体系由众多的计算机档案管理系统通过通信线路相互连接，构成了一个复杂的网络系统，在这个系统中，每个大型档案机构的计算机作为网络中的一个节点，每个节点连接众多终端，而这些节点又通过通信线路互联，形成了一个错综复杂的档案管理网络。这种网络化的主要目的是实现档案信息资源的共享，突破了传统单机档案管理系统在信息传输速度和存储空间方面的局限。通过这种网络化的档案管理系统，用户可以远程访问和获取所需的档案信息，极大地提高了档案信息的获取效率和便利性。此外，档案管理的网络化还促进了档案事业的信息化发展，其发展水平、广度和深度直接决定了档案事业信息化的整体水平，在数字化和网络化的推动下，档案管理正变得更加高效、系统化，为档案工作的现代化和信息化提供了强大的技术支持。

（一）档案管理网络化的条件

要实现档案管理网络化，应当具备一定的条件，如图 6-2 所示。

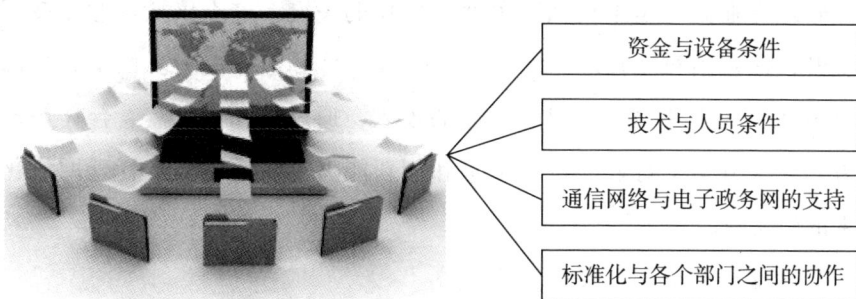

	资金与设备条件
	技术与人员条件
	通信网络与电子政务网的支持
	标准化与各个部门之间的协作

图 6-2　档案管理网络化的条件

1. 资金与设备条件

档案管理网络化的实施需要大量的资金和高端设备投入，尤其在计算机硬件、软件以及网络基础设施方面。在中国，经济较发达的地区，比如珠三角、长三角和环渤海湾地区，由于有较强的地方经济支撑，档案管理的现代化和网络化程度相对较高，这些地区的档案系统在计算机化、网络化及信息化方面处于全国领先地位。相比之下，中西部地区由于地方财政预算有限，档案管理网络化的发展速度相对较慢。要缩短这一差距，档案管理部门不仅需要依赖政府的支持，还应积极寻求社会各界的帮助，包括但不限于企业投资、私人捐赠和其他非政府组织的资助。通过多元化的融资渠道，可以为档案管理网络化提供更为广泛和稳定的经济支持。档案部门还应加强与技术供应商的合作，利用最新的技术进步来降低成本、提高效率。

2. 技术与人员条件

档案管理部门必须积极引进国际先进的档案管理技术，并着手培养和招募具有专业档案管理知识和现代技术能力的人才。在中国当前的档案管理网络化和信息化建设中，开放和积极的态度对于现代信息技术和专业人才的引进至关重要。档案管理部门应当学习并借鉴图书情报领域在网络化建设上的先进技术和成功经验。

培养具有创新精神、熟练掌握现代技术，并具备跨学科知识背景的档案管理专业人才是推动档案事业现代化的关键。这不仅涉及专业技能的提升，还包括对新技术、新理念的快速适应和应用能力。档案管理部门应该加大在人才培养和引进方面的投入，通过培训、交流、合作等多种方式，提升整个行业的技术水平和创新能力，以适应档案管理网络化带来的新挑战。

3. 通信网络与电子政务网的支持

中国通信网络的快速进步已成为支持国家经济和社会发展的关键基础设施，对档案管理网络化的实施起着至关重要的作用。基础信息网络和重要信息系统的数量显著增长，公共电信网、广播电视传输网和互联网等信息网络的基础设施得到了显著提升，同时，银行、民航、税务、海关、证券和电力等国家重要行业的信息系统建设规模和管理水平也有了显著提高。尤其值得一提的是，中国的广播电视传输网已经建立了全面的网络体系，包括无线覆盖网、卫星传输网、微波传输网、光缆干线网、有线接入网和互联网，形成了全球覆盖人口最多的广播电视信息网络。

在这样的背景下，中国的档案网络建设已被纳入政府电子政务网建设体系，其性能和服务的改进与完善依赖电子政务网络系统的发展。随着通信网络的不断扩展和电子政务网络建设的深入，档案管理网络化得到了充分的基础支持，为档案服务和利用奠定了坚实基础。网络用户数量的激增和网络覆盖范围的扩大为档案管理网络化提供了更广阔的空间，使得档案信息资源的获取和共享变得更加便捷、高效。

4. 标准化与各个部门之间的协作

标准化是实现档案资源共享和网络互联互通的基础。为了将独立的档案管理系统联结起来，必须确保机读数据记录、软件设计以及各种硬件设备都遵循统一标准。这不仅涉及技术层面的标准化，如数据格式和接口规范，还包括工作流程和操作规程的标准化。只有在标准化的基础上，不同系统之间的连接和数据交换才能顺畅无阻，确保信息的准确性和可靠性。

部门间的有效协作也是档案管理网络化的一个重要条件，不同部门、地区和行业之间的合作需要建立在共同认可并遵守的协议和约定之上。这种跨部门、跨区域的协作能够促进资源的优化配置和信息的高效流通。为了实现这种协作，需要制定高效的管理和协调机制，以确保所有参与方在网络化进程中能够顺利合作，共同推动档案管理网络化向前发展。

（二）网络档案管理信息系统的运行模式

1.（客户机 / 服务器）Client/Server 运行模式

20 世纪 90 年代初期，随着计算机网络技术的发展，出现了一种被广泛应用的网络应用系统架构——客户机 / 服务器模式（C/S 模式），这种模式是对传统的终端 / 主机运行模式的一种进步，解决了以往数据集中管理方式中的一些问题，例如主机承担全部运算和数据存储的负担。在 C/S 模式中，客户机（用户的计算机）被赋予了更多的计算和操作功能，从而有效减轻了服务器的运行负载。这种模式具有分布式系统的优点，如分担负荷、结构简洁，且不过分依赖外部网络，主要应用于机构内部的局域网环境。

在 C/S 模式下，应用系统的任务被分解为两个部分：服务器（后端）主要负责数据的管理和处理，而客户端（前端）则处理档案管理业务并与用户进行交互。在实际操作中，客户端向服务器发送请求，服务器处理这些请求后，将结果返回给客户端。虽然这种模式提高了系统的效率和可用性，但它也存在一定的局限性，例如，在处理复杂任务时，客户端可能承担较重的负载。由于 C/S 模式通常使用单一服务器并以局域网为核心，其软硬件的组合及集成能力有一定的限制，可能不适用于一些高要求的应用场景。

2.（浏览器 / 服务器）Browser/Server 运行模式

浏览器 / 服务器模式（B/S 模式）作为一种基于 Web 的应用架构，是在 TCP/IP 网络协议的基础上，通过 HTTP 协议实现的一种技术框架。

在这种模式下，用户通过浏览器（客户端）访问基于 Web 的服务器，并进一步接入服务器后端的数据库。这种架构包括浏览器、Web 服务器、应用服务器和数据库服务器四个主要组成部分，用户通过输入 URL 来访问 Web 服务器，然后 Web 服务器根据请求向数据库服务器查询，最后将查询结果以 HTML 的形式返回给用户的浏览器。

B/S 模式的优势在于客户端的简化——用户只需安装操作系统、网络协议软件和一个浏览器。所有应用逻辑都集中在服务器上，大大减少了系统维护和升级的成本及工作量。由于用户界面的统一，系统操作更加直观，降低了培训要求。这种模式还提高了系统的数据安全性，因为所有用户直接访问的是应用服务器，减少了数据库的直接登录点，增强了数据安全。此外，B/S 模式具有强大的信息发布能力，适用于信息广泛传播的场景。但这种模式的主要局限在于其性能受网络带宽和流量的限制，尤其在数据传输量较大或网络拥塞时，用户体验可能受到影响。尽管如此，B/S 模式仍然是现代网络应用架构中广泛采用的一种模式，特别是在需要快速部署和易于维护的应用场景中。

3. C/S 模式与 B/S 模式比较

C/S 模式与 B/S 模式在结构、功能、系统维护等方面有所不同，见表 6-2。

表 6-2　C/S 模式与 B/S 模式比较

技术指标	C/S 模式	B/S 模式
服务器配置	数据库服务器	数据库服务器和 Web 服务器
客户端	需安装特定的客户端应用程序	只需要通过浏览器即可
客户端效率	响应较快	响应较慢
系统用户	局域网	广域网、局域网
系统维护	需对客户端做大量维护工作	只需对浏览器进行维护
系统升级	服务器和客户端都需升级	很方便，只需在服务器上升级

技术指标	C/S 模式	B/S 模式
可扩展性	通过优化系统设计实现系统扩展	可以实现不同层次的扩展，扩展性较好
系统安全	容易保证	不容易保证

4.结合 C/S 和 B/S 两种模式的网络档案管理信息系统结构

结合 C/S 和 B/S 两种模式在档案管理系统中的应用可以充分利用各自的优势，以达到既保障内部网络安全，又提升数据传输效率的目的。在档案部门的内部运营中，采用 C/S 模式能够更好地控制访问权限，实现科室之间的资源共享和数据互通，这样既可以增强系统的稳定性和安全性，也能够优化内部工作流程。而在处理对外接收和发布数据的场景中，B/S 模式则因其开放性和便捷性而成为最佳选择，能够提供有效的远程档案信息检索服务，满足用户快速访问档案信息的需求。通过这种双模式结合的策略，档案部门能够在确保内部数据安全的同时，保证对外交流的效率和广度。

（三）档案部门内部局域网

1.档案部门内部局域网的模式

档案馆借助局域网技术连接各个部门，实施办公自动化，促进文档电子化，并提供高效的计算机档案检索服务，这种网络化布局既实现了档案的自动化借阅和库房管理，也显著提升了档案工作的整体效率。对于企事业单位而言，档案管理系统通过局域网与其他信息管理系统连接，形成一个集成化的管理模式，该模式不局限于档案信息，还包含了企业的其他关键信息资源，实现了信息资源的全方位综合管理。

这种集成模式依照集成的方向可以分为横向集成和纵向集成。横向集成指的是同一层级的多个部门之间实现数据的互联互通，以达到资源共享和综合利用的目的，常见的实现方式包括将档案管理系统整合到企业的管理信息系统（MIS）和办公自动化系统（OAS）。而纵向集成则是跨越不同层级，将不同等级的档案数据整合，以实现从上到下的信息资源管理，如建立档案目录中心或信息中心。档案目录中心的建立是基于将国家综合档案馆的档案目录与本地区、本系统的各级档案目录按统一标准集成，形成一套联网查询系统的需求，目的在于让用户能够方便地了解档案的存放位置，便于检索和使用，进而提高档案资源的利用率。信息中心的构建则是在单一企业或机构内部推行文献资源如图书、情报、资料、档案的综合化管理，这是向着信息资源全面利用迈进的关键步骤。通过这种集成，企业或单位可以在一个统一的平台上对多种信息资源进行查询、分析和利用，提升信息处理的效率和效果。在这个框架下，局域网或广域网起到了至关重要的纽带作用，确保了信息流动的快速和安全，也标志着档案管理向信息化、网络化迈出了坚实的步伐。

2. 档案部门局域网的结构及功能

在档案部门中，局域网通常采用总线形网络结构，优点在于简洁的连接方式及在网络扩展时的灵活性。这种结构允许轻松地增添或移除网络中的工作站，进而适应档案部门变化的需求。网络版的档案管理系统承载了一系列业务功能，包括文件的起草、审批流程、文书的收发登记等文件流转管理任务；支持档案的整理、评定工作；提供档案编目与快捷检索；实现档案借阅与使用情况的统计。系统管理功能还保障了档案系统的稳定运行，包括用户权限设置、数据安全与防护措施，以及关键数据的备份与恢复。

三、档案管理网络化发展的对策

（一）丰富档案网站的信息内容

应将更多的档案资源数字化，提供线上访问，增加与档案相关的各类辅助信息，如详细的目录索引、档案背景介绍、利用指南等。信息内容的丰富使得档案网站能够更好地服务公众和专业人士，不仅限于提供基本的档案浏览和检索功能，还可以包括互动服务，如在线咨询、档案知识普及，以及用户反馈机制。通过持续更新和扩展内容，档案网站可以成为一个动态的信息交流平台，不断提升其吸引力和实用性。档案网站应当反映出档案部门的服务理念，通过提供丰富的历史档案资料、珍贵影像记录以及相关研究文章，增强教育和研究的功能。更进一步来说，网站可以整合虚拟展览和电子出版物，提供多媒体展示，使得档案资源不仅仅局限于文本，还包括图像、音频和视频材料，以提供更为全面的历史体验。在技术层面，网站的信息内容应当易于搜索和导航，确保用户能够快速找到所需信息。网站需要保持与时俱进，适应移动互联网的发展，提供适配各种终端的访问方式，扩大用户群体，提高档案资源的利用效率。

（二）集成档案网站资源

1. 建立有效的档案信息检索机制

这意味着需要一个强大的搜索引擎，它的设计要足够智能，能迅速地对用户查询进行响应，准确地从海量的档案数据中筛选出所需信息。这个引擎的高效性体现在其对多样化搜索条件的支持上，即用户可以根据时间跨度、档案的起源、特定关键词或者档案种类等多维度信息进行查询。全方位搜索能力能够提升用户的检索体验，提高资料查找的效率。为了进一步优化检索准确性，档案信息的组织方式也需跟上，通过对档案资料进行细致的分类和加标签，可以增强搜索引擎的识别能力，使每一份档案都可以被准确定位和快速检索，包括对现有档案的标准化处理，以及对新加入档案的信息处理，确保档案数据库的实时更新和信息的一致性。对于用户而言，模糊查询和高级搜索选项的提供则给予了更多灵活性，允许用户在不完全确定详细信息的情况下，也能够进行有效搜索。

2. 建立档案资源的有效定位机制

一旦用户通过检索机制找到所需的档案信息，定位机制的作用就是确保用户可以无缝地访问到这些档案，这不仅涉及数字化档案的即时链接提供，也包括对实体档案精确位置的明确指引。数字化档案应该能够通过一个点击即可在线浏览或下载，而对于实体档案，应当提供详细的馆藏号、档案室位置等信息，以便用户能够在档案馆中直接找到它们。这一过程要求档案网站与档案馆的内部管理系统之间实现高度集成，以确保所有信息都是最新和准确的。

一个高效的定位机制还应该能够推荐与检索结果相关的其他档案或资源，增加用户的探索深度和广度，例如，用户在查找某一历史事件的档案时，系统不仅能够提供该事件的直接记录，还能够推荐相关人物的资料或者相似事件的档案。为了实现这样的服务，档案网站后端需要部署智能化的推荐系统，它可以根据用户的检索历史和行为模式，自动提供个性化的内容推荐。

（三）加强档案网站的服务性功能

1. 提供用户友好服务

档案网站需要提供用户友好服务，包括但不限于便捷的在线档案检索、一键式的文档下载、直观的电子档案浏览器以及用户互动交流平台。这些功能的加强既能提升用户体验，也能提高档案信息的可访问性和档案服务的实际应用价值。为了实现这一点，档案网站必须采用最新的Web技术，如响应式设计，以确保跨设备的访问一致性，还要集成先进的网络安全措施，保障用户数据和档案信息的安全。

2. 提供专业的咨询服务和用户指导

档案网站不只是信息的展示平台，更是知识的传播者和用户学习的辅助工具，例如，通过在线教程、FAQ（常见问题解答）和虚拟助理，用户可以获得档案使用的相关指导和帮助。档案网站还应建立反馈机制，收集用户意见，持续优化服务功能，这样的动态改进能确保网站服务始终贴近用户需求，不断提升用户满意度。档案网站还可以定期组织线上研讨会和讲座，邀请专家学者分享档案利用的经验和最新研究成果，以促进档案文化的传播和档案知识的普及。通过这些多样化的服务性功能，档案网站将成为档案利用者获取信息、学习知识和进行交流的重要平台。

（四）建立档案网站与电子政务的密切联系

电子政务作为现代政府工作的重要组成部分，提供了大量的政府信息和服务。通过与电子政务的紧密结合，档案网站可以更有效地获取和整合政府相关的档案资源，包括政策文件、行政记录等，这种整合不仅能够为公众提供更加全面和准确的信息，还能够增强档案网站作为信息资源库的功能，使其成为研究政府政策、历史事件的重要平台。与电子政务的连接还能促进档案信息的及时更新和发布，保证档案内容的时效性和相关性。

在实际操作中，建立档案网站与电子政务之间的联系需要有效的技术支持和策略规划，包括建立统一的数据格式和交换标准，确保不同系统间的信息能够无缝对接和共享。另外还需要加强档案网站在信息安全和隐私保护方面的措施，确保敏感信息的安全传输和存储。此外，档案网站应发挥其专业优势，对电子政务中的档案信息进行深度挖掘和整理，提供更为丰富和专业的内容，如历史背景分析、档案资料的专题整理等，以提升档案资料的研究和教育价值。这种深度整合增强了档案网站的吸引力，也使其成为连接政府和公众、促进信息透明和知识共享的桥梁。

另外，档案网站应积极参与电子政务的公共服务体系中，提供档案信息服务、咨询和辅助决策等功能，通过与电子政务的紧密结合，档案网站可以更广泛地参与社会治理和公共服务中，提升档案管理的社会效益，例如，档案网站可以为电子政务提供历史政策档案的参考，辅助政策制定过程，也可以为公众提供历史资料查询、政策解读等服务，增强公众对政府工作的理解和参与。

第四节　档案信息存储技术

随着技术的迅速发展和数据量的持续增长，选择合适的存储介质和技术已成为档案管理领域的一项关键任务。本节主要介绍几种常见的信息存储技术，见表6-3。

表6-3　档案信息存储技术

存储技术	功能	主要组成部分	特点
软盘	早期存储解决方案	软盘、软盘驱动器、软盘适配器	容量小，用于临时数据交换，已逐渐被淘汰
硬盘	关键组件	硬盘盘片、磁头、电动机	高读写速度，大容量，数据的精确组织，必需的格式化过程
U盘	便携式存储设备	快闪存储器、外围数字电路、塑料外壳	便携、高兼容性，支持即插即用
移动硬盘	高便捷性存储设备	USB/IEEE1394接口	容量大，传输速度快，使用方便，可靠性强

一、软盘

软盘存储系统是一种早期的数据存储解决方案，主要由三个部分构成：软盘作为可移动的存储介质、软盘驱动器负责数据的读取和写入，以及软盘适配器作为连接软盘驱动器和主机的接口。在这个系统中，软盘驱动器和软盘适配器通常被安装在计算机主机箱内部，而软盘驱动器的插槽则位于主机箱的前面板，以便用户轻松地插入或移除软盘。

随着技术的进步，由于软盘的存储容量相对较小，通常仅用于临时的数据交换。在现代的数据存储领域，软盘存储已逐渐被其他更高容量、更高效率的存储介质所取代，因此，对于档案馆而言，建议将存储在软盘上的数据尽快迁移至更现代、更安全的存储解决方案，如硬盘驱动器、固态驱动器或云存储服务，以保证数据的安全性和完整性，进一步提高数据管理的效率和可靠性。

二、硬盘

硬盘存储器作为计算机系统中的关键组件，以卓越的读写速度和巨大的存储容量，在现代数据存储中扮演着核心角色。一个硬盘由电动机驱动，可包含多个硬盘盘片，这些盘片被串联在一个机械转轴上。每个盘片的上下表面配备有用于读取和写入数据的磁头。硬盘存储器的设计极为精密，盘片和磁头被密封在一个保护性极强的外壳中，以防止尘埃和其他污染。

（一）硬盘的内部构造

硬盘（Hard Disks）内部结构的设计用于精确组织数据的存取。硬盘可能包含多个盘片，所有盘片固定在同一轴上，轴线是同心的，且在两个盘片之间留有足够空间容纳读写头。数据在硬盘上以磁道和扇区的形式进行组织，硬盘的总存储容量取决于磁头数量、柱面数（每个盘片的磁道数）和每个磁道的扇区数。由于多盘片的存在，柱面成为描述硬盘存储容量的关键参数。

（二）硬盘的格式化过程

硬盘的格式化分为三个主要步骤：低级格式化、分区和高级格式化。低级格式化，也称为硬盘初始化，主要目的是在新硬盘上划分磁道和扇区，并在每个扇区的地址域标记地址信息。这一过程通常由硬盘制造商在出厂前完成。分区是为了使硬盘在系统中更加便于使用，允许将硬盘划分为多个独立的逻辑存储区，每个存储区称为一个分区。分区的过程涉及建立系统可用的硬盘区域，并将主引导记录和分区表信息写入硬盘的首个扇区。经过分区的硬盘被系统赋予唯一的标识符，使系统能够通过这个标识符来访问硬盘。进行高级格式化即对每个分区进行格式化，使之成为可用的存储空间，高级格式化的主要作用包括安装操作系统，使硬盘同时具备启动盘的功能，以及对指定分区进行初始化，建立文件系统，以便系统能按照特定格式存储和管理文件。

以上这些步骤共同确保硬盘的有效使用，使其成为计算机系统中不可或缺的部分。在实际操作中，对于最终用户来说，硬盘的高级格式化步骤尤为重要，因为这关系硬盘的实际使用效率和数据的组织方式，例如，在高级格式化过程中，可以选择不同的文件系统（如 NTFS、FAT32 等），这些文件系统各有特点和适用场景。选择合适的文件系统既关乎数据存储的效率，又直接影响数据安全性和恢复的可能性。

在档案管理等领域，硬盘存储器因其高容量、高可靠性和较快的数据访问速度而成为首选的存储介质。合理规划硬盘的分区和格式化能够更好地管理大量的档案数据，确保数据的长期安全存储和快速访问。

三、U 盘

U 盘（USB 闪存驱动器）作为一种便携式存储设备，其核心存储组件是快闪存储器（Flash Memory）。这种存储介质与一系列外围数字电路集成在一块电路板上，并被封装在坚固的塑料外壳中。U 盘的耐用性表现在其可重复擦写次数高达 100 万次，以及优异的防潮性能和对极端温度（–40 ～ 70℃）的耐受能力。

U 盘设计的一个关键特性是内置的写保护开关，这是一种防误操作机制，用户可以通过拨动内部的开关来控制 U 盘的写入操作，从而减少操作错误导致数据丢失的风险。U 盘之所以广受欢迎，主要归因于以下几个方面的优势：

（1）U 盘通过 USB 接口直接与计算机连接，无须专用驱动器。这种设计不仅便于文件的共享和传输，还能有效节省成本。

（2）U 盘使用标准的 USB 接口，支持即插即用和热插拔功能，无须外接电源。在配备 USB 端口的计算机上使用 U 盘异常方便，特别是在使用 Windows ME/2000/XP 等操作系统的计算机上，无须额外安装驱动程序。

（3）与传统软盘相比，U 盘的数据存取速度快得多，约为软盘的 15 倍。USB 接口标准主要有 1.1 和 2.0 两个版本，后者提供了更高的数据传输速率。

（4）U 盘的便携性极高，其体积小巧、重量轻盈，仅相当于一支圆珠笔的重量，极易携带。

（5）U 盘的防震性能优越，得益于其无机械装置的设计和坚固的结构，使得 U 盘在承受物理震动和冲击时更为稳定可靠。

在档案管理和数据交换领域，U 盘已经成为一种普遍使用的中间存储介质。它的便捷性和高兼容性使其成为数据快速交换和临时存储的理想选择。尤其在移动环境下，U 盘的小巧设计和稳定的存储性能使其成为传输和携带档案数据的重要工具。

四、移动硬盘

移动硬盘作为一种高便携性的存储设备，以其高容量和快速数据传输特性而在市场上广受欢迎。该设备主要以标准尺寸硬盘作为存储介质，尽管少数产品采用了更小型的硬盘（如 1.8 英寸硬盘）。移动硬盘在数据读写方面与传统的 IDE 硬盘保持一致，但多数情况下采用 USB 或 IEEE1394 等高速接口，能够实现与系统之间的高速数据传输。因此，移动硬盘以其大容量、高传输速率、使用便捷和可靠性强等特点，成了一个极具吸引力的存储解决方案。

在档案馆的数字化档案加工过程中，移动硬盘成为不可或缺的工具。

随着数字化档案数量的持续增长，移动硬盘为"过程中"的数据备份提供了灵活的解决方案，它允许档案工作者在加工过程中及时备份数据，直到数字化工作的最终完成。加工完成后，这些数字化档案信息才会被发布到网络在线存储器上，以供人们使用和利用。为了确保数据的长期安全，已稳定的数字化档案信息还会被备份至光学存储介质，如 MO 盘或 CD/DVD 等。

第五节 档案数字化处理技术

档案数字化处理技术有很多种，本节主要介绍常用的五种技术，如图 6-3 所示。

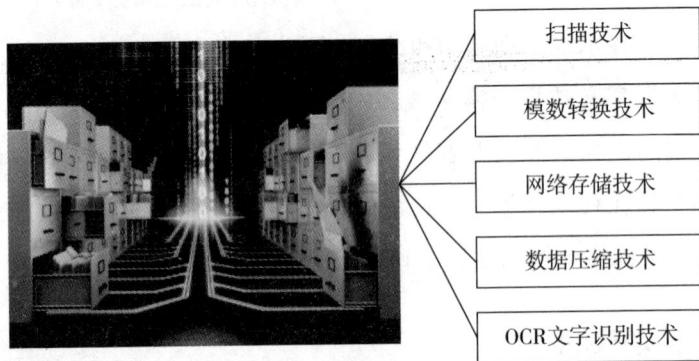

图 6-3 档案数字化处理技术

一、扫描技术

将纸质档案、照片和缩微品等转化为数字信息的核心过程是扫描加工，而数字扫描仪则扮演着这一过程的关键角色。为了有效地进行数字化处理，关键在于深入理解扫描仪的工作机制、不同类型以及其技术规格。这些知识对于选取适合的扫描设备和其高效利用至关重要，正确的设备选择和使用方法可以确保扫描质量，提高档案数字化工作的效率和准确性。

（一）扫描仪基本工作原理

数字扫描仪是一种综合光学、机械和电子技术的高科技产品，能够将传统的模拟图像转换成数字格式。这一过程涉及多个关键步骤，首先是光学扫描，其中扫描仪使用光源照射原始文档，捕获其图像，这些图像随后被传送至光电转换器，通常是一个 CCD（电荷耦合器件），用以将光信号转换为模拟电信号。接下来，这些模拟信号经过 A/D（模拟/数字）转换器转换为数字电信号，并通过计算机接口输送到计算机中，在这一过程中，CCD 的质量和 A/D 转换器的性能对扫描质量具有决定性影响。

在扫描原理方面，扫描仪主要有反射式和透射式两种工作方式。大部分平板扫描仪采用的是反射式扫描原理，它的工作机制类似复印机，在这种扫描仪内部有一个由步进电动机驱动的移动托架，装备有光源、反射镜、透镜和 CCD 光敏元件。在扫描过程中，文档保持固定，而托架则移动，上面的光源随着托架一起移动，照射到面朝下的原稿上。反射回来的光线经过反射镜反射至透镜，再由透镜聚焦后投射到 CCD 上，最终转换成电信号，经过处理后，输出为数字信号。

透射式扫描原理的扫描仪主要分为两种类型：专用胶片扫描仪和混合式扫描仪。在专用胶片扫描仪中，设备的结构设计得较为紧凑，其中包括固定安装的反射镜片、透镜、CCD 光敏元件和光源。在这种扫描仪中，胶片原稿是可移动的部分，通常固定在一个由步进电动机控制的移动架上，扫描过程中，胶片原稿被缓慢移动，光源透过胶片，光线被反射镜反射并通过透镜聚焦，最后由 CCD 元件捕捉并转换成电信号，这些信号经过译码处理后传送至计算机，这种专用扫描仪适用于扫描胶片等透光材料，能够精确捕捉细节和色彩。混合式扫描仪则是对普通平板扫描仪的一种改良，通过在扫描仪上增加带有独立光源的配件，使其具备了透射式扫描的功能。这种扫描仪能够处理胶片的正片和负片，在使用时，胶片原稿被固定，而带有独立光源的移动托架在电动机的驱动下移动，光源随着托架同步移动，透过胶片照射至托架上的反射镜、透镜和 CCD 元件，然后转换成电信号，最终，这些数字化图像经过处理后发送到主机。这种混合式扫描仪的优势在于其多功能性，既能处理普通文档，又能扫描透光材料，为档案数字化提供了更广泛的应用范围。

（二）扫描仪最新发展

扫描仪在档案管理中的应用日益普及，随之而来的是对其技术的不断创新和提升需求。镜头和 CCD 作为扫描仪的核心部件，其质量直接决定了扫描成果的质量。现代扫描仪中的"镜头技术"，特别是可变焦距镜头技术和多镜头技术的应用，极大提升了扫描仪的性能，这些技术通过采用多个自动变焦镜头或镜片组合，并配备精密的电机伺服系统，一方面提高了图像的均匀度和锐度；另一方面确保了边缘聚焦的准确性，有效提升了整体的扫描质量。

在档案管理领域，随着对扫描仪精度、准确度、灵敏度和速度要求的提高，生产厂商在技术研发方面持续努力。其中，RBC 同步扫描技术、高速图像处理技术、色彩增强技术、智能去网技术和光学分辨率倍增技术等的发展为档案数字化提供了更高效、更准确的扫描解决方案，这些进一步提升了扫描速度和图像质量，增强了扫描仪处理复杂档案材料的能力。为了满足档案管理中的特殊需求，生产厂家将多种技术融合应用于扫描仪的设计和制造中。新型的扫描仪具备全息无损、自动定位、高速采集、超大幅面和智能化图文优化等功能，使档案扫描工作更为高效、方便。此外，图像文件的批处理功能也极大地降低了档案加工人员的劳动强度。

这些技术的应用除提升了档案数字化的效率和质量外，也为档案的长期保存和便捷检索提供了更为可靠的技术支持，例如，零边距和无边距的扫描技术能够确保档案资料的完整性，而自动翻页功能则显著提高了批量档案处理的速度。创新技术的融合使得扫描仪不再是一个简单的数字化工具，而是档案管理中的一个综合解决方案，充分满足了档案管理工作中对高效性、准确性和便捷性的需求。未来，随着技术的不断进步，可以预见扫描仪将在档案管理领域扮演越来越重要的角色，为档案的数字化转型和智能化管理奠定坚实基础。

二、模数转换技术

声像档案的数字化转换是一个专业性极强的技术过程，与纸质档案的数字化截然不同。这一过程涉及模拟信号到数字信号的转换，因为传统的声像档案大多以模拟格式（如磁带、录音带、录像带）存储。在声像档案的数字化中，核心技术是模数转换，即将模拟输入信号转化为二进制的数字信息。这一技术包括四个主要环节：采样、保持、量化和编码。每个环节都需要借助特定的技术和设备来实现。因此，在进行声像档案的数字化工作时，了解并熟练掌握相关转换设备的功能、性能和操作规程至关重要。

在实际的声像档案数字化转换过程中，通常依赖一系列专业设备组成的声像模拟数字转换系统，包括模拟声像资料播放机、数模转换线、视频采集卡、影像工作站等，这些设备共同构建了一个完整的转换系统，实现了从模拟声像档案到数字信息的转化。值得注意的是，声像数据的数字化转换是一个实时的过程，例如，将一小时长的模拟声像资料转换为数字格式也需要相同的时间长度，这就要求在数字化转换过程中，设备必须保持稳定运行，以确保转换的连续性和准确性。为了提高效率和质量，转换过程中还需考虑信号的噪声抑制、动态范围优化等技术处理。

三、网络存储技术

（一）存储设备与主机的连接方式

在数据存储领域，主机与网络存储系统之间的连接方式多样化，主要分为在线存储（On-line Storage）、近线存储（Near-line Storage）和离线存储（Off-line Storage）。在线存储，例如通过直接连接服务器的磁盘阵列系统，提供了快速的数据访问速度，但代价是较高的成本。这种方式适用于对数据存取速度要求苛刻的应用环境，如实时数据处理和高速交易系统。近线存储，例如光盘库系统，介于在线和离线存储之间，提供中等水平的存取速度和合理的成本，适合档案馆和图书馆等对即时访问速度要求不高的场合。而离线存储则主要涉及磁带库和其他脱机存储设备，特点是平均存取速度较低，但成本更低，适合大规模数据备份、长期数据保留或保密数据的安全存储。

（二）网络存储解决方案

本书将网络存储解决方案总结为以下几点，见表6-4。

表6-4　网络存储解决方案

存储技术类型	主要特点	应用场景
直接附加存储（DAS）	直接通过SCSI接口连接至服务器；没有独立操作系统；数据存取速度快	适用于存储需求较小的档案馆或小型组织；适合快速数据访问需求
网络附加存储（NAS）	基于文件级的存储；通过局域网直接接入；支持异构操作环境下的数据共享	适用于需要跨部门或地点共享档案资源的场合；适合大规模的文件存储和管理
存储区域网络（SAN）	高速网络连接存储设备；基于数据块的访问；高性能连接、高可靠性	适用于海量数据存储需求；适合省市级档案馆等大型组织
内容寻址存储（CAS）	针对静态、非结构化数据；通过内容地址存储和访问数据；保证数据的长期完整性	适用于长期保存的档案信息；适合存储访问频率不高但需永久保存的档案信息

1. 直接附加存储（DAS）技术

直接附加存储（Direct Attached Storage, DAS）技术是一种传统的数据存储方法，通常涉及将存储设备（如磁盘、磁带、磁盘阵列或带库）通过标准的 SCSI 接口电缆直接连接至服务器或客户端的扩展接口上。DAS 系统本身不配备独立的操作系统，而是依赖其宿主设备——服务器或客户端的操作系统，来执行数据的存储与管理任务。在这种配置中，服务器与存储设备之间的通信通道是专用的，存储设备仅能被直接连接的服务器通过一个智能控制器访问。DAS 技术的发展主要是为了解决服务器内部驱动器扩展槽的限制。当服务器需要更多存储空间时，可以简单地通过增加一个存储设备来实现。DAS 还允许一台服务器成为另一台服务器的数据镜像，这通常是通过直接将一台服务器连接至另一台服务器的接口来实现的。DAS 的主要优势在于数据存储速度快，能够为用户提供实时在线的数据访问，从而确保快速响应。DAS 的不足之处在于对服务器资源的大量消耗。随着用户数量的增加或服务器应用程序的繁忙，服务器可能成为数据存储与访问的瓶颈，特别是当更多的存储设备和服务器被加入网络时，DAS 环境可能导致服务器和存储设备孤岛的数量急剧增加，从而带来巨大的管理负担，并降低资源利用效率。由于 DAS 受限于服务器的扩展能力，其存储容量存在一定的限制，不能进行无限制扩容，因此，DAS 更适合存储需求相对较小、数字化信息量不大的档案馆或小型组织使用。在这些场景中，DAS 提供了一种经济高效的解决方案，既能满足基本的存储需求，又能保持系统的简洁和易于管理。对于那些需要大量存储和高度可扩展性的档案馆来说，可能需要考虑更为先进的存储解决方案，如网络附加存储（NAS）或存储区域网络（SAN），虽然这些解决方案在初始投资上可能较高，但在长期运营中，它们提供了更高的灵活性、更好的性能和更高效的资源利用率。

2. 网络附加存储（NAS）技术

网络附加存储（Network Attached Storage, NAS）技术代表了一种基于文件级的存储架构，特点是将存储设备直接接入局域网，提供独立的文件存储服务。NAS 系统通过在存储设备与网络之间增加一个额外的层来实现对共享存储文件的寻址，通常采用基于 IP 协议的网络文件系统（NFS）或通用互联文件系统（CIFS）。这种设计使得 NAS 存储设备在网络中独立于主服务器，允许客户端直接访问存储在 NAS 服务器上的数据，无须通过中央服务器。

NAS 服务器的构成通常包括存储硬件（如硬盘驱动器阵列）、专用操作系统以及文件系统等核心组成部分。NAS 的一个显著优点是允许多台服务器共享同一存储设备，这与直接附加存储（DAS）技术的局限性形成了鲜明对比。NAS 不仅可以实现在异构操作环境下的数据共享，而且提供了即插即用的灵活性，支持在线扩容，并具有出色的可扩展性。由于 NAS 设备是网络中独立的存储单元，它减轻了单台服务器对存储资源的依赖，进而更加高效地利用存储能力，降低了整体的存储成本。NAS 支持多种操作系统平台，只要它们兼容 IP 协议，便能实现无缝接入。

NAS 的典型应用场景包括使用 TCP/IP 协议的以太网文件服务器，其数据操作主要以文件为单位。存储介质的选择十分灵活，可以是磁盘、磁盘阵列、光盘或磁带，根据实际需求和应用场景进行配置。在档案管理领域，NAS 提供了一种高效的方式来存储、管理和共享大量的数字档案，特别是在需要跨多个部门或地点共享档案资源的情况下，NAS 的应用能够显著提高档案管理的效率和便捷性。此外，NAS 的灵活性和可扩展性也使得它能够适应档案管理需求的快速变化，为长期的档案数字化存储提供了坚实基础。

3. 存储区域网络（SAN）技术

存储区域网络（Storage Area Network, SAN）技术是一种专门设计的高速网络，用于连接存储设备（如磁盘阵列和磁带库等）相关服务器。SAN 通过使用光纤集线器、光纤路由器、光纤交换机等高性能连接设备，构建了一个专用的存储子网，这种架构允许任何存储单元通过多个交换机连接至各服务器，在访问路径上提供了冗余性，增强了网络的可靠性。SAN 的交换式架构消除了单个交换机故障导致的单点失败问题，通过提供多条路径来保证数据通信的稳定性。

　　SAN 子网专注存储任务，因此不会占用服务器处理其他任务的网络带宽，它通常由 RAID 阵列、带库、光盘库和光纤交换机等组件构成。与服务器的数据通信主要是基于数据块的命令集，而非传统的 TCP/IP 协议。这种基于数据块的访问方式使得服务器能够访问存储在共享存储设备上的任何数据块，而文件级访问只能针对整个文件。可以说，SAN 提供了较高的灵活性和处理速度，特别适合需要快速数据处理的环境。

　　SAN 构成的这个独立网络专用于集中和共享存储资源，与应用网络完全隔离，它既提供了高性能的连接，加快了数据备份速度，又通过增加存储系统的冗余链接，提供了对高可用群集系统的支持。简而言之，SAN 是连接存储设备和服务器的网络，与以太网在架构上有所相似，就像以太网由服务器、以太网卡、集线器 / 交换机及工作站构成一样，SAN 由服务器、HBA 卡、集线器 / 交换机和存储设备构成。

　　存储区域网络（SAN）系统是由多个关键组件构成的复杂网络，包括各种接口（如 SCSI、光纤通道、ESCON 等），连接设备（如交换机、网关、路由器、集线器等），通信控制协议（如 IP 和 SCSI），以及附加的存储设备和专门的 SAN 服务器。SAN 的主要特点如下：

　　第一，SAN 提供了一个基于光通道的专用且高度可靠的存储网络，支持独立地增加存储容量。这一特性使得 SAN 非常适合那些需要大量存储扩展的场景。

　　第二，SAN 可以轻松地与现有的局域网（LAN）相连接，实现任何服务器对任何存储阵列的访问。这种灵活性确保了无论数据存放在何处，服务器均能直接访问所需数据，简化了管理和集中控制，尤其在存储设备集群化时更为显著。

　　第三，SAN 通过同一物理通道支持广泛使用的 SCSI 和 IP 协议，打破了传统基于 SCSI 的存储结构布局的限制。在进行数据备份操作时，SAN 网络的高效性意味着不必担心这些操作对整体网络性能的影响。而光纤接口所提供的高达 10 千米的连接长度使得在物理上分离且位于机房之外的存储部署变得轻松可行。

虽然 SAN 系统具有诸多优势，如高可靠性、高灵活性和良好的扩展性，但其初期构建成本较高，因此，SAN 技术通常更适用于那些拥有海量数据存储需求和较强经济实力的省市级档案馆。这些档案馆可以充分利用 SAN 技术带来的高效存储管理和数据保护能力，实现大规模数据的安全、高效存储和处理。

4. 内容寻址存储（CAS）技术

内容寻址存储（Content Addressable Storage, CAS）技术是一种专门为存储非结构化、静态数据而设计的存储方法，它与基于文件访问的直接附加存储（DAS）和网络附加存储（NAS），以及基于块寻址的存储区域网络（SAN）形成鲜明对比。CAS 通过内容寻址的方式存储数据，主要针对的是固定内容的对象，如文档、电子邮件、影像、流媒体（包括视频和音频）、CAD 图纸以及各类数据交易的历史记录等。在 CAS 中，由于内容数据的大小无上限，每个内容对象通过独特的内容地址进行存储和读取。

CAS 技术的一个关键特点是其数据的组织和存储方式对于外部应用是不可见的，对于用户来说，它是一个数据存储的"黑盒子"，用户无须关心数据是如何存放的，而是通过 CAS 提供的专有应用编程接口（API）来实现对存储设备上数据的存取或访问。为了方便用户存取和访问 CAS 设备中的内容，许多提供内容存储解决方案的厂商开发了专门的应用程序，使得用户在操作 CAS 设备时，其体验与常规的文件操作非常相似。配套的管理软件为 CAS 设备提供了多项功能，以确保数据的完整性、有效性和安全性。例如，通过为每个文件设置保存期限，防止人为或故意的修改和删除；确保相同内容的文件不会重复保存，任何修改都会生成新的文件，从而保证文件的真实性。另外，CAS 还采用了单点无故障的结构，以最大限度减少技术变化对数据存储的影响。所有这些特点都非常适合档案数据的管理，特别是那些需要永久保存且访问频率不高的数字化档案信息。

对于档案馆而言，在构建存储解决方案时，可以考虑结合 SAN 和 CAS 技术，实施分级存储策略，这种策略可以将访问频率和速度要求较高的数字化档案信息存储在基于 SAN 构建的网络中，而将长期保存且访问频率较低的档案信息存储在 CAS 设备中。这样的组合既能满足用户对档案的即时利用需求，也能保证档案的长期安全保存，降低管理的复杂性。

四、数据压缩技术

在档案信息化过程中，面临的主要挑战之一是处理和存储各种类型的数字化档案信息，包括文本、图形、图像、声音、影像以及其他多媒体信息等，这些不同类型的文件通常需要采用合适的存储格式。由于数字化档案信息通常伴随着庞大的数据量，这对系统的存储容量和网络传输带宽提出了较高要求。为了解决这一问题，通常会采用数据压缩技术，以减少文件和数据的存储容量，并提高网络传输效率。数据压缩技术的应用可以显著降低存储空间的需求，缓解网络传输的压力，通过将原始数据压缩存储，并在需要时进行解压缩，可以保持数据的完整性和可用性，同时实现资源的高效利用。数据压缩方法多样，主要分为两类：无损压缩和有损压缩。

无损压缩技术依靠对数据中的统计冗余进行编码，以实现压缩，其核心优势在于能够在不引入任何失真的情况下完全恢复原始数据。然而，无损压缩的效率受限于数据本身的统计冗余度，通常压缩比率在 $2:1\sim5:1$，这种方法特别适用于需要保持数据完整性的场景，如文本数据、程序代码以及特定应用领域的图像数据（例如指纹图像、医学图像等）。虽然无损压缩对数据的保真度有显著优势，但由于其较低的压缩比率，并不足以单独解决高体积的图像和数字视频数据的存储与传输问题。

相较之下，有损压缩方法则基于人类视觉系统对图像中某些频率成分的不敏感特性，允许在压缩过程中舍弃一部分信息，虽然这种方法无法完全恢复原始数据，但它牺牲的信息通常对理解原始内容的影响较小，却能换取更高的压缩比。因此有损压缩技术广泛应用于语音、图像和视频数据的压缩，特别是在媒体文件的存储和传输上。

JPEG 是广泛使用的静态图像压缩标准，它适用于彩色或灰度的连续色调静态数字图像，能够在保持较高图像质量的同时，实现显著的数据减少。而 MPEG 是一种流行的运动图像压缩编码标准，特别是 MPEG-4，它在保持较高视觉质量的前提下，能实现高达 60 ～ 100 倍的压缩比。不过，MPEG 压缩算法的复杂性和巨大的计算量通常需要专门的硬件支持。H.261，作为一种视频通信编码标准，也称为 PX64K 标准，主要应用于电视电话或会议电视，提供高达 50 ：1 的压缩比。

在数字档案馆的建设中，图像和视频压缩技术与网络技术的结合应用具有重要意义，这些技术不仅能够实现远程档案图像和动态信息的高效归档，还能支持在线访问和交互，显著提高数字档案的访问效率和用户体验。随着这些技术的不断发展和优化，未来在数字化档案管理及其应用领域，它们将发挥越来越关键的作用。

五、OCR 文字识别技术

档案内容数字化工作的流程分为两个关键阶段：数字化预加工和深加工。预加工阶段主要涉及将纸质档案、照片档案、缩微胶片等非数字化材料转换成电子图像文件，这个阶段通过使用扫描设备或数字拍摄技术，实现档案内容的初步电子化，但尚未对纸质档案上的文字信息进行深度处理。而深加工阶段则着重提取档案内容中的文字信息，以便实现全文检索等高级功能。在这一阶段，光学字符识别（Optical Character Recognition，OCR）技术被广泛应用于从数字化的图像文件中提取档案标引信息和全文信息。

　　具体到档案数字化加工的各个步骤，首先是图文输入，这一步骤将档案原件转化为数字化图像文件，通常通过扫描或数码拍摄等方式完成。接下来的预处理步骤是文字识别前的关键准备工作，包括版面分析、图像净化、二值化处理和文字切分等，这一阶段的处理效果将直接影响后续识别的准确率。单字识别是 OCR 技术的核心，包含文字特征抽取和分类判断算法。计算机识别文字的过程类似人脑识别文字的机制，需要存储文字的基本特征，如结构、笔画等，这一过程涉及存储和提取文字信息的复杂算法，通常基于文字的笔画、特征点，投影信息、点的区域分布等进行分析，常用方法包括结构分析和统计分析。最后一步是后处理，涉及对识别结果的匹配处理，即将单字识别结果与词库中的词进行比较和校对，以此提高系统的整体识别率并减少误识率。

第七章　档案管理信息化建设的创新对策

第一节 统筹管理多载体档案

一、档案目录信息统筹管理

无论对于传统纸质档案还是电子档案，档案管理中的整理、分类和编目工作都是核心环节，这些活动构成了档案工作的基石，而档案目录则是提供档案服务和实现有效档案检索的关键。在传统档案馆中，手写目录一直是常见的记录方式，然而，随着技术的发展，新入库的档案逐渐转向机读目录，采用如 Excel、Access、Word 等软件，或以关系型数据库的形式存储目录信息。

为了提升档案的利用率，档案机构必须对现存和未来新增的档案目录信息进行统一整合，包括根据档案的来源或信息分类原则进行细致的整理和分类，并将它们融为一个全面的目录信息库。通过档案管理信息系统的应用，可以对这些目录信息进行集中管理，实现资源共享和统筹管理，以避免某些档案机构中出现的情况——电子档案依赖管理信息系统，而纸质档案仍旧依靠手工检索。

在档案馆信息化过程中，目录信息的数字化是一个不容忽视的任务，即便面临庞大的工作量和过去未录入的挑战，也不能让其成为阻碍档案信息化发展的历史遗留问题。数字化不仅提高了档案检索的效率和准确性，还增强了档案的可访问性和利用性，通过将所有档案目录信息纳入统一的数字化档案管理系统，档案机构能够为研究人员和公众提供更加便捷和全面的服务。数字化目录的实施需要综合考虑档案的性质、分类、重要性以及用户的检索需求。另外，这一转换过程还应包括对老旧档案目录的更新和标准化，确保所有目录数据的一致性和互操作性，以保护珍贵的档案资源，为未来的档案工作提供坚实基础，确保档案的长期保存和有效管理。

档案目录信息的综合管理不只涉及案卷目录的整理，更包括卷内文件目录的细致管理，并确保这两者之间的有效关联，这种管理策略的核心在于通过计算机化手段，实现案卷目录与对应卷内文件目录的密切连接。在这一系统下，一旦案卷目录被检索到，用户可以轻松地浏览其内部文件目录，从而提升检索的效率和准确性。同样，访问特定卷内文件目录时，用户也能迅速找到相关案卷目录及其在档案库房的具体存放位置，简化了调阅档案的流程。

实现档案信息化是一个分阶段的过程，受限于档案馆的人力、财力和物力资源，这一进程需要逐步推进。在这个过程中，档案机构需要根据工作的紧迫性来确定优先解决的问题，例如，有些档案馆在信息化的初始阶段重点关注新收档案的目录建设和全文管理，而将现有馆藏档案的目录整理和数字化作为后续阶段的工作重点。而资源雄厚的档案馆则可能选择同步进行这两项工作，以加快档案数字化处理和信息化利用的步伐。

无论采取哪种策略，档案信息化的最终目标都是实现档案资源的全面数字化管理。这不仅提升了档案工作的效率和方便性，也极大地便利了档案的使用者。更重要的是，这样的信息化布局为档案资源的社会化服务和信息共享奠定了坚实基础，促进了档案工作的现代化和效率化。通过这种统筹管理，档案信息的可访问性和透明度得到显著提升，为学术研究、公共服务和历史文化传承提供了强有力的支持。

二、目录全文一体化管理

档案全文的概念涵盖了档案内容的多种数字化表现形式。一方面，包括将传统纸质档案、缩微胶片、照片等通过数字化手段转化为静态图像文件，以及将磁带、录像带等通过模数转换技术转化为数字格式的声音和图像等多媒体文件；另一方面，它指的是各种机构在使用计算机和办公自动化系统产生的电子文件，这些文件在归档后形成的数字化档案信息。与档案目录信息相比，档案全文提供了更为详尽、完整和精确的内容和信息，是档案的核心实体。但是，许多档案馆在收纳电子文件或进行数字化加工时，并未对这些原始全文信息进行有效的管理，其常常被存储在光盘、硬盘或网络存储器中，并像传统纸质档案一样存放在档案库房，往往缺乏必要的分类、编目和系统化管理，这与数字化档案的初衷——便利利用和快速检索背道而驰。数字化档案的最大特点在于便利的利用性和快速的检索性，档案馆投入大量的时间、人力、物力和财力进行档案数字化与接收电子文件的根本目的在于提升档案的可用性，保护频繁使用的历史档案。因此，实施目录与全文一体化管理是档案信息化管理中的一种有效手段，这种方法的工作原理是首先在档案目录中进行检索以缩小搜索范围，随后通过全文检索精确定位所需档案。在实际操作中，通常的做法是采用关系型数据库管理系统对档案目录信息进行统一管理，并将扫描生成的图像文件和新接收的电子文件或档案以文档对象或文件形式存储于文件服务器或内容服务器上，同时通过特定的访问规则将档案目录信息与这些文件对象关联起来。

在档案目录信息检索过程中，用户可根据检索结果直接浏览和检索档案全文。此外，档案信息系统还需根据设定的用户权限，对目录和全文的浏览、检索进行相应的权限控制，这种集成管理模式不仅能够提高档案信息的检索效率，也极大地方便了用户对档案的查询和利用，确保了档案内容的安全性和完整性。

在数字档案管理领域，许多档案馆正采纳一种高效的"目录全文关联归档"方法来处理电子文件，这种方法的核心在于将电子信息细致地分类并编制成易于检索的目录结构，确保电子原始文档与相应的电子目录紧密关联。具体操作是将电子全文信息与目录信息分别存储，以确保两者的独立性与互联性。在这一过程中，关键在于将电子信息分类、编目，并构建档案目录信息，这些目录信息被存储于关系型数据库中，而电子全文则安置在文件服务器或作为二进制存储对象存放在数据库中。

为了实现电子信息的有效归档，需进行周密的分类编目工作，并且精确梳理目录与原文之间的对应关系。为保证电子文件/档案的可读性，建议建立一个"电子信息背景应用环境"的自动下载中心，这一中心可视为一个逻辑管理中心，它集中存储所有待归档信息，虽然其物理位置可能散布在各个业务系统内部，或存放于档案馆专用服务器上，但利用网络技术，电子信息的物理存储位置已不再是主要关注点。关键在于确保档案管理人员能够便捷地管理和访问这些信息，达到有效管理电子档案的目的。

在档案信息利用领域，不同类型的档案通常吸引特定领域的专业用户，例如，工程设计或建筑专业人士主要关注工程图纸类档案，而对财务类档案的兴趣相对较小。这种用户行为特征指导着档案管理策略的制定。基于此，"目录全文关联归档"方法应运而生，旨在高效满足专业用户的精确需求，与传统的"脱机存储法"不同，该方法避免了为每类电子文件记录过多的应用背景和环境信息，从而减少了存储介质中的冗余信息，实现资源的合理利用和节约。"目录全文关联归档"方案还考虑到不同用户对档案内容的多样化需求，例如，单位领导可能需要查阅各类综合档案信息，为了适应这一需求，该方案提供了一个"电子信息背景应用环境"的自动下载功能，当用户需要查阅某个类别的数字档案，而其客户机上未安装相应的运行环境时，系统会自动提示并协助用户下载所需的应用环境。

实施"目录全文关联归档"不仅要求档案工作者更新传统的工作模式，更需要他们从档案利用者的实际需求出发，深入分析不同类型档案的使用范围和特性。遵循档案管理的基本原则和标准，档案工作者应对部门产生的电子档案执行即时归档处理，将"目录全文关联归档"的理念贯穿电子档案的整个形成过程。实施这种归档策略的关键在于档案工作人员的能力转变，他们需要利用现代化管理工具，通过网络平台有效进行档案的指导、鉴定、归档和管理。工作重心应从被动接收档案转变为主动挑选和筛选，确保仅将真正具有价值、未来可能被社会广泛利用的电子文件转化为永久性档案资源。

"目录全文关联归档"策略在电子文件归档过程中展现了档案工作者"主动服务、一体化管理"的新理念，该策略既确保了电子信息归档后能够获得科学且有序的管理，又保证了档案信息的有效利用。多数档案馆已经采纳这种策略，并将其应用于馆藏档案的数字化处理、目录信息与电子图像信息的管理中。

三、档案工作的"双轨制"

在信息化时代的浪潮中，虽然电子文件和电子档案的产生和积累日益增多，但这并不意味着纸质档案的重要性会减弱。当前，电子档案在法律地位、长期保存和安全性等方面仍面临诸多挑战和需要解决的问题，与此同时，经历了数千年历史考验的纸质档案展示了其独特的长期保存能力。因此，在未来一段相当长的时间内，电子档案和纸质档案并存将成为档案领域的一种常态。这种"双轨制"模式，即电子档案与纸质档案的互补共存，将塑造 21 世纪档案工作的主要特征，共同记录和反映人类的历史和文化。

在信息化发展的背景下，"双轨制"管理模式成为许多机构在文件管理中的一种常见做法，这种模式涵盖了从文件产生、处理、归档到保存和利用的整个过程，特点是纸质文件和电子文件并行存在，共同参与办公流程的各个阶段。具体来说，在这种模式下，文件（包括接收、发送和内部文档）在进入业务流程时，会同时采用纸质和电子两种形式，业务人员需要对这两种具有相同内容的文件进行平行处理。这表明，"双轨制"模式的关键在于从文件产生之初就用两种形式记录社会活动信息。

实行全面的"双轨制"是许多机构在信息化初期阶段的选择，尤其在《中华人民共和国电子签名法》发布之前，由于电子文件的法律地位不明确，其安全性、真实性和完整性难以保证。但是，随着该法律的实施，电子签名获得了与传统签字或盖章同等的法律效力，电子文件也被认可为具有法律效力的书面文件，为无纸化办公和电子文件的全面应用奠定了法律基础。在电子签名法生效后，借助网络环境、数字签名和身份认证技术，可以确保电子文件在创建、审批、流转、会签、归档等各环节的原始性、完整性、有效性和可读性，这标志着向无纸化办公的转型，以追求更高的办公效率和科学化、规范化、自动化的管理成为21世纪的现实需求。因此，随着电子文件管理技术的不断成熟和完善，"双轨制"在文件流转过程中的必要性逐渐成为业界和学术界的关注焦点和研究重点，探讨其在现代办公环境中的适用性和效率成了一个重要议题。

网络和电子环境的固有特点，如不稳定性和快速淘汰的特性，确实为档案管理带来了一定的挑战，尽管如此，技术的进步总是伴随着对旧版系统的兼容性和新数据迁移方法的发展，这确保了原有电子数据的有效性和可访问性。实际上，许多时候出现的电子数据"不可读"或"丢失"的情况通常是由于在关键的技术升级时期，管理上未能及时执行数据的转换或迁移工作所导致，这种情况更多的是管理上的疏忽，而非技术本身的问题。但每次数据的迁移或转换过程都有可能对档案文件的原始性造成损害，或导致一些关联信息的丢失，这种风险恰恰突显了实行"双轨制"档案管理模式的重要性。通过同时维护电子文件和其对应的纸质记录，可以在一定程度上缓解由于技术迁移带来的数据损失或变更的风险，从而保护档案的完整性和真实性。此外，"双轨制"除为档案的长期保存提供了一个安全网外，还有助于档案管理适应不断变化的技术环境，确保档案信息无论在何种形式下都能被保存和利用。所以，在技术迅速发展的当下，实施"双轨制"档案管理策略是确保档案长期存储安全性的一种重要方法。

虽然实施全面的"双轨制"档案管理能够提高档案的可靠性和安全性，但它同样伴随着显著的资源投入和管理复杂性增加。为了平衡效率与保护，许多机构选择了"双套归档"策略，这种策略包括两种主要做法：一是在电子文件归档前，将办公自动化系统中符合归档要求的文件打印成纸质形式，然后同时将电子版和纸质版交付档案馆；另一种是对纸质文件进行数字化处理，创建电子文件的拷贝。这种方法允许电子档案便于网络化访问，而纸质档案则主要用于长期保存。有些机构还采用缩微技术，以此实现档案的缩微化存储，进一步提升存储效率和安全性。

以上这些方法会增加档案馆在接收、管理档案时的复杂性，并提高档案管理和存储的成本，但它们在 21 世纪的档案工作中占据着主流地位。随着时间的推移，档案馆中纸质档案与电子档案的比例将逐渐变化，尽管纸质档案仍将长期占据馆藏的主体位置。因此，档案馆需要根据自身条件（如可用资金、人力资源、技术设施等），来确定最合适的档案接收策略，包括决定是对所有档案实施双套归档，还是仅针对部分重要档案执行此策略；是根据档案利用需求逐步进行数字化，还是一次性完成全部档案的数字化处理等。每个档案馆的具体情况有所不同，所以没有一种固定模式可以完全套用。这要求档案馆在执行档案管理和数字化进程时灵活调整策略，以最有效地满足其独特的需求和约束条件。

第二节　文档一体化管理

一、文档一体化管理思路

文档一体化管理注重确保从电子文件的生成到其生命周期结束的整个过程中信息的完整记录和连续性管理，其核心在于实现电子文件管理与日常业务活动的无缝对接和有效互动。这种一体化的管理方式在以下几个方面体现出其核心思路，如图 7-1 所示。

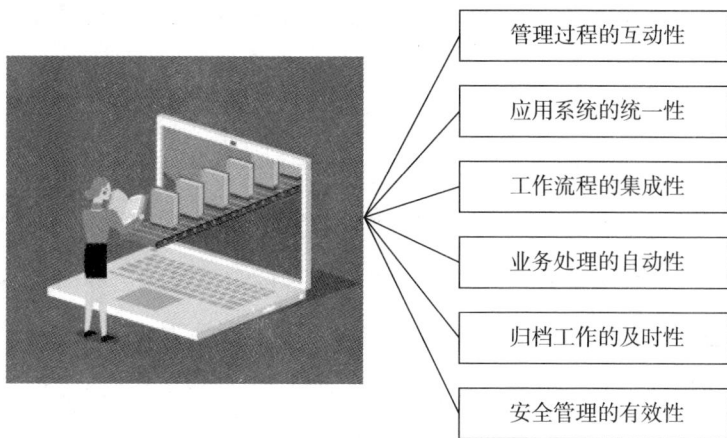

图 7-1　文档一体化管理的思路

（一）管理过程的互动性

文档一体化管理的一个显著特点是强调业务系统工作与档案工作之间的紧密联系和交叉。一方面，这种方法使档案管理人员能够从文件产生之初就介入，进行文件的鉴定、归档及其后续管理，通过这种前端参与和过程控制，增强了将有价值的文件转化为社会财富的能力；另一方面，这也让从事业务活动的工作人员对档案的重要性有了更深刻的认识，他们不仅意识到只有通过完整地归档并移交有价值的文件给档案部门，相关工作才算真正完成，也意识到在业务活动中的责任感和积极性，注重记录和积累电子文件活动过程中的所有重要和有价值的信息，以确保电子文件的真实性和完整性。管理过程中的这种互动性增强了各方参与者在工作中的交流和沟通，对于形成和积累反映社会活动真实记录的有价值、完整的电子档案具有极其重要的意义。

（二）应用系统的统一性

文档一体化管理策略的核心在于构建一个统一的管理信息系统，该系统在同一网络环境下运行，并依托共同的服务器和数据库管理平台，该系统设计的关键在于采用了统一的数据存储格式和文件处理标准，并根据用户角色划分不同的操作权限。具体来说，在文档的生成、处理、审批等业务处理阶段，业务操作人员可以进行文件的增加、修改、删除等操作，而档案管理人员则主要拥有查阅和浏览的权限。当文件结束其现行业务周期并进入归档阶段时，电子文件的归档整理由专门人员负责，其任务是筛选和整理文件，而档案管理人员则负责对电子文件进行鉴定和提供归档前的相关指导。文件正式归档成为电子档案后，档案管理人员的角色转变为负责电子档案的保护和维护，并为档案形成单位和社会提供档案的查询和利用服务。这种统一的应用系统设计减少了文件到档案转换过程中的数据转换和迁移需求，有效维护了文件信息的原始性和完整性，统一化的操作平台也简化了工作人员的操作流程，降低了操作错误的可能性，提高了整体的工作效率。在这个过程中，不同角色的工作人员能够根据自己的权限和职责，高效地完成各自的任务，确保了文件和档案管理工作的连贯性和一体性。

（三）工作流程的集成性

集成性体现在将文件和档案的管理流程整合为一个连贯的过程，打破了传统文件管理中现行期、半现行期和非现行期的清晰界限。这一模式倡导在一个统一的系统中，通过一个集中的控制中心、统一的工作制度和程序，将档案的著录、鉴定、保存和管理等工作与文件的形成、流转、会签、批准、整理、归档、移交、保存或销毁等各个环节紧密结合，实现整个过程的无缝连接和信息共享。

1.归档工作与文件处理业务活动的集成

在办公自动化系统中，文件的生成和处理与归档工作的集成是文档一体化管理的关键环节。单位在使用办公自动化系统处理文件时，可以在重要文件上标注归档标记，确保文件处理完毕后即刻存入档案数据库，简化归档流程，确保文件在其生命周期的每个阶段都被有效管理。此举意味着归档工作不再是业务活动结束后的附加任务，而是整个业务流程不可或缺的一部分。

2. 归档工作与鉴定工作的集成

此过程从文件生成开始，通过对重要文件的及时归档标记，为后续的档案鉴定工作提供了初始基准。档案工作者在进行文件鉴定时，特别关注已标记的文件，以确保保存价值的准确评估和高效的鉴定流程。该方法促进了文件的质量控制与技术鉴定的同步进行。

3. 归档工作与用户权限设置、数据备份等安全保护活动的集成

随着文件由形成单位转移到档案保管单位，系统用户的操作权限发生相应变化，以确保文件的安全性和完整性。此外，归档过程中自动进行的电子签章和数据备份等安全保护措施进一步加强了档案信息的保护。

4. 归档工作与档案整理工作的集成

归档与档案整理工作的集成实现了文件自动分类和著录的高效流程。在归档过程中，系统首先根据预设的档案目录规则自动执行分类和著录任务，减少了人工干预的需要；然后，通过人工核对和确认，确保了归档文件的准确性和完整性，也添加了档案馆所需的额外元数据信息。

（四）业务处理的自动性

文档一体化管理模式在自动化业务处理方面展现了信息技术的强大能力和工作流程管理的高效性。在这种模式下，通过依赖数字环境下的网络、计算机及先进信息系统，各项业务处理环节实现自动化，显著提升了工作效率并降低人为错误。特别是在电子文件管理中，自动化技术的应用范围涵盖了版本信息的自动追踪、责任链信息的记录等关键环节。而基于管理规则的自动化技术在电子档案的标引过程中同样发挥了关键作用，自动化地标记和索引电子档案，使得档案的分类、存储和检索变

得更加精确和高效，这些自动化处理过程都是在系统对用户身份进行认证后进行的，确保了在电子文件的整个生命周期中信息的真实性和完整性得到了可靠保障。

（五）归档工作的及时性

在这种模式中，档案管理人员得以即时对那些已完成其现行期任务的电子文件进行归档、鉴定和整理工作。当电子文件的生成部门确认文件已无须继续使用时，档案工作者即刻开始归档过程，确保文件的即时安全存储和快速处理。此归档方式有效地避免了传统隔年归档模式中存在的问题，如文件丢失、信息泄露或处理滞后等风险。通过实施及时归档，文档一体化系统确保了电子文件从完成其使命到存档的过程无缝衔接，显著提高了档案管理的效率和安全性。

（六）安全管理的有效性

文档一体化管理模式下的安全管理体现在两个关键方面：自动化的归档过程和同步管理的数据安全性。此模式通过高度自动化的处理流程，简化了电子文件的归档操作，减少了人为干预，提高了归档工作的效率和准确性。它通过同步管理电子档案原始文件和档案目录数据，确保了档案的完整性和一致性，极大地提高了档案管理的规范性和安全性。虽然网络和信息系统可能带来安全风险，但可以通过采用现代技术手段加以控制和缓解这些风险，如加密技术、访问控制、数据备份和恢复策略等措施，有效地保障了电子档案数据的安全性和保密性。

二、文档一体化的实现对策

文档一体化管理系统的建设核心在于打破传统上文件管理和档案管理的隔离，实现信息处理的整合与自动化。目前，许多所谓的"文档一体化管理信息系统"仍然只是把文件管理和档案管理放在一个平台上进行并行处理，而不是真正实现数据的深度整合，这种系统通常只是简单地将办公自动化系统产生的数据自动转移到档案管理系统中，而没有真正实现文档管理的全过程集成。真正的文档一体化管理需要从电子文件的生成阶段开始，就对其真实性、完整性和有效性进行严格控制，而鉴定、编目、著录、标引等档案管理工作也应当在文件的生成和处理阶段同步进行。为了实现这一目标，关键在于研发一个能覆盖电子文件全生命周期的综合性管理系统，以便记录文档的状态，实现从文件的产生、审批、传输到归档的全过程管理。

从文件产生到最终利用的整个生命周期来看，文件与档案之间的紧密关联为实现一体化管理提供了天然的条件。一方面，文件在其生命周期的不同阶段呈现出不同状态：作为现行文件，它们是动态的、频繁被访问和修改的，而转变为档案后，它们成为历史记录，状态更趋于静态和长期保存。这种转变过程是自然且有序的，指明了文件与档案在物质形态、内容主题及结构上的一致性。文件与档案的本质区别仅在于文件的活跃程度和所处的时间段，而非其本质内容。所以，对处于不同生命周期阶段的文件进行一体化管理不仅是社会发展的需要，也是信息管理的自然延伸。另一方面，文件的形成、处理部门与档案部门实际上是管理同一信息流的不同环节，文件在其活跃阶段需要即时访问和高效流转，因此由各部门分散管理；而完成任务后，进入休眠状态的文件则需集中管理以保证其完整性和安全性，这一任务自然落在档案馆（室）肩上。这种管理分工在于更好地服务信息的存储、传输和利用。

从系统学角度分析，文件和档案管理构成了一个统一的信息系统，文件的质量直接影响档案的质量，反之，优质档案的存在又对未来文件的形成和管理产生了指导和促进作用。将文件和档案纳入同一管理系统内，不仅利用了信息系统的优势，更符合档案馆（室）现代化、快速发展的管理需求。

（一）文档一体化系统业务流程

在文档一体化管理系统中，业务流程从公文的产生、流转、审批到归档的全过程中展现出复杂性和系统性。以公文为例，流程开始于公文的创建，随后通过网络平台进行流转和审批，最终归档并转化为电子档案。这个过程中，各环节紧密连接，确保电子文件在经历完整的业务流程后，自然而然地转入档案管理阶段。在此过程中，每一步的数据整理、文件鉴定、审核和移交环节都至关重要，以保证最终归档到档案部门的电子档案的完整性和准确性。

（二）文档一体化系统功能结构

文档一体化管理信息系统的功能结构包括系统维护、收文管理、发文管理、归档管理、文印管理和档案管理等核心模块。这些模块之间相互依存、相互作用，共同构成了一个信息管理网络，例如，收文管理和发文管理模块处理日常的文件流转，而归档管理则负责将处理完毕的文件整理并归档为电子档案。系统维护模块确保整个系统的稳定运行和数据安全，文印管理则提供文书打印和复制服务，在档案管理模块中，则对归档后的电子档案进行维护和管理，确保其长期保存和便于检索。

1. 系统维护

系统维护模块是文档一体化管理信息系统的核心，主要负责确保整个系统的稳定运行和数据安全。这一模块包含对系统软件的更新和升级、网络安全的维护、数据备份与恢复、故障诊断与修复等关键功能。通过定期的系统检查和维护活动，可以及时发现系统潜在的问题并加以解决，防止数据丢失或系统崩溃等严重问题的发生。系统维护工作还包括对系统使用者的技术支持和培训，以确保所有用户能够熟练、安全地使用系统。

2. 收文管理

收文管理在文档一体化管理系统中扮演着关键角色，主要处理以电子形式接收的各类公文和来函。该模块通过高效的电子处理机制，允许用户依据公文的接收日期、紧急程度和当前的处理阶段等关键指标，迅速定位所需文件。此模块的功能覆盖了从收文的初始登记到最终的归档各个阶段，包括但不限于收文记录、文件流转管理、催办处理、流程监控和文件正式发布。

3. 发文管理

发文管理专注内部创建或外部来源文件的处理与分发。在该模块下，电子文件从初稿起草到最终成为正式公文的整个过程都受到严格管理。文件需经过相关部门负责人审批和编辑修改，最终由领导签发确认。该模块的核心功能包括起草发文，文件流转（包括编辑追踪、文档格式化），催办流程，监控整体流程，以及正式文件的发布。

4. 归档管理

在现代档案管理中，电子文件归档通常遵循以下两种主流方法：

（1）自动归档通过内部局域网系统。这种方式主要依赖先进的信息技术和网络系统，通过内部局域网自动捕捉、分类并存储电子文件。具体而言，该系统首先基于预设的规则自动识别内部生成的各类电子文件，如电子邮件、文档、表格等。随后，它根据文件属性（如创建时间、文档类型、作者等）进行智能分类，并将文件存储在预定目录中，此过程中，系统能够自动标注每个文件的具体信息，便于日后的检索和使用。这种自动归档方法的优势在于其高效性和准确性，由于归档过程自动化，减少了人工操作的错误和遗漏，显著提升了文件管理的效率。此外，该方法也支持电子文件的安全性和保密性，系统可以设定不同的权限和访问控制，确保敏感信息的安全。在实际应用中，这种自动归档系统需要与高职院校的信息化管理紧密结合，以实现对电子文件全生命周期的有效管理。

（2）纸质档案与电子载体信息的并行移交。该方法的核心在于同时维护纸质档案和其对应的电子版本，以确保信息的完整性和可访问性。在实际操作中，当一个文档或档案被创建或更新时，它不只以纸质形式存档，也被扫描或以其他方式转换为电子格式，这样一来，每份纸质档案都有一个电子副本，反之亦然。采用这种并行移交方法能够提供更全面的数据保护和灾难恢复能力。纸质档案易受物理损害，如火灾、水灾或其他自然灾害，而电子档案可以在多个地点备份，降低了因灾害导致的数据丢失风险。另外，这种方法还支持跨时代的信息传递，纸质档案保留了原始数据的物理形式，而电子档案则确保了信息在数字时代的持续可用性。

这两种归档方式反映出了档案管理在数字化进程中的转变和挑战。自动归档体现了信息技术在档案管理中的应用，能够大幅提高档案归档的效率和准确性。而纸质档案与电子载体信息的并行移交则是一种更传统的方法，保证了档案的物理安全和信息的机密性，这要求档案管理人员既熟悉传统的档案管理方法，又掌握现代信息技术，确保在不同场景下均能有效管理和保护档案资源。

5. 文印管理

文印管理模块主要负责提供文档的打印、复制以及其他相关的文书处理服务。这个模块使得文档的物理输出变得简单快捷，支持多种格式的文档处理，确保文档输出的质量符合要求。文印管理的高效运行，既提高了工作效率，降低了文书处理的错误率，也为文件的流转和分发提供了坚实的物理支撑。

6. 档案管理

在档案管理模块中，电子档案的处理和管理遵循国家规定的电子档案归档与管理标准，涵盖了电子档案的整个生命周期，从移交接收到最终的服务利用。这一过程包括以下关键环节：①档案移交与接收。档案形成机构应根据标准流程将电子档案移交给档案管理部门，其中包括档案的索引信息、内容描述及相关元数据，档案管理部门在接收档案时需进行详细审核，确保档案的完整性和准确性。②档案审核与保存。接收到的档案需要进行严格审核，以确认其符合归档标准和要求，审核通过后，档案将被保存在适当的电子档案信息资源库中，这个库可能基于档案的类型、来源或其他分类标准进行组织。③档案管理。包括对档案进行分类、编目和标引，以及实施长期的保存和保护措施，档案管理还包括定期的数据备份和恢复测试，以确保档案信息的长期可用性和安全性。④查询与统计。提供有效的检索工具和机制，使用户能够根据档案的归档年度、来源部门或其他分类方法快速检索到所需档案。⑤服务利用。档案管理部门需提供档案借阅和利用服务，包括档案的在线访问、复制和打印等，还应确保档案利用过程中的合法性和安全性。

（三）电子文件网络化归档的真实性保障要点

电子文件归档的过程是保障档案信息真实性的关键环节，涉及电子文件从现行期到最终成为增量数字化档案信息的全过程。这个过程可以分为以下四个重要阶段：

1. 现行期电子文件的管理

在这个阶段，电子文件作为增量数字档案的源头，需要确保其内容的真实性和完整性。文件的原始形成、流转及审批过程由多个业务参与者处理，伴随着各种信息技术保障措施，如电子签名、日志跟踪、计算机处理等，这些措施的目的是记录并保存电子文件的形成和变更过程，包括文件的各个版本，以及终稿的形成。为防止在现行期的电子文件被非法修改或篡改，需要在业务结束后及时转存至半现行期的系统中，通常涉及建立专门的电子文件终稿存储库。

2. 电子文件的归档阶段

电子文件在完成业务任务后进入归档阶段，这时档案专业人员需要指导电子文件的归档工作，确保文件的原始性和完整性。此阶段的安全风险主要来自人为操作或网络攻击，关键是保护终稿内容不被篡改。采用电子签名和电子公章技术来增强文件的安全性，确保其真实性和完整性。在归档阶段，电子文件应从办公自动化系统中自动转移到专用的电子档案管理系统中。这个过程中，需要采用严格的访问控制和用户权限管理，以避免未经授权的修改或删除操作。

3.电子文档的管理阶段

在电子文件的接收、维护和综合管理阶段，档案馆（室）面临的主要任务是确保电子文件的法律有效性和真实性。依据《中华人民共和国电子签名法》的规定，电子签名和电子印章成为确保电子文件合法性和真实性的关键。因此，在档案形成单位准备移交电子文件时，必须采用法律认可的电子签名和电子印章技术，以保证电子文件的合法性和真实性。在档案馆（室）接收这些电子档案时，首要任务是验证电子签名和电子印章的合法性，并与电子文件终稿转存库中的信息进行比对，以确认文件的真实性和完整性。这一过程中，建立专门的物理隔离的档案信息灾难备份数据库至关重要，不仅确保电子档案信息的安全，也能为灾难恢复提供必要保障。

4.电子文档的利用阶段

在电子文档的利用阶段，档案机构承担着确保文档真实性和安全性的重要责任。在提供档案信息服务时，遵循档案法、国家保密法规和档案保管的相关规定，档案机构通常限于提供已公开的电子档案信息。在这一过程中，档案管理人员需严格遵守法律法规和操作规范，防范网络环境中潜在的安全威胁，如非法用户的恶意篡改或病毒攻击。为应对这些风险，档案机构需要加强网络安全防护措施，并将对外公开的档案信息进行定期的灾难备份和真实性核查。档案机构制定的电子文件保护规章应覆盖电子文件的整个生命周期，包括电子文件的创建、存储、维护和利用等各个阶段。在实际操作中，尽管建立电子文件的终稿转存库和档案信息的灾难备份库会增加系统运营成本，但其是保障电子档案信息真实性和完整性的关键。

三、文档一体化的具体对策

实施文档一体化管理是信息技术时代对档案管理领域的一次重要革新，这种管理方式旨在适应电子文档和电子档案管理的发展趋势，其核心实践是在组织内部构建一个覆盖电子文档全生命周期的管理信息系统。文档一体化的实施极大提高了办公和档案管理的效率和现代化水平，使得电子文件可以在起草阶段就被备份，在处理过程中及时修正，办理完毕后立即归档，并便于进行鉴定和整理。所有这些工作都可以通过计算机进行高效管理。然而，文档一体化管理的推广也对档案工作人员提出了新的、更高的要求，他们需要对档案学有更加深入的了解，掌握现代信息技术，并熟练使用计算机和通信设备。

（一）提高认识，统一思想

实施文档一体化管理的核心在于提升对档案工作的认识，实现思想上的统一。这种管理方式的本质在于将机构内各部门原本独立分散的文件与档案融为一体，以便于集中管理。这样做不仅能提前加强档案部门对文件的控制，保障档案品质，还能实现文档资料的一次输入与多次使用，减少重复工作，节省人力、财力、物力和时间。

为了有效推进文档一体化的管理，尤其对于档案部门的领导而言，必须对这一管理理念进行全面、客观和科学的理解，并达成一致的认识。重要的是让他们明白一体化管理的最大受益者是档案工作者自身，他们需要深刻理解文档一体化在新时代的必要性和迫切性，认识到这是时代赋予档案工作者的重要任务。只有这样，档案工作者才能在遇到困难时保持积极态度，勇于接受和应用新技术，以推动文档一体化管理模式的顺利实施。另外，信息化建设是一个长期而复杂的任务，需要各单位提供必要的经费支持，对此，各单位应当逐步增加对档案管理部门的投入，包括人才、资金和设备等方面。通过确保档案业务的经费，高度重视档案信息化建设，将其作为机构信息化建设的一个重要组成部分来着手，进行统筹规划和同步发展，以此来提高档案管理的工作质量和效率。

（二）加强电子文件管理的标准化与规范化

在标准化方面，需要结合国家标准和行业标准，以及机构自身特点，综合考虑信息技术的发展趋势，制定适用的电子文件管理标准，这些标准应涵盖文件的格式、元数据要求、分类索引系统和信息安全等方面。另外，元数据标准的制定也至关重要，有助于提高文件检索效率和准确性。

在规范化方面，关键在于制定和实施严格的操作规程。操作规程包括文件创建和存储的标准操作流程，以及对文件进行分类、编目、归档的详细步骤。这也包括确保电子文件的安全性，如定期进行安全审计、设立数据备份和恢复机制。为了适应不断变化的技术和管理需求，需要定期评估和更新这些标准和规程。

（三）加强培训与继续教育，提升档案工作者的综合素质

文档一体化管理模式要求档案工作者掌握传统的档案学理论和专业知识，更重要的是，他们需要精通现代信息技术，熟练使用计算机和现代通信设备来操作网络化的管理信息系统，这意味着档案工作者必须不断更新自己的知识体系，提高技术技能，并强化自身的综合素质。

在这个信息化迅速发展的时代，如果档案工作者对计算机技术和网络知识一知半解，他们就无法有效地理解和实施文档一体化管理的理念，更别提有效地管理电子档案和全面参与电子文件管理过程了。档案部门急需加强对档案工作者的信息化咨询和培训工作，通过持续的教育，不断提供现代档案管理的专业知识和技术知识，使档案工作者可以更好地适应文档一体化管理的要求。档案部门还应该组织专业培训，教授档案

工作者如何有效利用各种现代技术手段进行档案的前端控制和管理，确保电子文档的完整性、有效性和安全性。这种培训和继续教育不仅限于技术层面，还应包括法律法规、档案管理策略和最佳实践等内容。通过全方位的知识和技能提升，档案工作者可以更好地适应数字化时代的挑战，有效地参与电子档案的管理中，保证档案管理工作的高效性和安全性。

第三节 档案资源的多元化保存与利用

一、介质存储

在历史长河中，各种介质的存储方法一直是档案保存的核心，无论是古代的石刻、竹简，还是现代的纸张、磁带、缩微胶片，这些不同的介质承载着相同的档案本质——记录人类的历史，认识与改造世界。这些档案作为珍贵的信息资源，对社会发展具有重要意义。随着网络信息时代的到来，档案的形态也随之变化，更多地依赖计算机及其应用系统，以数字化的形式而存在。为了存储这些数字化的档案，人类发展了诸如软盘、硬盘、光盘等新型的数字存储介质，这些介质使得档案的存储、迁移、展示和传播变得更加方便，不仅为档案的深入研究和开发提供了便利，还使得档案利用服务更加多样化。

与传统介质相比，数字档案为公众提供了更灵活、便捷的利用方式。但也给习惯管理传统介质档案的档案工作者带来了新的挑战，他们需要探索如何有效地对这些新型数字载体的档案进行永久保存和广泛利用，这涉及技术层面的问题，比如数据格式的长期兼容性、存储介质的持久性等，还包括如何有效地整合和利用这些数字档案，以满足公众的需求。

在数字资源永久保存方面，全球众多研究机构和专家已经做出了显著努力，主要集中在两个方面：一是提升数字存储介质的耐用性；二是增加存储容量的同时，降低成本。以光盘为例，自 20 世纪 90 年代中期以来，光盘因低成本、大容量、易用性和较长的保存期限等优势，逐渐取代了传统的信息存储介质，如纸张和磁带，随着技术的发展，光盘的容量不断增加，形式也从最初的 CD、VCD 发展到 CD-R、DVD、CD-RW 以及 U 盘等多样化的产品。

虽然数字信息载体的更新迭代速度快，兼容性不断提高，但档案的独特性，即其内容的"原始性不可修改"和快速更新的需求仍然给档案管理工作带来了挑战。档案工作者在考虑档案信息的利用深度和广度的同时，还必须确保档案的完整性和真实有效性。鉴于此，许多专家提出了 21 世纪的"双套制"工作策略，即在对具有保存价值的电子文件进行归档时，制作一套纸质备份或缩微胶片，这种做法旨在延长档案的保存寿命，利用数字信息载体进行档案的服务提供和备份。"双套制"作为档案管理在过渡期的一种策略，一定程度上缓解了档案工作者在档案保存方面的压力，但也带来了管理成本的增加，在现实操作中，许多机构选择将档案以纸质、缩微和数字形式各存储一份，导致制作和管理成本逐渐上升，随着档案信息量的不断增长，长期维持这种方法显然是不可持续的。

数字档案并非都适合转换为纸质或缩微形式，有些档案仅能以数字形式存储，这就要求对其进行严格管理，需要制定针对长期保存的数字档案的管理规范和规章制度。在选择寿命较长的存储介质的同时，还应定期进行检查，根据实际情况进行数据迁移，确保档案在迁移过程中的真实性、完整性和有效性。

二、网络存储

随着时代的发展，数字档案的兴起和演进是必然趋势，并且满足了公众对档案利用日益增长的需求。作为记录和传承历史文化的关键媒介，档案在人类社会发展历程中扮演着核心角色。数字化时代的迅猛发展，以及网络技术的广泛应用，促进了数字档案存储技术的跨越式发展。现代化的高容量网络存储设备和先进的数字信息管理软件系统共同推动了数字档案的存储革新。由政府和私人机构构建的各种网络平台，如互联网、专用网络和内部网络，为数字档案的收集、整理、归档、储存、传播和使用提供了强有力的技术支持。

网络存储技术的多样化表现在直接附加存储（DAS）、网络附加存储（NAS）、存储区域网络（SAN）、内容寻址存储（CAS）等多种存储方式上，这些方法将存储硬件和数据管理软件系统相结合，构建起了全面的存储解决方案。与传统的脱机存储介质相比，网络存储的显著特点是实现了数字信息的在线访问。在数据管理领域，关键是解决网络上数据的组织、存取和访问的问题，目的是有效地管理数据并提供方便快捷的访问方式。流行的数据管理系统涵盖了关系型数据库管理系统（RDBMS）、文件数据管理系统和内容存储管理系统等多种类型。

未来网络存储技术的发展重点将不再单纯集中在硬件技术上，而是更加聚焦如何高效管理存储资源，这种高效的管理体系应当围绕设备管理、用户管理和数据管理这三个基础领域展开。在这样的网络存储管理体系中，存储管理软件和硬件设备的重要性并重，共同构成了完整的存储解决方案。

在网络存储领域，选择合适的硬件设备至关重要，而数据通信接口标准是决定这一选择的关键因素之一。目前，市场上主要有两种存储技术标准：光纤通道技术和 IP 存储技术。光纤通道技术是由存储网络工业协会（SNIA）推动的存储管理接口规范（SMI-S），标志着该领域的一次重大技术进步。该技术旨在实现不同厂商的存储设备间的互操作性和兼容性。SMI-S 的基础是建立在分布式任务管理的通用信息模型（CIM）之上，CIM 是一个面向对象的信息模型，它详细定义了系统组件的物理和逻辑结构，是基于 Web 的企业管理体系的一部分。CIM 包括基于 XML 的编码规范和通过 HTTP 访问模式化对象的方法，SMI-S 的主要目的是提供一个基于标准的管理接口，使得存储设备中的数据可以作为逻辑组件（例如逻辑单元和存储池）进行管理。从理论上看，SMI-S 能为网络管理员提供一个统一的标准接口，用于在不同厂商的设备中发现和管理设备，收集设备的配置和状态信息，以及上述逻辑单元的数据。光纤通道技术尤其适合那些对可靠性和高性能有极高要求的高端存储区域网（SAN）用户，然而，它的高成本、有限的互操作性以及相对不太成熟的标准使得它并不是所有用户的最佳选择。虽然这种技术在技术风险方面相对较低，但考虑到成本和标准化程度，用户在选择时需要权衡利弊，判断是否适合自己的特定需求和环境。

IP 存储技术领域的一个重要进展是 iSCSI 技术，这项技术的核心在于将 SCSI 指令嵌入 TCP/IP 协议中进行传输。iSCSI 结合了光纤通道技术的一些优势，并融合了以太网和 IP 技术的特点，这项技术的一个显著优势是克服了光纤通道技术的距离限制，从理论上看，它使得用户可以在广域网（WAN）上以较低的成本实现远程数据复制。在 iSCSI 技术的初期应用中，采用了具有 iSCSI 和光纤通道技术的桥接路由器或网关，预计未来的发展将实现完全的端到端 IP 连接。相比光纤通道设备，iSCSI 兼容设备的成本更低，因此拥有更广泛的市场潜力，但是，由于 iSCSI 是对进程敏感的技术，标准的以太网卡和软件驱动可能无法有效支持 iSCSI，这就需要开发专门的 TCP/IP 卸载引擎或 iSCSI 主机总线适配器技术。

三、备份管理

在当今时代，网络、计算机和信息系统已成为档案馆（室）的关键部分，其服务器和网络存储设备存放了大量重要信息和数据，为领导和业务部门提供了信息查询、数据处理、辅助业务处理以及数据存取和访问等服务。另外，这些系统也向公众提供了高效的档案查询、检索和利用服务，因此，在信息化的应用中，确保这些关键应用和档案数据的安全成为一项重要任务，这不仅涉及在发生人为或自然灾害时保护档案数据不丢失，还包括确保系统能够迅速恢复并最大限度地减少损失。由此可见，建立一个可靠的备份系统是确保数字档案安全存储的关键环节。

一个完整的网络备份方案应包含备份硬件、备份软件、备份数据和备份计划四个主要部分。在备份硬件方面，常用的存储介质包括硬盘介质存储、光学介质（如光盘和磁光盘 MO）以及磁介质（如磁带）存储技术。每种技术都有其优缺点，例如，虽然硬盘存储提供容错解决方案，但成本较高，且易受用户错误和病毒影响；光学介质备份成本较低，但访问时间较长且容量有限，大数据量备份时，光盘数量的增多会导致管理成本提高；而磁带则具有大容量、灵活配置、成本较低、数据安全性高以及长期保存（超过 30 年）的优势，但在数据检索方面不够便捷。从这些对比中可以看出，选择合适的备份硬件需要综合考虑成本、容量、安全性和数据检索的便捷性。

关于备份软件，备份软件的选择和备份计划的制订对于保护关键数据和系统的完整性至关重要。备份软件通常分为两类：一类是操作系统自带的备份功能，如 NetWare 的"Backup"功能和 NT 操作系统的"NT-Backup"；另一类是由专业厂商提供的全面备份解决方案，例如 HP OpenView、Omni Back 罗文和 CA 公司的 ARCserve IT 等。在选择备份软件时，重要的不只是软件的易用性和自动化程度，还包括其扩展性和灵活性。跨平台的备份软件能够在数据保护、系统恢复和病毒防护方面提供更全面的支持。搭配高性能备份设备的专业备份软件能够在系统受损时快速进行数据恢复。

备份计划详细阐述了所采用的备份战略，涵盖了备份操作的多个关键方面，如每日备份的具体方法、所用的储存媒介类型、待备份的数据种类、备份执行的时刻及详细的操作步骤等。备份的方法主要分为全备份、增量备份和差分备份三种。虽然全备份在时间上更为耗费，但其数据恢复过程最为迅速且操作简单，特别适用于数据量较小的系统环境。虽然增量备份和差分备份在备份介质和时间上更为节约，但其数据恢复流程较为复杂。所以，用户在选择备份方法时需综合考虑自身的业务需求、可用的备份时间窗口及灾难恢复的具体要求，以确保备份工作的最优效果。

备份数据是备份工作的核心内容。按照备份计划，将网络系统中的重要数据、程序和文件等备份到预先选定的存储介质上，这样在数据意外丢失的情况下，可以尽快恢复，将损失降到最低。这不仅涉及技术操作，还包括对哪些数据是关键的、应优先备份的细致判断，以及如何有效地组织和分类这些数据以提高备份和恢复的效率。

需要注意的是，灾难备份和恢复计划的制订是一个不容忽视的环节。档案的独特性在于其不可再生和原始性，这决定了在面对灾难时，必须采取有效的应急措施来保护这些宝贵的信息。灾难备份和恢复计划在整个档案管理系统中扮演着至关重要的角色，它们保证了在遭受灾难后，系统、软件和数据能够迅速且准确地恢复。灾难的类型多样，包括地震、火灾、洪水等自然灾害，以及战争、恐怖袭击、网络攻击、设备系统故障和人为破坏等突发事件。在当今网络病毒传播迅速的时代背景下，缺乏应急响应能力可能导致灾难性的后果，因此，加强灾难备份，并建立有效的应急响应机制是减轻灾难带来的社会成本和压力的关键。灾难备份计划的制订和实施是一项复杂且细致的系统工程，它涵盖了灾难备份中心的选址、建设、机房和基础设施的建设，以及灾难备份系统、专业运营团队和中心运营管理体系的建立，实施这一计划不仅需要大量的人力、物力和财力投入，还面临技术难度大、经验不足可能带来的风险，以及长期运营管理所需的持续资金投入。作为21世纪的档案工作者，必须在档案信息化建设之初就高度重视灾难备份和恢复计划的制订。这既是对档案价值的保护，也是对历史和文化遗产负责的体现。

第四节　数字档案的安全保障措施

自古以来，人类一直在不懈地思考和实施各种措施以确保档案的安全，保持其历史真实性和完整性。对于传统的物理档案，经过数千年的实践和探索，人们已经发展出一系列技术和方法来保护这些档案，包括档案馆的安全保卫制度、馆藏环境的温湿度控制、纸质档案的技术维护，以及档案的缩微处理等多种有效手段。但是，随着20世纪90年代以来电子档案的兴起，以及馆藏档案的数字化进程，档案的保存和保护面临新的挑战，由于数字档案网络化、计算机化特性，以及多样化的存储方式，对安全保障提出了新的需求。传统的档案保护方法主要针对实体档案且多应用于档案馆环境，这些方法难以适应数字档案在网络环境中的安全保障需求。为了应对这一挑战，全球范围内的档案专家和技术人员正在积极探索和尝试新的解决方案，目标是找到一种综合性的解决方案，以期能够保障现存的馆藏档案的安全，这包括但不限于改进数字存储技术、加强网络安全措施、开发更高效的数据备份和恢复系统，以及建立全面的档案安全管理体系，具体总结为以下内容：

一、数字档案安全保障的基本思路与方法

在数字档案安全保障的领域，核心任务是确保档案信息在网络、计算机和存储系统中的安全。虽然这些技术平台为数字档案提供了生存的基础，但是也成了安全威胁的来源，各种安全风险，如黑客攻击、病毒传播、信息盗窃、技术滞后、体制缺陷、管理混乱、防护措施不充分、治理滞后等都可能成为危害数字档案安全的因素。这些因素中既有不可控的客观因素，也有可以通过管理改善的主观因素，对此，为了确保网络畅通、系统稳定和数据安全，至关重要的是加强对网络侵害的防范，修补管理上的漏洞，并且对可能的安全事故进行及时补救。

（一）建立技术保障体系，提高网络与系统安全性

为了创建一个安全的网络、系统和应用环境，应当采取积极的防御策略和综合的预防措施。保障数字档案信息的安全需要从网络、系统、应用程序和数据等多个层面进行综合分析，制定出针对性的解决策略、方法和措施，见表 7-1。

表 7-1　数字档案安全技术保障体系要点

安全层面	关键措施
网络安全	高质量硬件的采购与维护
	防火墙和入侵检测系统的应用
	安全产品的集成化应用和联动
系统安全	定期系统更新和补丁应用
	定期检查系统设置
	利用操作系统的安全功能
档案信息系统安全	生物识别等强身份认证技术的应用
	加密技术以防密码被盗
	内部安全管理制度的建立和执行
档案数据安全	数据加密措施
	物理隔离敏感或机密数据
	灾难备份策略的实施
病毒防范	部署网络版防病毒软件
	实施病毒库的统一管理和同步升级
	提高员工对病毒防范的认识
整体安全管理	建立全面的安全管理制度
	覆盖所有人员、设备、应用的管理

1. 保障网络安全

第一，保证硬件设备如基础网络设施和计算机设备的可靠性和无故障运行至关重要，这要求机构采购高质量的硬件，并在日常运营中进行严格的管理与维护。确保设备的科学合理使用是通过人员管理和制度建设来实现的。第二，网络安全涉及确保合法用户的正常访问和保护网络信息资源不被非法用户盗用或篡改。为应对网络安全威胁，防火墙和入侵检测系统（IDS）是两种常见且有效的安全手段，防火墙在控制内外网络之间的访问方面具有明显优势，而入侵检测系统则专注网络的监测、监控和预警。在当前网络攻击手段日益复杂和多样化的背景下，采用这些技术的集成化应用，并实现安全产品之间的联动有助于全面提升网络的综合防护能力。

2. 保障系统安全

首先，为保障数字档案的系统安全，核心在于采用高效的安全技术，包括使用防火墙、入侵检测系统（IDS）、病毒防护软件等，以防止未授权访问和网络攻击。其次，应实施数据加密技术，保护敏感档案数据在传输和存储过程中不被窃取或篡改。定期更新和维护系统是保障系统安全的重要环节，需要定期进行系统漏洞扫描，并及时安装安全补丁和更新防病毒软件，以防止已知漏洞被利用。再次，还实施严格的访问控制，通过设置不同级别的访问权限，确保只有授权人员才能访问敏感或重要的档案数据。最后，开展安全意识培训，所有参与数字档案管理的工作人员应接受定期的安全意识培训，以提升他们对潜在网络安全威胁的认识，并掌握必要的安全操作技能，通过培训，员工可以更好地理解安全政策和程序，有效遵守安全规定，减少因操作不当导致的安全风险。

3. 保障档案信息系统安全

保障档案信息系统安全的关键在于确保只有授权用户才能访问系统，并且他们的操作都在授权范围内进行。为实现这一目标，采用基于生物识别的强身份认证技术是一种有效方法。这些技术，包括指纹识别和虹膜认证等，能够提供高度安全的用户身份验证，这些技术已被广泛应用于硬盘加密、数据加密以及身份验证等多个领域。另外，防止密码被盗也是保障档案信息系统安全的一个重要方面，加密技术可以有效防止密码泄露，确保系统数据的安全。对于合法用户的越权操作和非法操作，则需要通过建立健全的内部安全管理制度和措施来进行有效控制，包括对用户权限的严格划分和监控，确保每个用户的操作都在其授权范围内进行。

4. 保障档案数据安全

保障档案数据安全的关键在于确保档案数据的真实性、完整性和有效性。实现这一目标，需要采取一系列综合性措施。首先，数据加密是保护档案数据安全的基本手段，包括对传输中的数据、存储在硬盘上的数据以及文件系统中的数据进行加密，以增强数据的安全性和抵御外部攻击的能力。其次，对于特别敏感或高度机密的档案数据，实施物理隔离是一种有效的安全措施，即这些数据不应连接到互联网或任何外部网络，这样可以防止未经授权的访问和潜在的网络攻击。最后，灾难备份也是确保档案数据安全的关键组成部分，在灾难备份策略中，应包括在不同地理位置进行异地备份，以防止因自然灾害（如地震或火灾等）导致的数据丢失。建立灾难备份系统不仅能在灾难发生时快速恢复数据，还能确保档案信息的长期安全存储。

5. 病毒防范

网络和计算机的普遍存在也带来了病毒的普遍风险，病毒之所以能够泛滥，往往是因为病毒库未能及时更新，导致新型病毒的防御力量不足。对于一个网络环境中的组织来说，由于网络连接了多台计算机，只要网络中的任何一台机器感染了病毒，就可能导致整个网络的安全受到威胁。部署网络版的防病毒软件，建立全面的网络病毒防范体系，并实行病毒库的统一管理和同步升级是防止病毒感染数字化档案信息的有效方法。提高机构成员对病毒防范的认识和警觉性，加强病毒知识的学习也是保护网络安全的重要环节。但是，仅仅依靠技术手段不能完全保证网络和信息系统的安全，管理制度的建立和执行同样至关重要。网络和信息系统的整体安全水平取决于系统中最脆弱的环节，这可能是一个不规范操作的人员、一个安全漏洞的机器、一个被病毒感染的应用程序，或一个未加保护的网络端口。所以，除了技术措施外，还需建立全面的安全管理制度，确保每个人员、每台设备、每个应用和服务都在安全管理体系的覆盖范围内。

6. 整体安全管理

一方面，建立全面的安全管理制度意味着制定一套完整、系统的安全政策和程序，这些制度要能够明确安全责任、操作规范、风险评估与应对措施，确保数字档案的保护措施有法可依。这些制度既要覆盖数据的整个生命周期，包括数据的创建、存储、使用、共享、备份及销毁等各个环节，还要定期审查和更新，以适应不断变化的技术环境和安全威胁。

另一方面，安全管理的范围要覆盖所有人员、设备和应用。对于档案人员而言，要通过培训和教育提高他们的安全意识，确保每位员工都明白自己在保护数字档案中的角色和责任。对于设备和应用，则需要实施严格的访问控制和监控，确保只有授权的用户和程序才能访问敏感数据。

（二）建立制度保障体系，实现档案安全管理的程序化

为了确保网络、系统和档案信息的安全，必须建立一套全面的程序化和制度化管理模式，并严格执行以确保其有效性，这要求在网络层、系统层、数据层和应用层各自制定具体的政策和规范，并采取相应措施以加强执行力度，确保规章制度得到正确制定和有效实施，见表7-2。

表 7-2　数字档案制度保障体系要点

安全管理领域	操作规范及措施
网络、机房、服务器管理	建立网络和物理设施安全管理规范
	保护网络线路、通信设备等硬件设施
	制定内部用户访问档案信息和互联网的操作规范
数字档案信息安全存储	针对不同安全级别档案制定管理规范和存储方案
	实施物理隔离和专人管理高密级档案
	加密存储档案信息的硬盘
个人 PC 和客户端安全操作	制定明确的客户端上网政策和安全配置标准
	规范档案管理信息系统使用行为
数字档案应用系统安全操作	确定数据转换和图像处理的技术参数
	实施数据加密和权限管理制度
	持续执行并根据需要调整安全管理规范

1. 网络、机房、服务器管理规范

在网络和机房管理方面，关键在于建立一套全面的网络和物理设施安全管理规范，包括但不限于保护网络线路、通信设备、交换机、服务器等关键硬件设施的防火防盗措施，确保主机房及相关网络设施的安全。对于内部用户访问档案信息资源和互联网的行为，也需制定严格的操作规范。这些规范的制定应基于业务部门的实际需求，由 CIO 等决策者确定，并由网络管理员（NA）、系统管理员（SA）等关键角色执行。所有用户应严格按照分配给他们的权限进行操作，不得超越规定的权限范围。

2. 数字档案信息安全存储规范

在数字档案信息的安全存储管理中，针对不同安全级别和保密程度的档案信息，应制定相应的管理规范和存储方案。对于高密级的档案信息，必须实施物理隔离和专人管理，确保这些信息不被非授权人员访问，在必要的情况下，还需对存储这些档案信息的硬盘进行强化的安全加密，以提高数据保护水平。对于内部处理的档案业务数据，当这些数据进行网络化共享和维护时，需要严格控制用户的访问权限，确保只有授权用户才能访问相关数据。对于对外开放的档案数据，重点在于制定有效的策略和方法来防止数据被非法篡改。这些操作规范的制定基于档案法及机构规定的档案管理制度，旨在确保数字档案信息的安全存储，防止数据泄露、丢失或被篡改，进而保护档案的完整性和真实性。

3. 个人 PC 和客户端安全操作规范

在维护个人 PC 和客户端的安全方面，应建立一套明确的操作规范，需要制定客户端的上网政策、确保客户端的安全配置符合标准、指定客户端应用系统的安装、运行和维护程序，以及规范个人用户在使用档案管理信息系统时的行为。这些规范的目的是确保每位员工在使用网络和系统时的安全性，防止潜在的安全漏洞和风险。所有员工都应严格遵守这些规定，以保护机构的网络和信息安全。

4. 数字档案应用系统安全操作规范

安全操作规范包括电子文件归档系统、馆藏档案数字化系统和档案信息发布网站等，是获取和处理数字档案信息的关键工具。安全操作规范应包括科学的数据转换和图像处理技术参数的确定，数据加密措施的实施，以及严格的权限管理制度的建立。这些措施旨在保护应用系统免受未授权访问和数据泄露的风险。重要的是，这些安全管理规范一经制定，就必须持续且严格地执行，并在实践过程中根据情况进行适时调整和完善。

（三）建立组织保障体系，促进安全保障的有效性

目前，信息管理组织体系与业务管理组织体系存在明显区别，其中一个关键区别在于信息管理团队在决策中的参与度较低，且在日常工作中常扮演"救火队"的角色，缺乏对信息化项目资金和团队成员的调配权。这种状况的根本原因在于业务管理与信息化应用之间的融合不足，存在观念和认识上的鸿沟。理想的情况是将两者合二为一，要求领导既了解业务，又熟悉信息化应用，并期望档案业务工作者具备多项技能，成为复合型人才，并将信息化和档案业务作为同等重要的工作来对待。

信息管理体系中的角色分工是其运行的关键，其中包括四个核心角色，每个角色承担着不同但又相互衔接的职责。首先是首席信息官（CIO），作为信息化建设的决策者，主要负责制定信息资源管理战略和推动技术应用的实施。CIO的决策对整个组织的信息化方向和效率起着指导作用。其次是网络管理员（NA）和系统管理员（SA），他们分别负责维护网络的稳定运行和系统数据的安全。网络管理员专注网络的日常运维和安全防护，而系统管理员则致力于保障系统安全，防止数据泄露或被非法篡改，这两个角色在确保信息系统安全高效运行中起着不可或缺的作用。最后是业务人员，作为系统的直接用户，他们根据自身的工作需要使用信息系统，进行数据访问和处理。为确保系统的安全性和数据的准确性，业务人员的访问权限由网络管理员和系统管理员基于实际业务需求和网络安全规定进行严格分配和管理。

（四）建立安全监控体系，落实安全保障的有效性

随着信息系统的建设和运行，相应的安全法规和标准将不断发展和完善，为了确保档案信息的真正安全，必须强化法规的执行力度和管理的监督控制力度，为网络与系统的安全运行提供稳固的法律和运行保障。

实现这一目标既需要档案管理部门及其工作人员的共同努力，又需要国家立法机构的大力支持。所有参与建设、使用和维护档案管理信息系统的各方都应不断提升安全意识，严格执行安全制度，根据需求变化及时调整和完善安全管理策略，以确保系统的持续稳定运行和档案信息的长期安全存储。在网络与系统安全运行的监控方面，安全审计和安全监控是关键手段，安全审计和监控的范畴广泛，包括但不限于网络、服务器、计算机系统的环境安全，实体安全，机房设备的防电磁泄漏措施，

软件安全技术及其加密，操作系统的安全管理，数据库的安全与加密，数据传输的安全与加密，局域网的安全控制，计算机病毒的诊断与消除，系统的运行安全，以及整体安全解决方案和安全评估等方面。

在构建安全监控体系时，首先要考虑的是各级保密工作部门和机构在本地区或本部门内对网络信息进行保密检查的责任，他们需要及时发现和处理安全隐患。重要的是，涉密信息网络必须与公共信息网络完全物理隔离，确保两者之间无任何直接连接，这是为了避免在与公共网络相连的设备上存储、处理或传输任何国家秘密信息。另外还应加强对上网人员的监督和管理，明确各个责任人的职责，以确保在公共信息网络上不发生泄露国家秘密的事件。随着信息安全领域的专业化和技术复杂度的不断增加，保障信息安全的难度也在逐步提高，由于信息安全是一个动态和不断发展的过程，很难一蹴而就达到完美状态。

鉴于此，基于成本和技术先进性的考虑，信息安全外包已成为一种趋势。信息安全服务是外包的关键部分，逐渐得到市场的认可，这些服务除高端的全面安全体系规划外，也涵盖具体的技术解决方案。安全服务的提供分为不同层次和内容，主要包括信息安全咨询、策略服务、监控和审计服务、响应和产品支持服务等。因此，在建立安全监控体系时，各单位应首先根据自身执行安全审计和监控的能力，决定是否采用专业化服务；接着确定安全监控的具体层次和内容；最后，选择合适的专业机构或团队来确保安全监控体系的有效建设和执行。

二、基于电子签名保障电子文件归档安全

电子档案管理过程中，电子文件的合法性和签名验证是关键环节。电子文件在转化为正式档案前，需经过多个关键步骤：首先，进行电子文件真实性和完整性的验证；其次，确认归档单位及负责人身份；最后，执行电子签名程序。这一过程涉及两种归档方式：传统介质归档和现代网络归档。在传统归档中，物理介质存储电子文件；而网络归档则依赖

高效的信息系统。档案接收人员需验证电子签名并确保文件可读。

网络归档实施中，归档单位需配备经认证的电子印章。归档系统分为归档文件中心和电子档案中心，两者需同现有业务系统数据备份相兼容。系统设计要保证一旦电子文件被更改，即刻识别并标记为无效。此外，系统应采取多种技术手段，以确保电子签名文件的安全性、完整性和可读性，如图7-2所示。

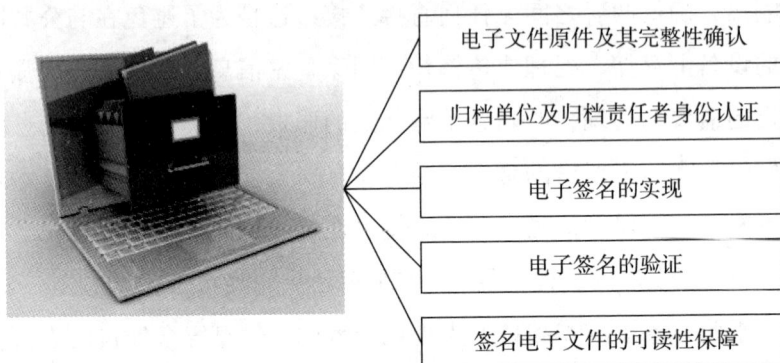

图7-2 电子签名保障电子文件归档安全手段

（一）电子文件原件及其完整性确认

在电子文件原件及其完整性确认方面，档案形成单位所使用的当前业务管理信息系统是电子文件及其元数据的起源地。这一系统的安全性和可靠性构成了确保电子文件真实性的基础。档案管理工作人员需在系统建设初期提出维护电子文件真实性的具体要求，并积极参与档案的指导工作，包括在电子文件完成其当前期任务之前，提醒相关单位完成备份和归档的准备工作。更为关键的步骤是将带有电子签名的电子文件终稿及时转移到归档文件中心，以便能够迅速进行归档处理。这一过程要求档案管理人员既关注信息系统的构建和使用，又需在电子文件的生命周期结束前提供必要的指导和支持。

（二）归档单位及归档责任者身份认证

在电子档案系统中，对归档单位及责任者进行身份认证是一个关键步骤，涉及单位和个人两个层面。对于归档单位的身份确认，其依据是《中华人民共和国电子签名法》中的规定，通过权威、可信且具有公证性的电子认证服务机构（简称CA服务机构）提供的电子印章和证书来实施。身份认证的方式分为单向认证和双向认证，其中电子文件的归档过程采用单向认证，即档案馆对归档单位传输的电子文件进行合法身份认证。

具体认证过程中，档案馆需从CA服务机构的目录服务器中查询并获取证书。首先使用CA的根证书公钥来验证证书的签名，一旦验证通过，便确认该证书是由第三方CA签发的有效证书。进一步地，档案馆还需检查证书的有效期和状态，确保证书未失效或未被列入黑名单，以此来确认归档单位的身份有效性。对于归档责任人的身份认证，则通常在信息系统内部采用诸如指纹识别、密码验证等有效手段进行保障，确保其安全性和准确性。

（三）电子签名的实现

电子签名的实现是电子文件归档安全的关键。①电子签名技术基于非对称加密原理，由发送方使用私钥对电子文件进行加密，生成独特的数字指纹，确保文件的独特性和不可篡改性；接收方则使用公钥对加密文件进行解密，验证文件的真实性和完整性，这种方法有效防止了文件在传输过程中被篡改和冒名顶替。②电子签名的实现依赖数字证书的管理，数字证书作为电子签名的重要组成部分，由权威的数字证书认证机构颁发，用于确认签名方的身份，这一过程涉及证书的申请、发放、管理和撤销等环节，确保了电子签名的合法性和信任度。③电子签名系统还应具备有效的时间戳服务，记录文件签名的具体时间，以便在未来查询和核实。④在实际应用中，电子签名需要与现有的电子文档管理系统紧密结合，通过集成的软件平台实现签名的自动化和标准化，同时保障电子文件在存储、查询和传输过程中的安全性。

（四）电子签名的验证

电子签名的验证主要通过验证签名的真实性和合法性来确保文件的原始性和完整性。在验证过程中，首先使用电子签名软件或系统对接收到的电子文件进行解密，这一步涉及使用发件人的公钥，这个公钥是由数字证书颁发机构提供的，并与发件人的私钥相匹配。这种基于公钥基础设施（PKI）的机制保证了只有具有合法公钥的接收者能够验证和阅读文件。验证过程中，系统会检查数字证书的有效性，包括证书是否过期、是否被撤销以及是否由受信任的机构颁发。这些检查步骤确保了签名者的身份真实可靠。另外，系统也会对电子文件的完整性进行检查，比对文件在签名时和接收时的状态，以确认在传输过程中文件是否被未授权修改，如果文件在传输过程中被篡改，即便是微小的变化，签名也会被验证为无效。

（五）签名电子文件的可读性保障

在确保签名电子文件可读性方面，档案馆需要建立一个既安全可靠，又能够读取签名电子文件的电子档案管理信息系统。许多单位已经实现了相关技术，并将其制成插件，以便嵌入档案管理信息系统中。在必要时，这些系统还可以打印带有印章的电子档案文件，作为正式文件的凭证，当前市场上流行的模拟纸质文书的数字纸张技术便是一例。

电子文件的归档过程实质上是对传统纸质档案管理流程的电子化模拟和规范化。与传统方法的不同之处在于，从文件的收集、整理、鉴定、移交、接收到管理的每一步都采用了网络、信息系统、数字签章、身份认证等电子化和自动化操作。这种方法使得电子文件的归档过程更加简化、快捷，并且提高了自动化程度。通过电子化和自动化处理，档案馆提高了工作效率，也增强了档案管理的安全性和准确性。这种归档方式的实施一方面确保了电子文件的真实性和完整性，另一方面保障了档案信息的长期保存和便捷利用。

三、数字化档案信息安全保障的总体结构

国家对于信息安全的全面策略旨在全面提升对基础网络和关键信息系统的保护，确保网络环境的安全与健康，以支持信息化的发展，并保护公共利益和国家安全。这一策略同样适用于数字档案信息安全保障体系的构建，为此，档案管理部门必须在公共安全、信息安全、计算机安全等相关法律法规的框架内采取多种措施。

第一，建立一个组织体系来确保数字档案信息的安全运行，包括制定适当的安全管理规章制度，并通过教育和培训提高所有员工的安全意识，以规范化操作流程。这种方法要求每位员工在思想上保持一致的安全意识，从而有效地管理档案，避免由于人为因素引发的安全事件。

第二，鉴于档案数据的特性、业务流程和内部网络设备的使用，建立全方位的技术保障措施。这些措施包括但不限于在网络边界区域实施安全策略（例如防火墙、入侵检测系统和网络管理系统），加强网络访问权限的控制和管理，更新和修补网络设备中的操作系统和应用程序，提升应用程序的安全性，合理分配用户权限，并在需要时对存储系统和档案数据进行加密。

第三，加强运行环节的管理和控制对于确保内部网络各层级安全管理制度的有效实施。对敏感档案数据进行物理隔离，对在线系统中的档案数据实施异地备份和介质备份，提高开放档案数据的抗篡改能力，并加强当前业务流程中数据的真实性、完整性和有效性控制，确保档案数据的安全性和可靠性。

通过这些措施可以确保数字档案信息的安全和稳定，满足国家对信

息安全的全面要求，同时为档案信息的保护和利用提供了坚实基础。这种全面而细致的安全管理策略不仅技术上周密，而且在管理层面显得尤为关键，共同构成了数字档案信息安全保障体系的核心。这一体系的建立既涵盖了组织、技术和运行等多个层面，也体现了从预防到响应的全过程管理思想。通过综合性的安全管理，可以有效防范和控制各类信息的安全风险，确保数字档案的安全、稳定和高效利用。

第五节　档案资源利用社会化

一、档案资源的知识化积累

档案作为人类知识和文化的核心载体，其形成和利用过程显著地展现了从个人知识到社会知识的转化路径，涵盖了文化积累和历史记录的动态跟踪。档案的生成包括鉴定、收集、整理和归档，而档案的发掘与运用涉及编研、开放、发布和利用，这两个过程相互衔接、相辅相成，形成了一个持续演进、不断革新的周期，贯穿了人类社会知识化增长和社会化自适应的循环模型。档案文化遵循着"传承—积累—发展—传承"这一模式，宛如一个文化加工厂，不断推动着民族文化的连续传承和永恒发展。

21 世纪初，中国的电子政务和行业信息化步入以知识管理为核心的快速提升阶段，信息技术的发展使得知识管理成为重要议题。人们越发认识到知识和技术在经济增长中的重要作用，强调"以知识为基础的经济社会"概念。未来互联网将成为一个知识丰富的网络，一个集综合知识于一体的文化资源库。档案作为记录人类社会活动的原始记录者和忠实承载者，不只记录了人类成就，还揭示了文化的发展轨迹，档案是民族文化遗产的重要组成部分，而且在文化传承中占据着至关重要的地位。正如张辑哲在《维系之道——档案与档案管理》一书中所指出的，档案与档案管理是人类社会时空统一性和连续性的维系之道，它们使人类能够在继承中生存和发展，确保人类社会作为一个连续的时空整体的延续。因此，档案资源在未来"知识网"的构建中将发挥不可或缺的作用，成为连接过去与未来，传承人类文明的关键链路。档案资源既是对历史的记录，也是对未来的启迪，它们承载着丰富的知识和文化价值，为后代提供了学习和发展的宝贵资料。

在知识经济时代，档案的作用更加凸显，成为连接过去与未来的桥梁。它见证了历史，也引导着未来，成为维系社会文化连续性和统一性的重要工具。随着数字技术的发展，档案管理也趋向数字化和自动化，使得档案资源更易于保存、检索和利用。这种变革既提高了档案管理的效率，也拓宽了档案资源的应用范围。

二、档案资源的共享化利用

在信息化社会背景下，档案信息资源迎来了全新的生存环境和发展空间。档案资源作为记录人类广泛生活领域的重要载体，其真正价值在于回归社会并得到广泛利用。档案资源的集成管理和共享利用的关键在于构建一个全面的档案基础数据库，这是数字档案馆的基石，也是档案资源整合、高效检索和便捷使用的关键枢纽。进一步而言，这个数据库的建设不只是国家信息资源建设的一个重要方面，更是实现档案资源的最大化利用和社会服务功能的基础。

随着知识经济的发展，建设国家和城市的综合服务资源库已成为社会发展的必要趋势。我国在诸如人口、企业、自然资源和宏观经济等领域的数据库建设已取得显著进展。作为记录人类活动和历史的档案资源，其开发利用和基础数据库的建设是国家信息资源建设的关键环节，也是档案馆提供服务的基本职责。这种建设对档案信息资源的整合、民族文化的弘扬和民族素质的提升具有重要意义，对档案工作人员使用现代化手段记录社会变革、建设和发展的真实历程同样重要。此外，档案数据库的建设对政务透明和行政效率的提升也起到了关键作用。

在国际上，美国、澳大利亚及韩国等国家在档案数字化、文档一体化、数字资源长期保存和数字档案馆领域进行了深入研究和创新实践，推出的电子文档管理元数据格式和规范为档案管理信息系统和档案资源共享网站的构建提供了新的思路和方法。国际档案理事会和档案著录标准特别委员会发布的《规范记录著录规则》为档案目录数据库的检索服务和目录中心的建立提供了关键的国际参考。这些国际经验强调了基础数字资源库建设的重要原则：遵循国际标准，建设具有开放性和跨区域共享特性的档案资源库。其目标是根据公众对档案资源的使用需求，提供高效、准确和全面的服务机制。通过这些措施，这些国家在档案资源管理和利用方面取得了显著成就，为其他国家在类似领域的发展提供了宝贵的经验和借鉴。

我国众多省市级档案馆正积极推进数字档案馆的建设，以适应当地的独特需求和特点。这些馆所开发的数字档案元数据格式规范正在逐步形成，并已建成档案目录中心，为公众提供档案信息检索服务，成为数字档案领域的标杆。例如，福建省在其档案基础数据库的建设上采用了分布式数据库技术，打破了传统单机和局域网的限制，实现了多个分布式数据库之间的互联，进而建立了档案目录数据库和档案内容数据库等。但是，大多数档案馆未能建立全面系统的、面向广泛公众需求的档案基础数据库，现有的数据库往往局限于特定主题，主要满足局部或特定用户的需求，关于档案信息化的进程仍面临一些技术性挑战。例如，海量非结构化数据的存储解决方案、基于知识管理的数据仓库和数据挖掘等关键技术在档案信息化领域的应用尚未普及，这些技术不仅限制了档案基础数据库建设的速度和质量，阻碍了档案资源统一资源库的形成，也限制了档案资源的深度挖掘和广泛利用。对此，档案馆信息化建设的关键是深入研究档案基础数据库的元数据标准集、数字化档案信息的格式规范以及数据库建设的思路和方法，包括结构化和非结构化档案数据的组织、存储和检索利用的关键技术和整合方案，以及为公众提供有效的检索服务和共享利用机制。

三、档案信息服务机制变革

随着信息化在全国范围内的快速发展，档案馆的信息化应用正逐步拓展至更广泛、更深入的领域。在这个进程中，档案信息服务的方式也在发生变革，不再局限于传统的单一方式，而是趋向创新和多元化，如图7-3所示。

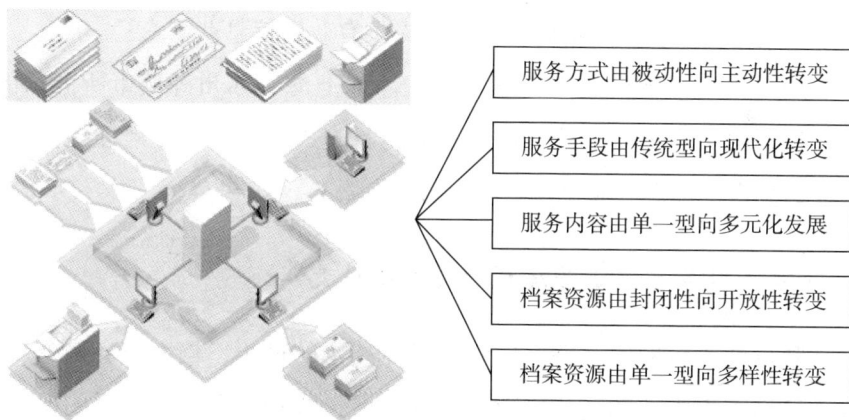

服务方式由被动性向主动性转变

服务手段由传统型向现代化转变

服务内容由单一型向多元化发展

档案资源由封闭性向开放性转变

档案资源由单一型向多样性转变

图7-3 档案信息服务机制变革表现

（一）服务方式由被动性向主动性转变

档案信息服务的方式需要从传统的被动模式转向更为主动的服务。过去，档案信息服务通常采取"等客上门"的被动方式，这种方式与信息社会的发展需求不相符，限制了档案信息价值的充分体现和发挥。现在，档案馆应"请客人"，采取更为主动的服务方式。

为实现这一转变，需要采取以下措施：

（1）开展针对不同用户的档案利用需求研究，主动提供定制化的档案信息服务，包括对不同行业、不同层次用户的需求进行深入研究，以便更有效地满足他们的特定需求。

（2）加强对档案的宣传教育工作。由于社会对档案的认识和了解不够广泛，提升公众对档案价值的认识是推动档案利用的重要一环，通过多种宣传方式，提高档案在社会中的知名度和认知度，进而激发更多的档案信息利用。

（3）提供多样化的档案信息利用途径。包括编制多种检索工具，建立全功能且高效的检索系统，以便用户方便快捷地获取所需的档案信息。另外还应加强编纂研究工作，通过编研成果的出版发行及交流，系统地向社会展示档案价值的精髓，为用户提供有效的信息获取途径。

（4）拓展档案信息中介服务机构。如上海、苏州等城市所展示的，这类机构的出现提供了档案信息服务的新模式，能够更好地连接档案馆与社会公众，提供专业化、个性化的档案服务。

（二）服务手段由传统型向现代化转变

随着计算机网络、数据库和多媒体技术的进步，档案信息服务的手段正经历着根本性的变化。数字化的发展，特别是在相关学科的研究成果中，为档案管理的现代化提供了新的可能。现代档案信息服务正向着利用数字化综合管理信息系统的方向迈进，这种系统能够将分布在不同载体和地点的档案信息进行数字化储存，并通过基于对象的管理模式和网络化手段实现互联互通。就我国现阶段而言，由于经济和技术条件的限制，档案管理手段的转变是一个长期过程，传统的档案馆信息服务技术和手段将逐渐被新的信息传播方式所取代。这意味着档案信息服务将通过新型的传播循环方式，以更加高效、现代化的手段提供服务，满足日益增长的档案信息需求。

（三）服务内容由单一型向多元化发展

随着档案信息服务机制的变革，服务内容正在从传统的单一型向多元化方向发展，这种转变体现在档案服务不局限于提供历史档案的查阅，还扩展到提供多样化的信息服务，包括数字档案的检索与利用、档案展览、档案教育与培训以及基于档案资源的研究与开发等方面。多元化服务的推出旨在满足公众、研究者、政府部门等不同用户群体的广泛需求，增强档案服务的社会价值和影响力。

为实现这种多元化转型，档案馆需不断创新服务模式和内容。应利用现代信息技术开发在线档案数据库，提供远程访问服务，使用户能够在任何地点、任何时间访问和使用档案资源；举办档案主题展览和教育活动，增加档案的公众可见度和互动性；发展档案咨询和定制化服务，以满足特定用户的专业需求。此外，档案馆还应通过与学术机构和研究者的合作，促进基于档案资源的学术研究和成果转化，进一步提升档案资源的实际应用价值。

（四）档案资源由封闭性向开放性转变

档案信息服务机制的变革正在经历从封闭性向开放性的重要转变，这一过程标志着档案资源管理和利用的新时代。在传统档案管理模式中，档案资源往往被封闭保存，仅限于特定用户群体的访问，这种封闭性限制了档案资源的广泛应用和社会价值的充分发挥。但随着信息技术的发展和数字化转型的推进，档案资源开始向社会公众开放，档案馆不再是单纯的档案保管所，而是转型为信息服务的中心，提供更加广泛、便捷的档案访问服务。

开放性的档案资源管理重点在于充分利用数字化和网络化手段，使档案资源不受物理空间和时间的限制，更容易被社会公众访问和使用。例如，通过建立在线档案数据库和数字档案馆，档案信息可以通过互联网被全球用户访问，极大地提升了档案资源的可访问性和利用率。开放的档案资源还倡导档案信息的共享和交流，通过与其他档案机构或研究机构的合作，共同建设跨区域、跨机构的档案资源共享平台，实现资源的最优配置和高效利用。这种开放和共享的档案资源管理模式不仅加强了档案资源的社会服务功能，还有助于提升公众对档案资源的认知和利用效率，促进档案资源在教育、研究、文化传承等方面的应用。

（五）档案资源由单一型向多样性转变

如今，档案馆的信息服务资源正在从以纸质档案为主的单一形式转变为包括电子文件、光盘、多媒体、缩微载体以及声像载体等多种载体形式的多样化体系。这一转变意味着档案馆的馆藏定义不再局限于物理实体，而是扩展到了包含数字化馆藏在内的更广泛范畴。为适应这种变化，中国的档案馆正致力于在保留传统档案的同时，通过合作与协调，对部分馆藏资源实施数字化转换。特别需要注意的是，将具有独特价值的馆藏文献进行数字化处理，既可以制作成光盘，也可以通过网络进行传播，从而赋予每个档案馆在网络上的信息资源以特色。基于这些努力，档案馆将逐步构建起一个覆盖广泛的档案信息网络，实现信息资源的多样化和高效利用。

四、档案文化产业的形成与发展

文化产业作为全球范围内的新兴产业，自 20 世纪 50 年代在西方发达国家开始兴起，之后随着社会物质文明的提升，精神享受逐渐成为流行趋势，甚至转变为生活的必需部分。虽然中国的文化产业起步较晚，但在教育、体育、旅游、出版、娱乐、广告、影视及印刷、中介、经营和咨询等多个领域已形成相对完善的运营体系。众多城市，例如北京、上海和昆明，已将文化产业和信息产业作为城市发展的重要支柱，这反映了文化产业在新时代已成为中国国民经济发展的关键部分。在网络时代，档案作为关键的信息资源，在知识经济型社会扮演着日益重要的角色，档案业务的发展正被推向新的工作模式，档案文化的发展也正面临全新的市场环境，揭示了档案在现代社会文化和经济发展中的重要价值和作用。

档案作为具有丰富文化内涵的资源，知识性、价值性、信息性和凭证性使其成为社会重要的文化资源，拥有巨大的潜在开发利用价值和市场需求，这为档案文化产业的形成提供了基本前提。在理想的档案文化产业模式中，必须考虑到产业的基础环节及其间的互动关系。首先，收集、整理、鉴定和归档业务构成了档案文化产业链的基础；随着社会的发展和时间的积累，档案成为宝贵的社会资源。其次，档案的深度挖掘、精细加工和全面开发是实现档案资源价值增值的关键手段，因此，专业化的编研和开发活动在产业链中占据至关重要的地位，这不仅是档案资源转化为文化产品的关键环节，也是整个产业链的核心。档案文化产业链的商品化运作是公众认知档案文化产品的基本途径，只有通过流通环节，档案资源才能转变为广为人知的商品，从而被消费和吸收，产生更高层次的需求，这是产业链形成的核心要素。需求流（市场信息流）、资源流和资金流是档案文化产业发展全过程中不可或缺的要素。在档案文化产业链中，每个环节都可以独立成体系，而各环节的协调运作则是产业链持续存在和良性发展的基础保障。档案文化产业的发展和壮大将提升公众对档案资源的认知度，吸引更多投资者，借助档案文化产品创造更多的社会和经济效益。

全球化趋势为档案文化产业的拓展提供了新的机遇，这要求中国档案业紧跟时代脚步，灵活采取策略，以应对挑战并捕捉时机。在这一过程中，档案专业人员和行业工作者的能力至关重要，他们不仅需要应对挑战、把握机遇，还需要积极推广档案文化的应用，以助力社会的发展。目前，中国的档案事业正从提供公益性服务向开拓商业化的档案文化产品市场迈进，这一举措正是对全球经济动态的积极响应。为了更好地适应社会发展，档案领域和学术界需要不断地进行探索与反思，通过不断创新来推动档案文化产业的成长，实现档案事业的整体发展。

（一）更新观念，关注现实，按照先进文化的理念管理档案

在当今时代，档案管理工作需秉承更新观念、关注现实的原则，以

先进的文化理念为指导。这要求我们超越传统的档案管理模式，采用更加开放和创新的思维来处理和利用档案资源，在这一过程中，档案管理者应密切关注社会现实和文化发展的脉络，通过引入现代化管理理念和技术，如数字化、网络化手段，增强档案的可访问性和实用性。档案工作还应倡导文化多样性和历史多维性的理解，以更加包容和全面的视角对档案进行解读和利用。

（二）以政府改革为契机，调整工作体系，转变职能，创新档案文化发展体制

目前，档案管理体制的改革已成为当务之急，需借助政府改革的契机来调整现有的档案工作体系，转换其职能，以适应知识经济时代对档案文化发展的要求。具体来说，可从以下两个方面展开：第一，转型学会为协会，并赋予其更多职能。例如，地方政府可以在法律框架内设立档案行业协会，该协会不仅承担着档案领域专业知识的普及和培训责任，还负责协调各档案馆（室）之间的工作，以及对档案工作的评估和指导。例如，协会可以定期组织档案管理研讨会，分享最佳实践案例，提供专业培训和发展方向。同时，协会还能作为政府与档案机构之间的桥梁，传达政府的指导方针，促进档案工作的整体提升。第二，将档案工作纳入经济社会发展的总体规划。例如，政府可以制定具体的档案管理条例，明确档案馆（室）和行业协会的职责和权限。政府还可以提供必要的财政支持，以促进档案数字化和信息化建设。政府还应加强对档案工作的监管，确保档案管理的规范性和有效性。例如，政府可以通过审计和评估机制，监控档案资金的使用效率，确保档案资源得到合理利用。

在功能上，档案局应重点关注确保国家对档案的依法管理及其所有权，主要职能体现在依法监管和服务上。档案协会则应以服务为主导、监管为辅助的行业组织，而档案馆作为协会的一部分，应承担会员责任，包括缴纳会费和接受协会提供的服务及监管。协会还应作为档案工作或

从业人员利益的保障组织，在遵守法律和保守国家秘密的基础上展开活动，以促进档案行业的整体发展和专业人员的权益保障。

（三）以信息化为手段，促进档案行政管理体制改革

当前的档案管理面临着重大的转型机遇。长期以来，档案上解制度和馆藏优化一直是档案工作中未能有效解决的问题，但是，信息化工程的推进为这一问题提供了创新的解决方案。通过实施信息化，档案的实体管理和信息管理可以实现物理上的分离，进而有可能改革或废除长期以来沿用的档案上解制度。这一变革不仅能够显著节约档案工作中的人力和物力资源，还能从根本上改变档案工作的现状，打破传统上重保管、轻服务的模式，从而彻底改变公众对档案工作的认知。

在中国的信息化理论和实践中，信息技术已被证明能有效地促进管理机构的扁平化和提高行政效能。档案领域是信息化功能得以充分发挥的理想领域之一，依赖信息技术的决策支持已成为档案高层管理的核心理念。特别是办公自动化与电子文档管理的整合，成为政务和企业信息化的关键方面。档案信息作为各类数据仓库和决策支持系统的基础数据组成部分，已成为电子政务发展的必要条件。

（四）开展旨在建设先进文化的各类档案收集、利用、宣传、服务活动和项目

在收集环节，重点应放在寻找和保存那些能反映社会发展、科技进步和文化变迁的档案，确保档案资源的多样性和时代性。在利用方面，需要创新档案的应用方式，如通过数字化技术使档案内容更易于公众获取和理解，并结合学术研究和教育活动，使档案成为传承知识和文化的重要载体。在宣传和服务上，应该开展形式多样的展览、讲座、社交活动等，提升公众对档案价值的认识，激发社会对历史文化的兴趣和尊重。此外，与媒体、教育机构和文化组织的合作也至关重要，通过这些平台

和渠道，将档案的文化内涵深入人心，促进文化的传播和交流。

展望未来，网络计算机提供的档案信息服务将成为档案文化服务的主要形式，这种服务将覆盖全国的经济和政治各个领域，而且其服务范围将扩展到全国乃至国际层面。为了实现这一目标，必须建立市场化运作的保障机制。缺乏有效的市场运作机制，这种全方位、广泛覆盖的档案信息服务体系将难以实现。

（五）提高档案工作人员或从业人员的综合素质

档案工作人员的综合素质是推动档案文化发展的核心因素。提升档案工作人员的综合素质首先需要从教育和培训入手，例如，可以开设专门的培训课程，包括档案管理的基础理论、最新的档案保护技术、数字档案管理以及信息化工具的应用等。这些课程不仅应涵盖传统档案工作的核心技能，还应包括如何有效利用现代信息技术来管理和保存数字档案。培训课程还应着重强调市场营销和客户服务技能的提升，以适应现代档案文化产业的需求。另外，档案工作人员应鼓励参与实际的档案管理项目，如数字化转换项目、档案展览策划或公共查询服务等，通过这些实践活动，工作人员不仅可以加深对理论知识的理解和应用，还能够提升解决实际问题的能力，如数字档案的保护和恢复、有效沟通和客户服务技巧等。此外，参与跨部门或跨行业的合作项目也有助于工作人员拓宽视野，理解档案工作在更广泛文化和经济环境中的作用和价值。

目前，我国的档案文化产业正处于一个政府监督与资助下的，以公益性档案服务事业为主、商品化档案文化产品市场为辅的发展阶段。政府和档案部门正在积极规划，借助深化改革的契机，将档案文化推广至社会和市场。可以预见，未来，档案事业将迎来新的发展时期，档案文化有望成为社会文化产业中的一颗璀璨明珠，为社会文化的多元化和丰富性贡献重要力量。

参考文献

[1] 赵前进 . 现代档案管理理论与实务 [M]. 长春：吉林人民出版社，2018.

[2] 赵旭 . 档案管理现状的研究与分析 [M]. 天津：天津科学技术出版社，2018.

[3] 杨学锋 . 现代化档案管理与服务研究 [M]. 北京：中国商务出版社，2018.

[4] 杨红本 . 档案管理理论与实务 [M]. 上海：上海教育出版社，2016.

[5] 李扬 . 高校档案管理与信息安全研究 [M]. 北京：北京工业大学出版社，2020.

[6] 冯强 . 档案管理 [M]. 北京：中国农业出版社，2006.

[7] 潘潇璇 . 档案管理理论研究 [M]. 延吉：延边大学出版社，2018.

[8] 蔡朝晖 . 融媒信息档案的集中管理与共享利用研究 [J]. 新闻研究导刊，2024，15（1）：116–118.

[9] 陈鑫蕾 . 大数据时代基层档案管理的几点思考 [J]. 陕西档案，2023（6）：56–57.

[10] 毛章勇，冯潇晗 . 我国档案工作转型升级的内涵特征与实践路径 [J]. 档案学刊，2023（4）：63–71.

[11]陈寒 . 新常态下人事档案管理工作的新路径探析[J]. 陕西档案，2023（6）：34–35.

[12]李艳.对馆藏档案开放审核工作的思考[J].陕西档案，2023（6）：25-27.

[13]赵德芹.智慧化背景下档案管理信息化面临的挑战与对策研究[J].兰台内外，2023（36）：49-51.

[14]穆亮雷，王璐璐，马进，等.数字化治理背景下档案的保护、开发、利用研究[J].兰台内外，2023（36）：14-16.

[15]朱小瑜.档案工作践行"三个走向"的实践探索研究[J].兰台内外，2023（36）：12-13，16.

[16]朱音璇.新时代档案职业现实困境与发展研究[J].兰台内外，2023（36）：47-48，51.

[17]陶德禹.信息技术发展给档案工作带来的机遇和挑战[J].兰台内外，2023（36）：77-79.

[18]张东华，韩婧如，钟小昆.媒介生态视域下档案数字化传播的价值、挑战与策略[J].档案学研究，2023（6）：136-142.

[19]张衍，韦昱杰.职业心理创伤：档案工作者面临的新挑战[J].档案学研究，2023（6）：33-40.

[20]邢秋艳，杨艳娜.档案服务党建工作实践路径[J].中国冶金教育，2023（6）：118-120.

[21]杨冬权.档案工作先行论[J].四川档案，2023（6）：8-10.

[22]程春雨.夯实三个基础加快推进档案工作数字化转型[J].中国档案，2023（12）：34-35.

[23]周芬.推进档案事业高质量发展服务贯彻新发展理念示范区建设[J].中国档案，2023（12）：30-31.

[24]李佩英.档案整理的质量与立卷人工作态度[J].档案记忆，2023（12）：53-54.

[25]黄敏.坚持人民至上推进档案工作利民惠民[J].档案记忆，2023（12）：48-49.

[26]郑金月.新时代档案部门的文化使命[J].档案与建设，2023（12）：4-7.

[27]杨燕芬.信息化背景下档案可视化管理与标准化建设探究[J].大众标准化，2023（23）：161-163.

[28] 赵静 . 信息化时代下档案保密工作的思考 [J]. 石家庄铁路职业技术学院学报，2023，22（4）：82–85.

[29] 庄淳轶 . 大数据时代档案管理信息化探究 [J]. 兰台世界，2023（12）：76–78.

[30] 刘通 . 办公室文书档案收集与归档工作管理的研究 [J]. 办公室业务，2023（21）：177–179.

[31] 赵屹 . 网络档案信息检索可视化内容研究 [J]. 档案学研究，2023（5）：124–130.

[32] 田舟 . 档案信息化管理工作改革与创新发展 [J]. 大陆桥视野，2023（8）：105–107.

[33] 赵屹，孙筠 . 档案信息组织理论发展及其在网络档案信息检索中的指导与应用 [J]. 兰台世界，2023（7）：39–44.

[34] 赵屹，郑伽 . 档案知识服务理论发展及其对网络档案信息检索的影响 [J]. 兰台世界，2023（7）：45–48.

[35] 韦祉宇 . 戏剧影视演员即兴表演训练的作用探析 [J]. 戏剧之家，2023（1）：30–32，91.

[36] 樊祥鑫 . 探析戏剧影视表演教学中的观察生活 [J]. 西部广播电视，2020，41（23）：108–109+113.

[37] 李培源，何旭 . 论农村影视表演中自我与角色的关系 [J]. 农家参谋，2020（24）：272–273.

[38] 王宗娅，杨青 . 浅谈乡村背景下影视表演中的节奏与速度 [J]. 农家参谋，2020（23）：17–18.

[39] 陈尚臣 . 对影视表演中节奏、情绪和性格的思考 [J]. 艺术科技，2017，30（11）：147.

[40] 纪晓娜 . 浅谈中国情境下影视作品中的人物价值观对演员行为的影响 [J]. 黑龙江教育（理论与实践），2016（9）：67–68.

[41] 逄婧 . 中国民族民间舞对影视演员形体动作训练的作用 [J]. 戏剧之家，2016（9）：166–167.

[42] 席琰妍 . 论影视表演中演员应具备的能力 [J]. 艺术教育，2016（3）：125.

[43] 果崇英 . 关于影视表演与舞台表演的几点思考 [J]. 艺海，2016（2）：

104–105.

[44] 郑枫 . 基于影视艺术传播视野下的演员角色化塑造 [J]. 大众文艺，2015（17）：194.

[45] 刘嘉莹 . 影视形象传播研究——以演员"王宝强"角色形象传播为例 [J]. 品牌（下半月），2015（6）：32.

[46] 代卓衡 . 基于影视艺术传播视野下的演员角色化塑造 [J]. 现代妇女（下旬），2014（12）：282–283.

[47] 张聪慧 . 档案数字化管理研究 [D]. 济南：中共山东省委党校，2022.

[48] 杨俊杰 . 数字化转型背景下的档案信息安全问题研究 [D]. 郑州：郑州航空工业管理学院，2022.

[49] 顾铃 . 微服务环境下的档案文化传播研究 [D]. 上海：上海师范大学，2021.

[50] 夏妍 . 档案馆馆藏家谱档案开发利用研究 [D]. 上海：上海师范大学，2021.

[51] 苏联灯 . 面向档案信息系统区块链支撑平台的构建 [D]. 深圳：中国科学院大学（中国科学院深圳先进技术研究院），2020.

[52] 路其忠 . 数字档案馆信息检索服务问题研究 [D]. 保定：河北大学，2017.

[53] 徐诺 . 档案工作中的跨界合作研究 [D]. 合肥：安徽大学，2016.

[54] 刘阳 . 大数据时代档案管理模式变化研究 [D]. 湘潭：湘潭大学，2015.

[55] 肖敏 . 大数据环境下档案利用服务体系建设研究 [D]. 湘潭：湘潭大学，2015.

[56] 曾文娟 . 档案检索交互研究 [D]. 南宁：广西民族大学，2015.

[57] 朱丽梅 . 档案信息化建设的绩效评价研究 [D]. 广州：华南理工大学，2014.

[58] 王旭东 . 论档案文化资源的开发利用 [D]. 昆明：云南大学，2013.